Original Japanese language edition
ROBO-ONE de Shinkasuru Nisoku Hokou Robot no Tsukurikata
Edited by ROBO-ONE Iinkai

Published by Ohmsha, Ltd.
This Chinese version published by Science Press, Beijing
Under license from Ohmsha, Ltd.

ROBO-ONEで 進化する二足歩行ロボットの造り方
ROBO-ONE委員会 オーム社 2010

双足步行机器人进化技术

〔日〕 ROBO-ONE委员会 编
刘继红 译
杨 洋 审校

科 学 出 版 社
北 京

图字：01-2011-7157号

内 容 简 介

本书以日本ROBO-ONE（双足步行机器人格斗竞技大赛）为背景，全面系统地介绍了双足步行机器人的相关技术，包括机器人硬件结构、机器人开发环境、机器人软件及其编程、无线通信、人机界面等内容。内容新颖，案例丰富，实用性强，寓教与学于乐。

本书既可作为机器人初学者掌握机器人制作知识的入门书，也可作为机器人研究者钻研机器人制作新技术的参考书，适合从高中生到研究生的不同知识水平的读者。

图书在版编目（CIP）数据

双足步行机器人进化技术/（日）日本ROBO-ONE委员会编；刘继红译；杨洋审校.—北京：科学出版社，2012

ISBN 978-7-03-035752-6

Ⅰ.双… Ⅱ.①日…②刘…③杨… Ⅲ.机器人技术 Ⅳ.TP24

中国版本图书馆CIP数据核字（2012）第239913号

责任编辑：孙力维 杨 凯 / 责任制作：董立颖 魏 谨
责任印制：赵德静 / 封面设计：林一帆

北京东方科龙图文有限公司 制作
http://www.okbook.com.cn

科学出版社 出版
北京东黄城根北街16号
邮政编码：100717
http://www.sciencep.com

骏杰印刷厂 印刷

科学出版社发行 各地新华书店经销

*

2013年1月第 一 版 开本：787×1092 1/16
2013年1月第一次印刷 印张：13 3/4
印数：1—5 000 字数：260 000

定价：38.00元

译者序

继本田的ASIMO、索尼的SDR和富士通的HOAP-2等人形机器人问世以来，人形机器人给我们带来了梦想。现在市面上已经出现了双足步行机器人玩具，我国的一些中小学也结合实践教学课程的要求配备了双足步行机器人本体和相应的控制平台。经过编程，双足步行机器人可以站立、行走，有些还可以跳舞、唱歌。有兴趣从事机器人制作的朋友们，可能一直在琢磨：我们自己能否亲手制作、控制机器人？现在的机器人是否可以实现更复杂且难度大的动作？能否像动画片中的超人那样飞翔？

ROBO-ONE是实现这种梦想的双足步行机器人大赛。越来越多的人追逐梦想、制作机器人并挑战ROBO-ONE。系列书《双足步行机器人制作指南》《双足步行机器人进化技术》《双足步行机器人仿真设计》就是在这样的背景下出版的。该系列书由ROBO-ONE委员会组织编写，以参加ROBO-ONE的双足步行机器人为题材，由日本著名的机器人专家和往届优胜者执笔。

本系列书以参加ROBO-ONE的双足步行机器人为对象，全面介绍机器人硬件选型制作、机器人动作（运动）创建（程序）、无线通信及控制器。同时，引入协同仿真技术，利用CAD软件、分析软件及控制和仿真软件，构建机器人仿真环境，讲述仿真过程和方法。还邀请历届ROBO-ONE的获奖机器人制作者，向想要参加ROBO-ONE及想要制作双足步行机器人的人们解说艰苦而富有乐趣的双足步行机器人的制作历程。

本系列书旨在为高中生以上正考虑制作机器人、正在制作机器人或虽有机器人制作经验但仍想挑战独创的机器人的各位读者提供一个学习和交流的平台，帮助大家了解和学习双足步行机器人的设计、制作、动作控制及仿真方面的知识，培养学习者的动手技能，提高设计制作水平。尤其是怀有梦想的机器人爱好者，能够从中收获机器人制作的知识，使他们如虎添翼，实现梦想、迎接挑战。

本系列书系统性强，从简单的机器人零部件的设计、制作到整体机器人的装配和运动控制构成完整的体系，贯穿以硬件制作实际机器人和通过软件进行机器人设计、分析及控制仿真的手段和方法。本丛书图文并茂、简明易懂，不涉及抽象的理论，实用性强，是目前我国机器人爱好者不可多得的参考书，可望对提高我国的机器人技术水平、推动机器人技术的普及有一定的贡献。

值此译稿付梓之际，我谨向百忙中拨冗执迷的各位译者，向编辑出版该系列书的科学出版社有关编辑，以及日本欧姆社和ROBO-ONE委员会的各位表示诚挚的谢意。

由于书中涉及的内容广泛，译者水平有限，错误和不妥之处在所难免，敬请读者批评指正。

杨 洋

2012年10月30日

前言

本书是《双足步行机器人制作指南》的续篇，以参加ROBO-ONE（双足步行机器人格斗竞技大赛）的机器人为题材，全面介绍机器人硬件制作、机器人动作（运动）生成（程序）、无线通信操控及控制器等内容。

本书不仅介绍了串口型伺服电机和各种传感器的构造及其装机方法，同时介绍了对于机器人运动有着重要作用的传感器的控制方法。双足步行机器人的初学者可以通过学习本书掌握正确制作运动机器人的知识，而对于双足步行机器人的制作已有一定经验的读者，则可以通过阅读本书进一步提高制作水平。

书中针对ROBO-ONE竞赛参赛者所提供的制作实例，重点介绍机器人腿部或手部等有特点的结构部分，读者在自己动手制作机器人时可以参考借鉴。

对于具有高中学历，考虑制作机器人、正在制作机器人、具有机器人工具包制作经验想挑战制作独创性机器人的年轻人来说，本书是必读书。而且，本书也请来了ROBO-ONE竞赛往届冠军或取得好名次的机器人制作者加入执笔者阵容。

读者在实际制作双足步行机器人时，如果一边参考《自律型机器人制作宝典》《双足步行机器人制作指南》《双足步行机器人仿真设计》等书籍，一边阅读本书的话，理解应该会更加深刻。

另外，ROBO-ONE竞赛委员会通过举办ROBO-ONE技术会议，尽量让所有参赛者公开其关于机器人制作的相关技术。具体资料可以从ROBO-ONE竞赛官方网站（http://www.robo-one.com）下载，敬请阅读。

现在就开始自己动手制作机器人吧。每当机器人完成一个新的动作，你都会由衷为之感动。让铁臂阿童木成为现实的，也许就是你！

梦想，感动，然后成真。

ROBO-ONE委员会代表　西村辉一

目录

第1章

ROBO-ONE介绍

西村　辉一　ROBO-ONE委员会主席。

1.1 ROBO-ONE大赛的魅力

1.1.1 引 言

ROBO-ONE[1]机器人竞技大赛始 于2002年。当时，还没有人想到双足步行机器人能够进行格斗。但是现如今，双足步行机器人行进、快跑，都已经是司空见惯的事情。

另外，日本各地几乎每月都会举办双足步行机器人业余竞技大赛，特别是低价位机器人的出现，加速了双足步行机器人的普及。

1.1.2 ROBO-ONE简介

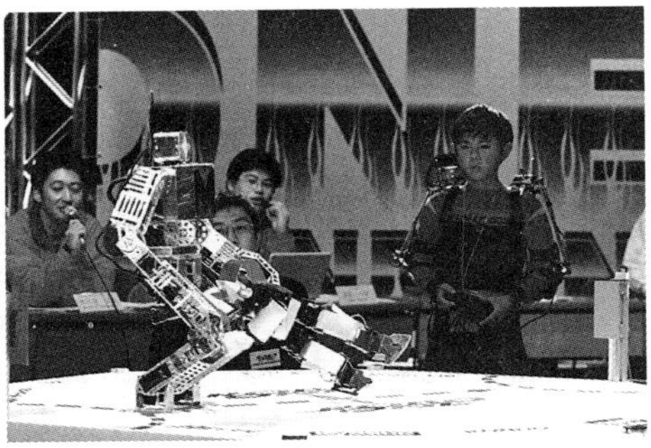

图1.1 ROBO-ONE大赛会场

ROBO-ONE是双足步行机器人格斗竞技大赛，目的是通过格斗竞赛来提高双足步行机器人的技术。图1.1所示是ROBO-ONE大赛会场的场景。

ROBO-ONE大赛也注重培养机器人技术的研发人员。当时，日本的研发人员常常被认为与其他国家的技术人员相比总是不愿表达自己的思想，所以需要提供机会让参赛者在预选赛的机器人展示环节介绍自己的技术思想。例如，预选赛通过设置类似“至少能跑起来”等意义模糊的课题，试图使得被条条框框制约的日本机器人技术开发模式向开放创新的技术开发模式转变。并不是所有能够跑起来的机器人都可以通过预选赛，而是要求必须进入前32名，所以参赛者必须致力于提高机器人的跑动技能。

决赛采用淘汰制，比赛内容是格斗竞赛。打个比方，在预选赛靠体操动作胜出的选手，在决赛阶段必须拿出职业摔跤的本事。

目前，机器人活跃于各种场合，需要具备各种各样的功能。特别是，人们期待双足步行机器人能够具有优于人类的某些能力。这样的能力正一点一点地得以实现，设计人员从中获得成就感，这种成就感又成为人们继续前进的动力。

1.1.3 ROBO-ONE的诞生

ROBO-ONE机器人竞技大赛来源于“让双足步行机器人进行格斗竞赛”的想法，机器人爱好者制作机器人，并通过互联网交流信息，这就催生了ROBO-ONE大赛。图1.2所示的双足步行机器人在最初举办FREEDOM ROBO-ONE大赛时，是作为参加者的学习教材出售的。

该机器人拥有24个自由度，CPU采用16位微处理器。伺服电机采用无线电通信控制，最大转矩可达13.5kgf • cm。采用PWM信号，通过微处理器的I/O端口接入各个伺服电机，从而实现伺服控制。由于可以一边进行逆运动学计算，一边行走，所以可以实现一边进行三角函数计算，一边行走。

该机器人是日本首款售价40万日元以下的低价位双足步行机器人。相关技术在《双足步行机器人制作指南》（原书2004年5月出版）一书中有详细介绍。由此，ROBO-ONE大赛借助技术信息的公开取得了较大发展。通过举办技术交流会议，使得优秀的参加者的机器人技术得以公开，并由ROBO-ONE大赛委员会汇编成书[2,3]。这些工作不仅使得机器人制作更为容易，同时也吸引了更多的参赛者。

图1.2　FREEDOM

1.1.4　正式迈向业余爱好机器人：KHR-1的诞生

图1.3　KHR-1

在ROBO-ONE大赛上，大转矩的伺服系统被越来越多的设计人员采用。在无线电遥控汽车上不常用的大转矩伺服系统很快销售一空。当存货不多时，无线电遥控器生产厂商的负责人亲自进行调查。后来，他参加了ROBO-ONE大赛委员会主办的“技术大会”，并听取了机器人制作者的意见，推出了图1.3所示的业务爱好型机器人KHR-1。KHR-1的后代机型KHR-2HV在2006年的“年度机器人”有奖竞赛中获得了“中小企业特别奖”。

在KHR-1之后，众多的无线电遥控器生产厂商加入了面向ROBO-ONE大赛的业余爱好机器人的开发行列。

1.1.5　ROBO-ONE更进一步的发展

伺服电机的进化对于双足步行机器人而言非常重要。无线电遥控汽车中的伺服电机和机器人用的伺服电机有明显区别。ROBO-ONE大赛通过加大预赛规定表演的难度，来进一步完善机器人适用的伺服电机，特别是加大伺服电机的转矩。伺服电机转矩增大与发展大型机器人密切相关。早期伺服电机的最大转矩为13.5kgf・cm，现在有的伺服电机转矩已超过100kgf·cm。

图1.4中的Dynamixel RX-64是实现了RX-485标准串口通信的大转矩型伺服电机。串行化使得伺服电机中温度、电流、转矩、电压、控制参数等信息的通信量大幅增加，实现了1Mbps的高速通信。而且，动作智能化、监控应对等功能也使得该伺服电机越来越适用于机器人。

正是因为适用于机器人的伺服电机不断进化，机器人已经能够完成图1.5所示的快跑、跳跃、跳绳等各种各样的动作。这种进步是ROBO-ONE大赛、伺服电机生产厂商和大赛参与者共同努力的结果。

图1.4　Dynamixel RX-64

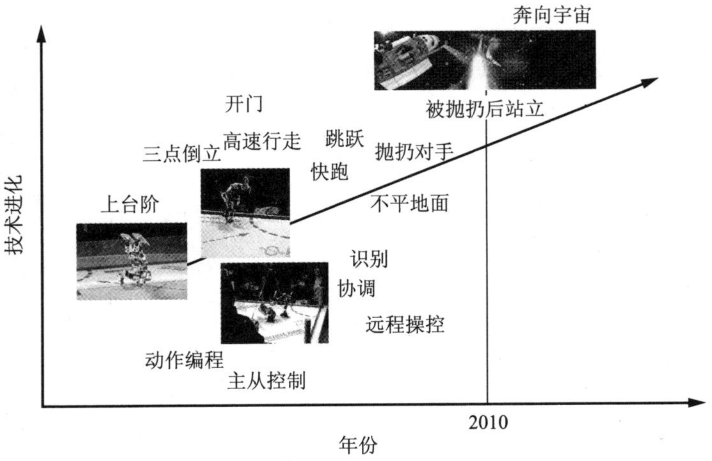

图1.5 机器人动作的进化

本书还将介绍这些不断进化的无线设备的有效使用方法。

1.1.6 ROBO-ONE大赛的历史[2]

最初的ROBO-ONE大赛，有30台左右机器人参加，而其中只有少数机器人能够步行。参赛机器人的数量虽然逐年大幅增加（图1.6），但是近年来，从观战者角度考虑，应该严格审查参加资格，将参加机器人限制在100台以下。例如，增加了坡道步行等需要高级控制技术的审查条件，在某种程度上控制了参加人数。

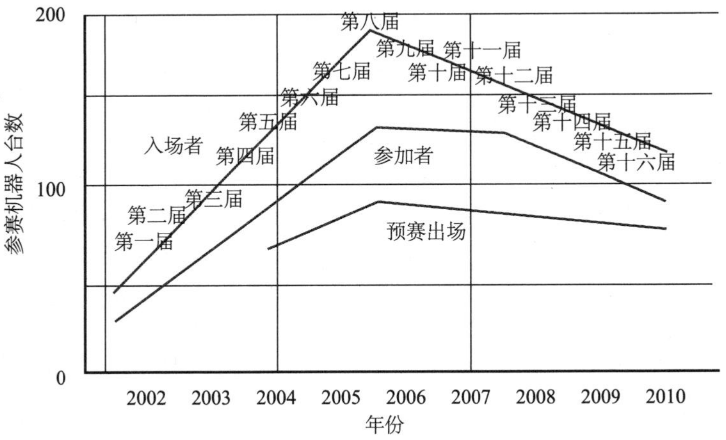

图1.6 参赛者逐年增加

即便如此，勇于挑战高级技术的人仍不断增加，挑战者越来越多。

今后，不仅要坚持和发扬ROBO-ONE大赛的魅力，同时还要完善相关比赛环境。

正是因为有广大参赛者的支持，ROBO-ONE大赛才得以不断发展。特别是重视娱乐性的、能做出令人耳目一新动作的机器人技术，实现了很大进步。

另外，在满足机器人动作要求的伺服电机以及转矩提升方面，ROBO-ONE大赛也做出了巨大贡献。今后考虑要向轻量化、实用化方向努力。

对机器人倒下起身、机器人自己感知倒下而后起身、感觉要倒下时站稳立起、快跑、跳绳、不平地面步行等各种动作，这些挑战将一步一步加以实现。将来则要实现被扔出去也能像猫一样站稳的机器人。

1.1.7 追求新功能

机器人传感器技术、机器人控制技术的发展直接关系到机器人的进化。通信技术的进化过程如图1.7所示。

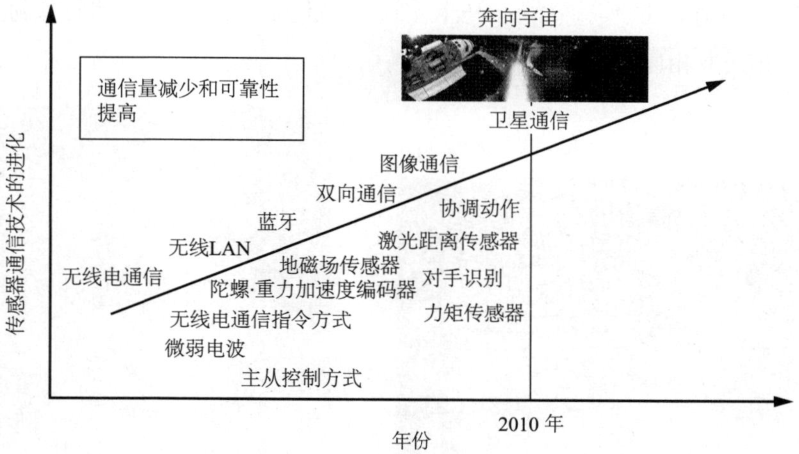

图1.7 通信技术的进化

最终的设计目标是自律型机器人，在发展过程中按照有效使用机器人的观点，如何能够自由操纵机器人是技术发展的捷径。出于这种考虑，ROBO-ONE大赛以控制型机器人为中心来促进机器人的研发。在某些细节上，正逐渐形成能够支持自律型机器人的控制技术，因为由人完成判断比让机器人自行判断，效率更高。而开发出高级的图像处理技术及人工智能技术则尚需时日。

目前，采用主从控制方式，也能很好地完成机器人的控制。如果提升机器人的自律程度，实现实用化也是可能的。

在机器人控制方面，无线通信占据着重要地位。无线频率资源有限，应尽量采用更少的通信量控制或监控机器人。

现在的状况是，主要通过发送位置数据和命令来控制机器人，利用机器人返回的信息来监控机器人。

未来，机器人将实现协调动作，那么就需要有机器人之间的通信协议。因此我们也正在推进这方面的研究。

1.1.8 参加者范围扩大

ROBO-ONE足球赛、商品化机器人的ROBO-ONE大赛也正在策划之中，同时举办新手也能参加的大赛。另外，各地优胜者的选拔大会也在推进当中。

图1.8所示为ROBO-ONE机器人足球赛的场景，可以采用团队方式进行机器人设计。参加这样的大赛，可以使更多的机器人爱好者得到锻炼，他们将支撑起未来日本的机器人技术。

1.1.9 仿人机器人

ROBO-ONE大赛委员会与川崎-神奈川机器人商业协会[3]共同致力于推进仿人机器人项目。该活动旨在实现仿人机器人的商品化，最初目的是让机器人能够购物或做家务。

图1.9中，仿人机器人正在倒茶，但实际上有人在进行远程控制。安全性等方面还有很多需要改进的地方，并不期望能够马上实现商品化。重要的是，通过实际应用来理解必要的技术，并采取相应对策。

图1.8 机器人足球赛

图1.9 仿人机器人

1.1.10 宇宙应用

动画片《钢铁战士高达》（创通·SUNRISE出品）描写了宇宙中机器人的战争，在不同年龄段都拥有众多的观众。我们也在考虑，一定要让机器人可以在宇宙进行战斗。图1.10是机器人宇宙大战想象图。

ROBO-ONE大赛委员会正在计划举办ROBO-ONE宇宙大赛。发射ROBO-ONE卫星，开展4台机器人参加的循环赛制的格斗战。卫星开发已有多种报告，技术方面的困难并不多。主要问题是如何保证卫星的可靠性，如何完成繁琐的无线使用权申请，以及如何保证发射安全等。

至于让机器人在宇宙进行格斗竞赛，事情就会变得很复杂。最主要的问题是，机器人被释放到宇宙空间完成格斗以后的回收环节。其他问题还包括机器人的释放方法、防护绳的控制方法、无法控制状态下机器人的回收方法等。

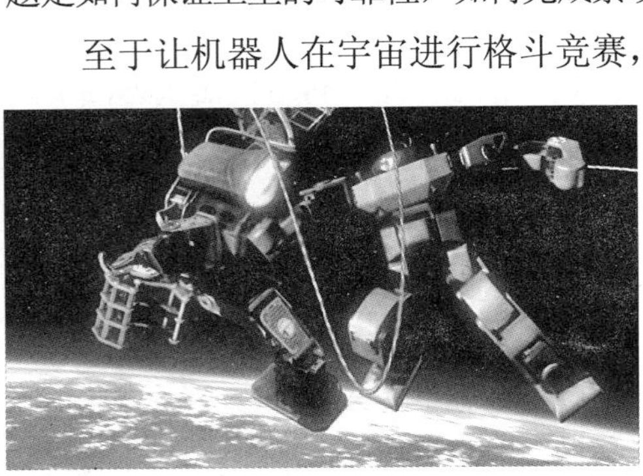

图1.10 机器人宇宙大战的想象图

一旦这些技术得以实现，可以想象机器人将在清除太空垃圾方面大显身手。

机器人的释放和回收过程与处理太空垃圾相似。在宇宙空间，将机器人朝太空垃圾的方向释放，机器人捕捉太空垃圾，切断防护绳，此时要对机器人抱住太空垃圾的姿势进行控制。然后，将太空垃圾收入垃圾回收网中，使其减速进入地球大气层，自行焚毁。

1.1.11 抛掷站立

在宇宙空间，控制机器人姿势是最基本的要求。包括抛掷、站立等姿势要求，这些技术可以在地面通过实验加以确认。

第一步操作是，参加者将机器人抬至距地面50cm处，然后将其抛掷到前方1m远处。机器人不能跌倒，需以双足着地，并且步行两步以上。如此重复3次均能成功的话，就可以获得参加宇宙机器人竞赛的机会。参赛者手动抛掷会增加状态的不确定性。人在不同状态下，抛掷的角度和力量均会有所变化。因此，重复3次的意义就在于，可以考察在相关条件不稳定的状态下能否正确实现对机器人的控制。

截至目前（2010年5月），还没有一台确定能够参加宇宙机器人竞赛的机器人。但是，已出现了3次实验中有1次或者2次的成功者。实现最终的目标只是时间问题。

图1.11所示是3次操作中有两次成功[4]的情景。

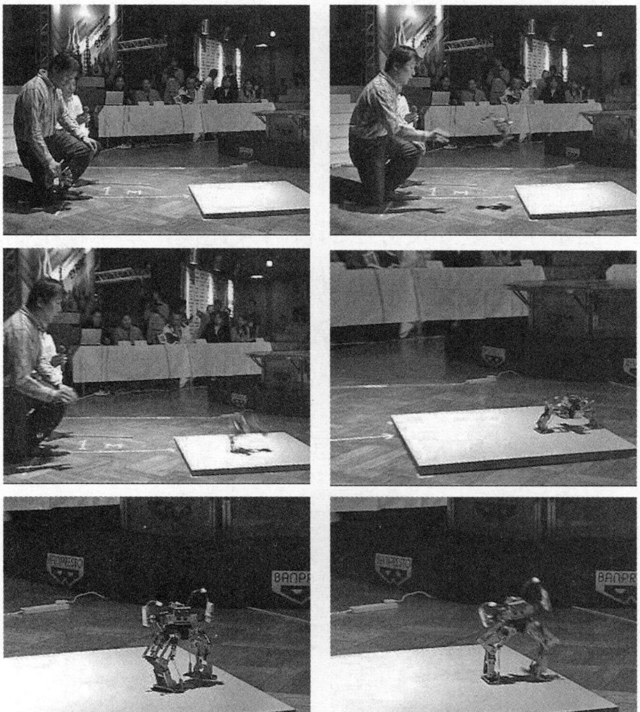

图1.11 机器人被抛掷后双足着地然后步行的场景

由图1.11可知，机器人着地动作干净漂亮，落地后起身完成步行。图1.12所示为利用LabVIEW分析的，抛掷机器人时加速度传感器的输出曲线。

掷出机器人的瞬间，产生加速度；机器人在空中飞行过程中，各方向的重力加速度几乎为零，的确实现了无重力空间抛掷，机器人双足着地时产生了较大加速度。

制作出能够承受这样加速度变化的机器人非常重要，因为必须承受住火箭发射时的加速度。

图1.13显示了从投掷机器人到双足着地的过程中角速度的变化情况。在空中飞行过程中，角速度几乎不变。如果要改变角速度，只需改变旋转转矩即可。例如，伸展或收缩手足即可改变。

如此，就能控制机器人的双足着地姿势。

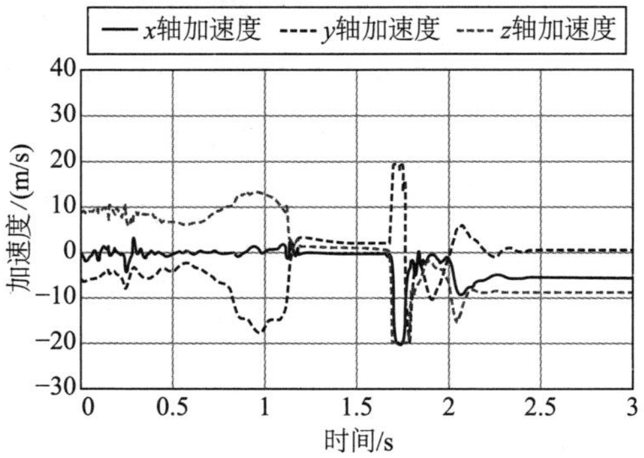

图1.12 投掷机器人到双足着地过程的加速度变化

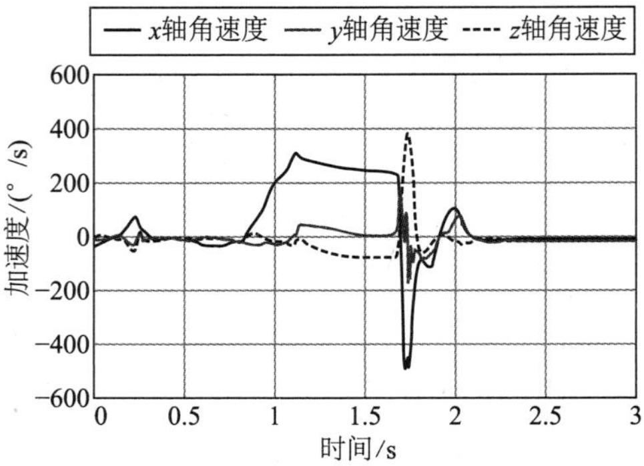

图1.13 投掷机器人到双足着地过程的角速度变化

1.1.12 仿　真

仿真能有效地表现上述控制。各种技术能一点一点得以突破，源于ROBO-ONE 竞技活动的举办和众多参赛者的努力。

仿真流程包括参照基于模型开发方法的机器人建模，基于模型测量的精度验证，以及建立控制模型等环节。最后，进行结构分析，校核强度。

图1.14所示是利用MATLAB的Simulink建立的机器人模型和控制模型[5]。机器人模型部分使用的是SimMechanics。

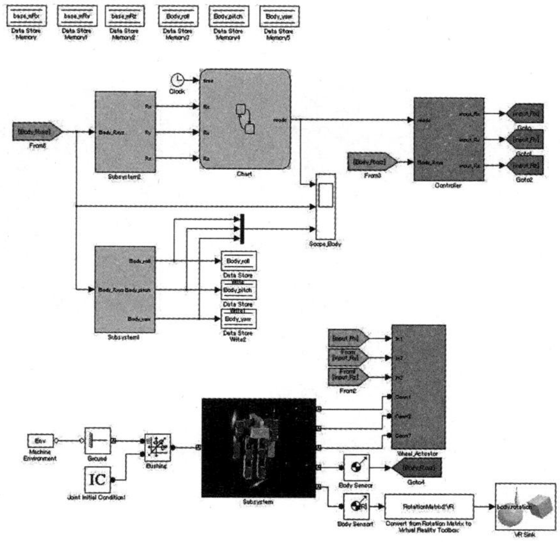

图1.14 机器人模型和控制模型

机器人双足着地前的动作可以通过仿真加以再现。因为在空中可以不必考虑摩擦，所以比陆地上的机器人步行更为简单。

1.1.13 基于模型的集成开发[6]

上述开发方法称作基于模型的开发方法，在汽车行业应用非常普及。

将其与机构分析、结构分析等结合在一起则称作基于模型的集成开发（图1.15），能够大大提高设计人员较少时的开发效率。今后也将成为强有力的机器人开发工具。

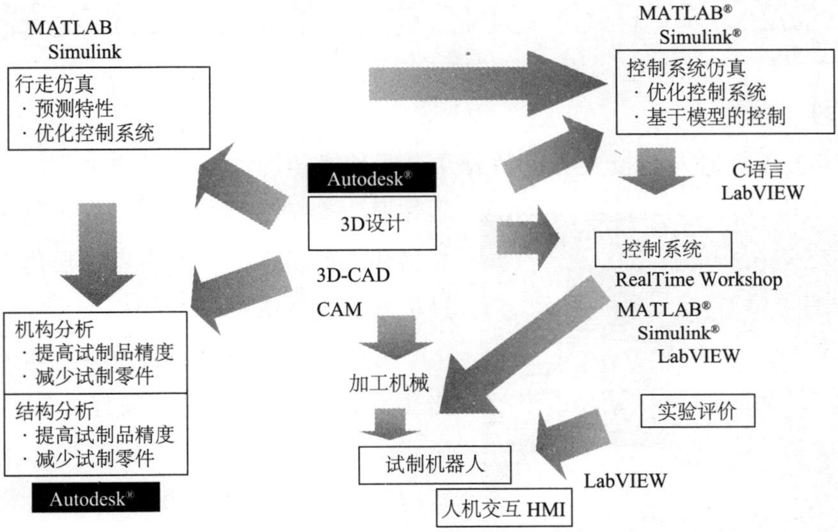

图1.15 基于模型集成开发的软件关系图

1.1.14 培养技术人员

对于新一代技术人员的培养，也推荐这种基于模型的集成开发方法。锻炼其建立机器人物理模型的能力，有助于加深对现象的理解。理解了简单的物理模型，就能逐渐理解复杂模型。也就是说，人的头脑理解事物时应尽可能简单化，由简单的物理公式完成复杂的仿真。经过对简单或是复杂模型的建立和理解，短期内就能实现高效率的开发和对技术人员的培养。

1.1.15 结 语

ROBO-ONE机器人竞技大赛不仅仅是机器人爱好者的世界，也是促进双足步行机器人进化与普及的重要场所。期待通过这项活动，能够阻止年轻人与技术脱离的趋势的发展。

参考文献

[1] ROBO-ONE OFFICIAL SITE : http://www.robo-one.com

[2] ROBO-ONE 委員会 編：RoboBooks ROBO-ONE のための二足歩行ロボット製作ガイド，pp. 2-10，オーム社，2004
[3] かわさき・神奈川ロボットビジネス協議会：http://www.robot-net.jp/
[4] 高田和俊氏 Web：http://www.h3.dion.ne.jp/~cpp/
[5] 三田宇洋 編著，高島 博，宅島章夫，田中明美 著：MATLAB/Simulink とモデルベース設計による2足歩行ロボット・シミュレーション，pp. 11-14，毎日コミュニケーションズ，2007
[6] ROBO-ONE 委員会：二足歩行ロボットのモデルベース開発，pp. 1-5，オーム社，2005

1.2 ROBO-ONE竞赛规则及未来发展

1.2.1 引 言

ROBO-ONE机器人竞技大赛包括公开表演预赛和淘汰制决赛两个阶段。参赛者必须按照大会的竞赛规则[1]，首先制作满足相关规格要求的机器人。参赛者注册后，还必须通过机器人规格审查。

图1.16 ROBO-ONE机器人竞技大赛的裁判

首先，参加公开表演预赛。和体操或滑冰比赛一样，预赛采用裁判打分制，如图1.16所示。机器人必须进行规定表演。2min的竞赛时间内，尽量展示机器人的技术和设计水平。从参加预赛的机器人中选出32台进入淘汰制决赛。决赛才进行双足步行机器人的格斗竞技。本节从技术角度介绍各比赛阶段的内容。

1.2.2 ROBO-ONE机器人的规格要求

参加双足步行机器人竞技大赛的机器人，其规格要求每届都不一样，会根据机器人技术的发展情况而改变。这是为了创造一个让参加者不断挑战的良好环境。这也给无线机等零部件生产厂商带来新的压力，从而不断开发新产品。

下面介绍关于机器人规格要求的相关要点。

■ 关于机器人规格要求的要点

① 足部尺寸规定。机器人的脚长应该设定为对大家都公平的大小。

② 重心位置规定。降低重心位置有益于保持稳定状态，但为了促进控制技术的发展，规定要调高机器人的重心位置。

③ 步行方式规定。要求机器人正确完成抬足步行动作，限制蹲着步行。

④ 控制方法规定。实施控制时不得接触机器人，无线控制自不必说，也允许红外线控制或自律型控制。

⑤ 安全性规定。要求充分保证比赛的安全性，不得采用回转体或尖锐的物体。

⑥ 场地或环境规定。比赛场地会在赛前公开，但不一定是平地。将来也可能将比赛场选为不平整场地。另外，因为拍照摄影允许自由使用闪光灯等摄影器材，机器人制作者必须考虑能够应对此类环境的变化。这些规定也会随着机器人技术的进步而改变。

⑦ 设计构思规定。大会的影像将用于多种场合。因此，不得使用未经委员会许可的设计构思。

以上内容就是关于机器人规格要求的要点。这些规定将会随着机器人技术的进步、环境的变化而更改，但是总体方针不会改变。

1.2.3 预 赛

为了能够正确评价机器人的技术，在预赛阶段安排了具有一定难度的规定表演。预赛并不想让所有参赛者都能完成表演，只是想要尽量拉开机器人评价的差距。同时也考虑到，挑战具有难度的技术有助于机器人技术的进步。

公开表演预赛要求参赛选手在2min表演时间内进行规定表演，展示机器人的特长以及作为步行机器人应该具备的步行技巧。重要的是要博得观众喝彩，获得裁判的高分。当然也包括必要的言谈技巧。

下面介绍迄今为止若干有特点的规定表演，如上台阶、跳绳、快跑、兔跳等。有时觉得不可能完成的项目，在参赛者的努力下也获得了成功。我们认为哪怕只有1台机器人成功，也是最终的成功。这就是ROBO-ONE的挑战精神。

下面介绍以往各届大赛的规定表演及其实现的情况。

■ 第11届大赛——“跳绳”

第11届大赛的规定表演是跳绳。虽然大多数机器人只是做出了跳绳的样子，但还是有几台机器人真的跳了起来完成了跳绳动作（图1.17）。要求机器人保持平衡，而且跳与转手要协调一致。在这之前机器人完成了快跑、兔跳等规定表演，完成跳绳这种项目好像不费时日。但是，伺服电机破损情况较多，制作费较高。该规定表演也促使伺服电机生产厂商进一步解决了增强强度的问题。

图1.17 跳绳机器人

■ 第12届大赛——“仿人”

第12届大赛的规定表演是“仿人”。该表演重视创意甚于技术，要求对机器人的基本性能不做大的改变就能实现“仿人”。

图1.18所示是擀乌冬面的机器人。由于当时大会是在香川县高松市举办的，出现了很多制作赞岐乌冬面的机器人。

■ 第12届大赛——“捕球”

第12届大赛同时安排了“捕球”的规定表演。目的是要让机器人“动手”，由此也可能会产生各种新的格斗竞技技法。图1.19所示是捕球机器人，采用了用传感器来感知球等技术。

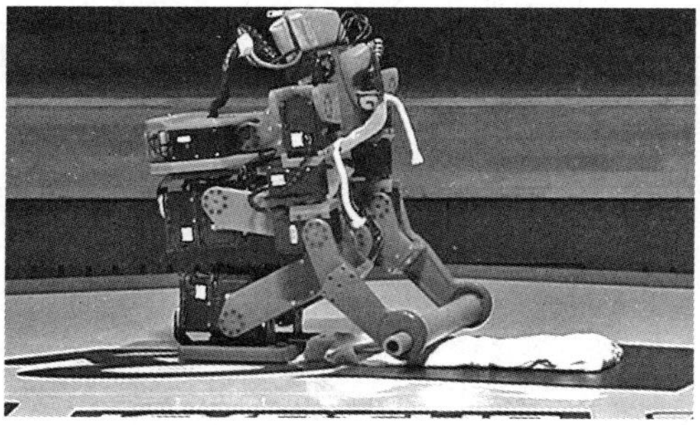

图1.18 擀乌冬面的机器人

图1.19 捕球机器人

上面介绍了若干规定表演，参赛者用他们的创意、技术和挑战精神都成功实现了。期待未来还有更多的挑战。

1.2.4 机器人格斗竞技的技法

通过预赛后，就要参加淘汰制的决赛，也就是机器人的格斗竞技。

格斗竞技需要判定胜负。如果是人的话，有时会发生因击打造成脑震荡而无法起身的情况。而机器人即使被击打也不会发生脑震荡。因此，正常的话一般能够站起来，而如果某个关节不灵的话，同样也无法起身站立。那么，如果数到10还起不来，或者跌倒3次，就应判负。

如何利用有效的技法将对手击倒成为胜负关键。下面介绍若干特色技法。

■ 拳 法

① 直拳。两腿前后站立，重心置于前腿，向前出拳。配合腰部动作，可以增大出拳幅度（图1.20）。

② 侧击拳。双腿伸开，横向连续出拳。出拳相对容易，所以该技法是重要的效果较佳的攻击技法，也称为横向击拳（图1.21）。

图1.20 直 拳

图1.21 侧击拳

③ 上钩拳。上钩拳是从下面向上击打的攻击技法。脚底没有安装吸附器的机器人，完成直拳时通常容易滑倒。此时，利用上钩拳可以产生旋转惯性（图1.22）。

④ 抡击。大型机器人的攻击技法。虽然只是双臂伸展抡击，在体型及重量不同的情况下，攻击非常有效。但是因为对机器人的旋转角度有限定，必须认真阅读竞技规则从而设计合理的动作（图1.23）。

图1.22 上钩拳

图1.23 抡 击

■ 腿 法

① 前踢。腿法的使用容易导致机器人身体不平衡，所以到目前为止还没有出现过有效的使用腿法场面。但是，随着传感器技术的发展，今后值得期待。前踢是正方向的踢打，要将重心完全放在踢打腿上（图1.24）。

② 侧踢。侧踢与侧击拳一样，容易保证机器人的稳定性，今后有望成为更为常用的技法。横向移动的同时完成侧踢的话，效果更佳（图1.25）。

图1.24 前 踢

图1.25 侧 踢

③ 后踢。后踢是对手绕到身后等情况下才使用的技法，如果与三点攻击（三点攻击的定义见下页的“舍身技法”②）技法结合，效果更佳（图1.26）。

■ 手 法

① 拉倒。拉倒是将手放在对手身体上，通过拉拽将其放倒的技法。与侧击拳作组合动作，效果更好。不过，如果裁判认为只是碰巧拉倒的话，就不会判定为有效攻击，所

以最好动作幅度大一些，更明显地展示该技法（图1.27）。

图1.26 后 踢

图1.27 拉 倒

② 扳倒。扳倒是扭住对手的手使其倒下的技法，关键是用手抓住的动作。今后也期待出现背摔等新的技法（图1.28）。

③ 双手放倒。双手放倒是用双手抱住对手的双腿，砍腿似地放倒对手的技法，是小型机器人擅长的技法（图1.29）。

图1.28 扳 倒

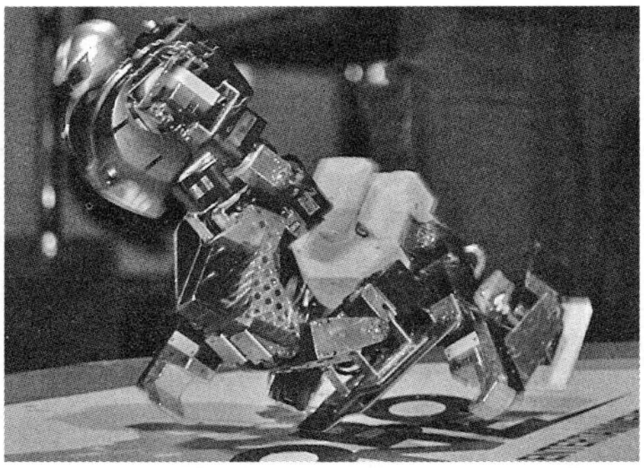

图1.29 双手放倒

■ 摔 技

① 抱摔。抱摔是抱住对手，将其摔向身后的技法。在ROBO-ONE大赛中曾经有参赛者使用该技法，是一种与时机把握关系密切的超级技法（图1.30）。

图1.30 抱 摔

■ 舍身技法

① 扑倒。扑倒是将自己的身体扑向对手，使其摔倒的技法。舍身技法每场比赛只准使用一次（图1.31）。

② 三点拳击/脚踢。除了双腿外再增加一个支撑点实施的攻击称作三点攻击。根据采用的三个支撑点，可以分为三点拳击或三点脚踢等技法（图1.32）。

图1.31　扑　倒

图1.32　三点攻击（图示为三点拳击）

1.2.5　结　语

ROBO-ONE机器人竞技大赛的规则经常根据机器人技术的进步而调整，单纯的胜负并不能代表机器人技术的进步。重要的是，以真正对人有用的机器人为目标，开展机器人设计及制作。

参考文献

[1] 第18回ROBO-ONE競技規則：http://www.robo-one.com/roboone/roboone18.html

第2章

双足步行机器人的结构

<2.1节、2.2节、2.4节>

西山　一郎　机器人作家，著书《自律型机器人制作》（合著，科学出版社出版）、《双足步行机器人制作指南》（合著，科学出版社出版）。

<2.3节>

西村　将太郎　BestTechnology株式会社，负责开发、销售、活动执行等工作。

<2.5节>

冈本　正行　ROBO-ONE官方裁判，MANOI株式会社策划代表董事。

2.1 电子元器件

2.1.1 引　言

图2.1　机器人用电子元器件

近年来机器人设计所采用的电路板已经不再带有过去所使用的较大的电阻器或电容器，细看的话，密密麻麻的电路虽然难以看懂，但是阻挡不了机器人爱好者改造的欲望。有时只是想增加传感器等外部电路。为此，需要了解电子元器件及电路的基础知识（图2.1）。

首先介绍制作机器人时需要掌握的基本部件、电路及其原理和法则。

2.1.2 电阻器

电阻器具有使电流流动困难的特性。表示导体对电流阻碍作用大小的值称为电阻值。电阻值的单位是Ω（欧姆），1000Ω为1kΩ，1000kΩ为1MΩ（兆欧）。

如图2.2所示，电阻器两端加上电压时，电压（V）、电流（I）和电阻（R）的关系为

$$V=IR$$

此时功耗（W）为

$$W=VI=I^2R$$

例如，使用11.1V的锂离子电池，接通10mA电流，则电阻为$11.1/10\times10^{-3}=1.11\times10^3\Omega$。也就是说接入约1 kΩ的电阻即可。

近年来，大量使用表面接入的片状电阻器，其具有图2.3所示的形状而且印有数字。

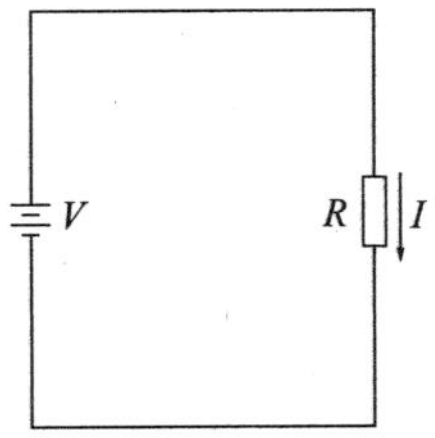

图2.2　电阻电路

图2.3　电阻器

片状电阻器一般用数字或文字表示电阻值。数字XXY的含义是该电阻器的阻值是XX×10的Y次方欧姆，例如，标示“305”的片状电阻器，其阻值为30×10^5=3 000 000Ω=3MΩ。

2.1.3 电容器

直流条件下，电容器存储电，不让电流流动；交流条件下，电容器通过电流，电容器频率越高，电阻越大。电容器的容量单位是F（法拉），1F的百万分之一为1μF（微法

拉），1μF的百万分之一为1pF（皮法拉）。图2.4所示为电容器。

在电容器的容量标示中，“103”为10×10^3=10 000pF=0.01μF。

使用电容器可以构成简单的滤波电路。图2.5为高通滤波器的电路图。

图2.4 电容器

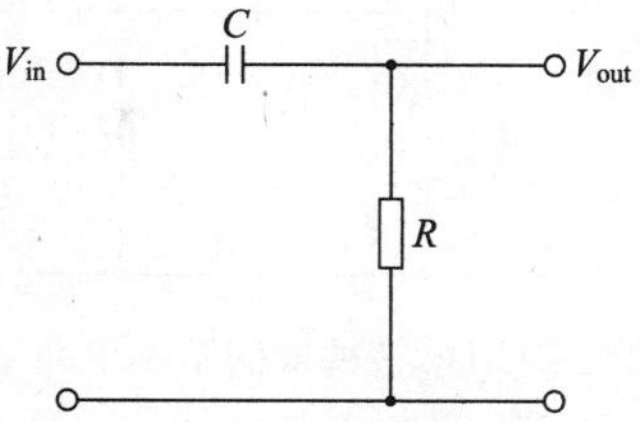

图2.5 高通滤波器

高通滤波器的截止频率为$f_0=1/2\pi RC$。其中，f_0为频率（Hz），R为电阻值（Ω），C为电容器容量值（F）。

同样，图2.6为低通滤波器的电路图，也用作平滑电路。

低通滤波器的截止频率为$f_0=1/2\pi RC$。低于截止频率的低频率信号通过，而高频率信号则衰减。

图2.7所示的铝电解电容器接入电源电路等电路中，形成平滑电路，用于稳定电压。

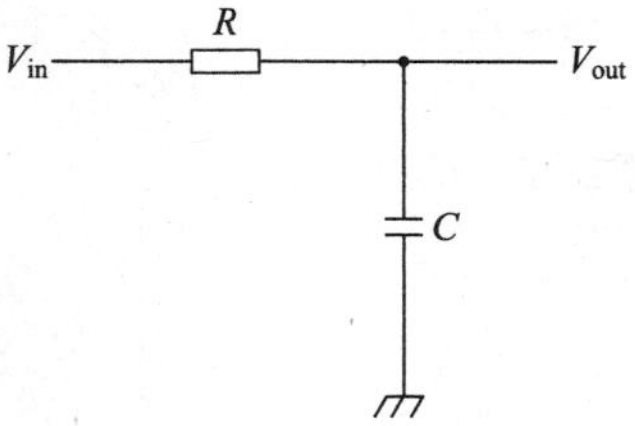

图2.6 低通滤波器

图2.7 铝电解电容器

图2.7中电容器的电容量与耐压（两极间可施加的最大电压）一并标示。而且，这种电容器有极性，一般较长的引线为正极。

2.1.4 线 圈

线圈（图2.8）的特性是，直流电流易通过而交流电流难通过，其特性与电容器相反。交流电流流动的困难程度用电感表示，即对交流电流的阻力。其单位是亨利（H）。该值越大，交流电流越难通过，而且频率越高，越难通过。

图2.8 线 圈

线圈用在起开关转换作用的DC-DC转换器等应用中。当开关为ON时，线圈储能，而开关为OFF时，线圈释放储能，输出比输入更高的电压（图2.9）。

图2.10所示为装有小型线圈的DC-DC转换器。

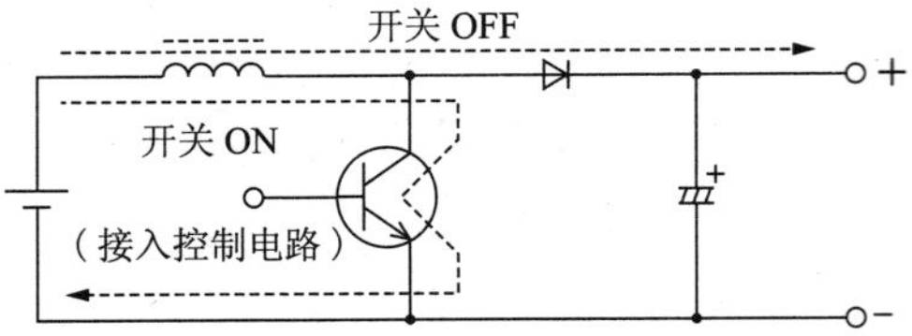

图2.9 DC-DC转换器的基本电路

图2.10 DC-DC转换器

2.1.5 二极管

二极管（图2.11）让电流朝正向流动，朝反向则不流动。这也称作整流作用，是二极管的最大特点。

如图2.12所示，对于电路的交流输入电压，只有正值部分得到输出。如果利用电容器部分介绍过的平滑电路进行滤波，便可得到直流电压。

图2.11 二极管

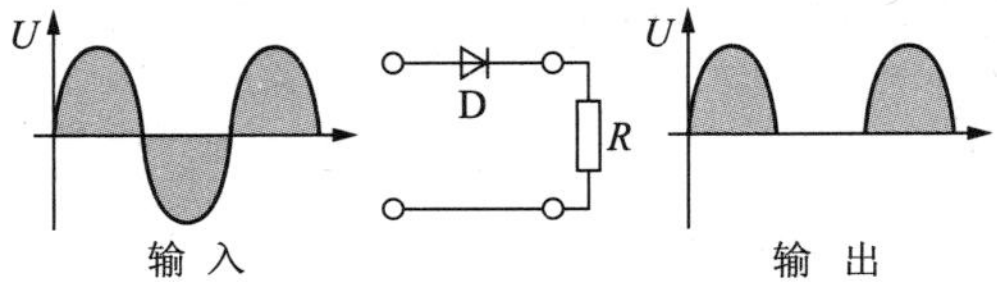

图2.12 检波电路

2.1.6 LED

LED（发光二极管，图2.13）当电流正向通过时会发光。目前市场上的发光二极管可以发出各种颜色的光。

图2.14所示为简单的LED点灯电路。

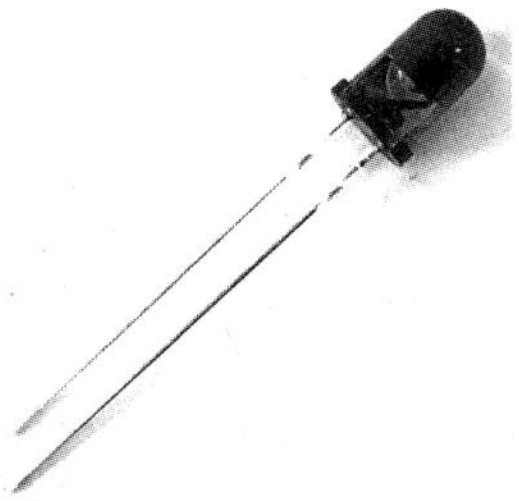

图2.13 LED

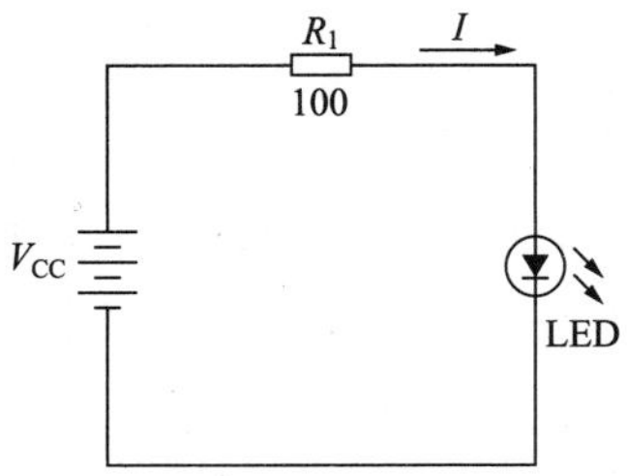

图2.14 LED点灯电路

流过LED的电流为

电源电压-正向电压/电阻*

正向电压是LED点灯的最低电压，因LED的色彩而异。一般来说，红色、黄色、绿

---

* 此处原文为“电流”，但应该是“电阻”。——译者注

色等LED的正向电压约为2V，蓝色、白色、深绿色等约为3.6V。

2.1.7 晶体管

晶体管（图2.15）分双极型、FET（场效应）等类型，用于放大器、开关等应用。

如图2.16所示，晶体管分双极型和FET型两大类，双极型晶体管又可分为NPN型和PNP型，而FET型晶体管又分为N沟道型和P沟道型。在机器人中，晶体管用于电机的控制。

图2.15 晶体管

种类		图示记号
双极型	NPN 型晶体管	C 集电极 B 基极 E 发射极
	PNP 型晶体管	C 集电极 B 基极 E 发射极
FET型	N 沟道型 MOSFET	D 漏极 G 栅极 G S 源极
	P 沟道型 MOSFET	D 漏极 G 栅极 G S 源极

图2.16 晶体管的种类

机器人中的晶体管多用于伺服电机控制。

2.1.8 光电晶体管

光电晶体管（图2.17）根据光的强度而不是晶体管的基极来使得集电极的电流发生变化，因此，用在测量光强度的光传感器中。

图2.18所示为采用光电晶体管的传感器的电路，根据光的强度产生电压V_{out}。

图2.17 光电晶体管

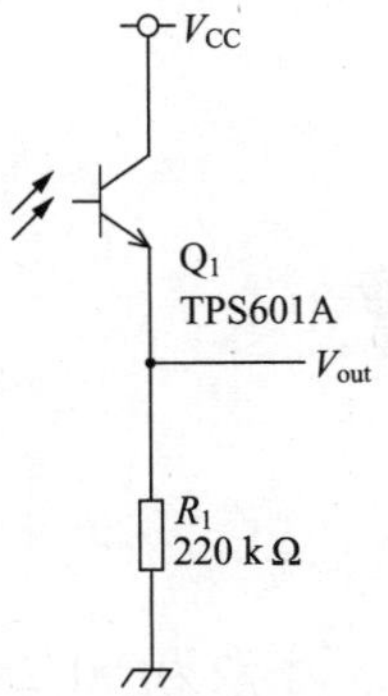

图2.18 光电晶体管电路

2.1.9 TTL集成电路与逻辑电路

逻辑电路分为晶体管-晶体管-逻辑（TTL）逻辑电路和CMOS逻辑电路两种。

在计算机领域，常常进行称作布尔运算的逻辑运算。布尔运算规定了“0”、“1”两种符号的逻辑运算方法。运算符为AND或OR，实现该运算的电路称为逻辑电路。图2.19所示为各种逻辑电路。

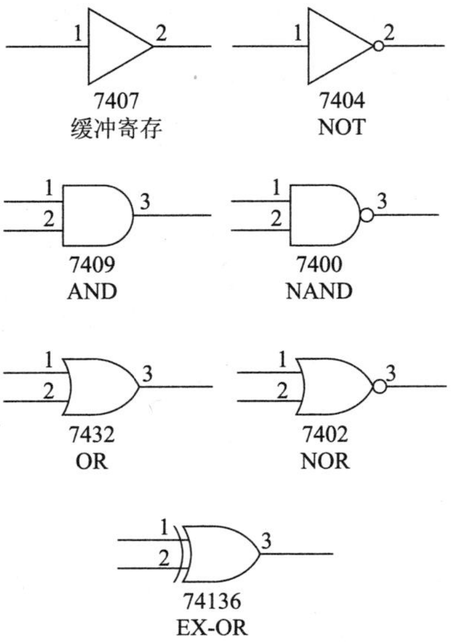

图2.19 逻辑电路

■ NAND门

输入1和输入2同时为1时，输出为0的电路。运算法则是AND和NOT的组合，所以也称作NAND（NOT+AND）电路。

■ NOR门

某一输入为1时，输出为0。因为是NOT+OR的组合，所以称为NOR电路。

■ TTL集成电路

由晶体管电路构成逻辑电路较为麻烦，将多个电路集成起来就是TTL集成电路。

2.1.10 运算放大器

运算放大器（图2.20）是多种放大器的基本组成部分。

在设计机器人系统时，各种传感器的微小信号均需放大后输入计算机。例如，CPU中A/D转换器的输入最大幅度放大至5V的话，就能获得足够的分辨率。

使用微处理器时，计算机电源为5V就能启动微处理器。因此，如果能够采用5V的单一电源，电路就可以简化。这里介绍单一电源的放大电路。

图2.21所示的单一电源放大电路是作为反相放大器的交流放大电路。电源电压由电阻R_3、R_4分担，中点电压设为V_{CC}的一半。以中点电压为基准上下振动的输入被放大。此时的放大率为R_2/R_1。由于输出与输入的相位相反，所以称为反相放大器。

图2.20 运算放大器

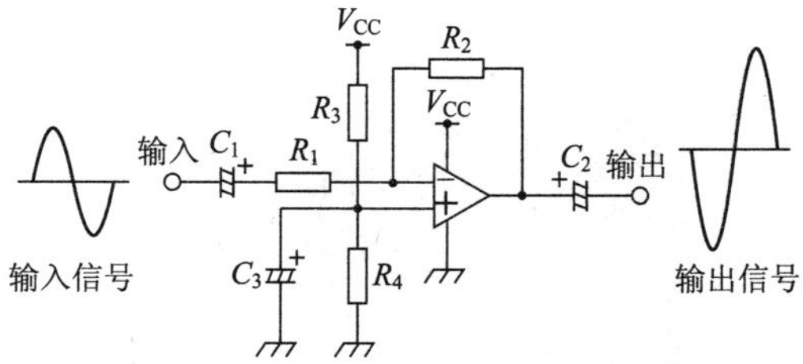

图2.21 单一电源放大电路

另外，下限截止频率数为$f=1/2\pi C_1R_1$。

2.1.11 三端子稳压器

微处理器、传感器等一般需要3～5V的电源。而近年来，机器人常使用11.1V的锂聚合物电池，因此无法直接驱动微处理器。而利用被称为三端子稳压器的集成电路，则可以简单地从11.1V的锂聚合物电池中获得3V或5V的电源。

三端子稳压器LM2940的外形如图2.22所示。

图2.23所示是使用三端子稳压器的5V电源电路，这是组合了电阻和电容的简单电路。

图2.22 三端子稳压器

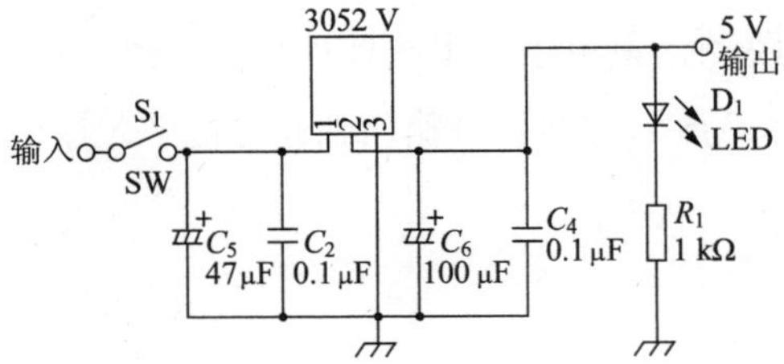

图2.23 三端子稳压器电路

2.1.12 RS485驱动器集成电路

近年来，串口通信的伺服电机使用越来越频繁。为了保证串口通信的稳定性，实现长距离通信，采用了串口通信驱动器。图2.24所示是RS485驱动器集成电路。其中，RS485表示用于伺服电机、传感器等的串口通信的硬件标准。应用方法将在第4章介绍。

图2.24 RS485驱动器集成电路

2.1.13 扩音器

扩音器由线圈、磁铁和膜片组成，信号传递到置于磁场中的线圈，使膜片及周围空气振动从而发音。如果对音质要求不高的话，可以使用更薄的压电扩音器（图2.25）。

简单的扩音器驱动电路如图2.26所示。通过改变开关数字信号的频率，可以产生具有不同波长的音。

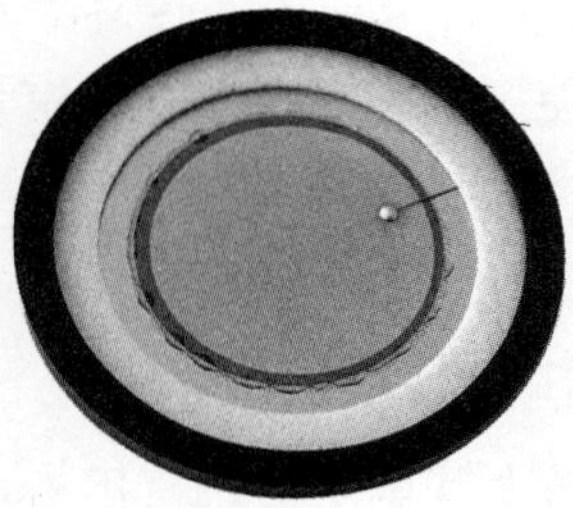

图2.25 压电扩音器

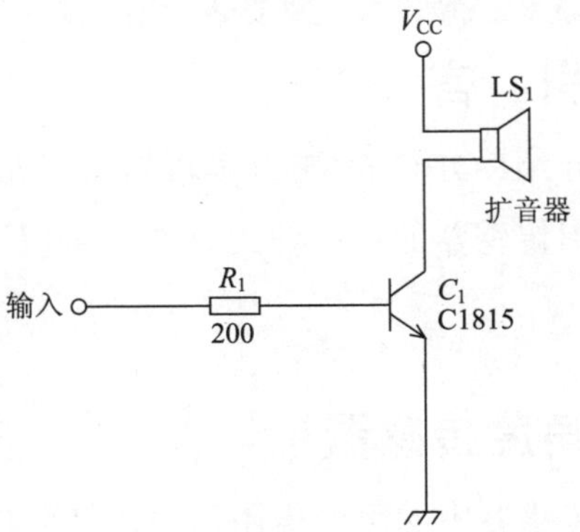

图2.26 扩音器驱动电路

在机器人系统里，扩音器主要用于异常诊断或者检查程序的执行情况等。

2.1.14 按钮开关

一般来说，按钮开关（图2.27）用于启动机器人。按下按钮开关，机器人动作；另外，停止机器人动作，也可使用按钮开关。按钮开关还可用于其他多种用途。

图2.28所示是数字开关，其数值由微处理器读取，可以用于更改程序等操作。

图2.29所示是按钮开关应用电路，开关上拉时作为10 kΩ规模的电阻，也可用于下拉开关，即将其接头接入CPU的输入端口便可。接入带有施密特触发器的换流器，可以防止按钮开关误跳动，也可以采用软件处理该电路，按下按钮开关时，4584的输入端口为0V，所以输出端口为5V，此时，1输入到计算机中。按钮开关为OFF状态时，输出为0V。

图2.27 按钮开关

图2.28 数字开关

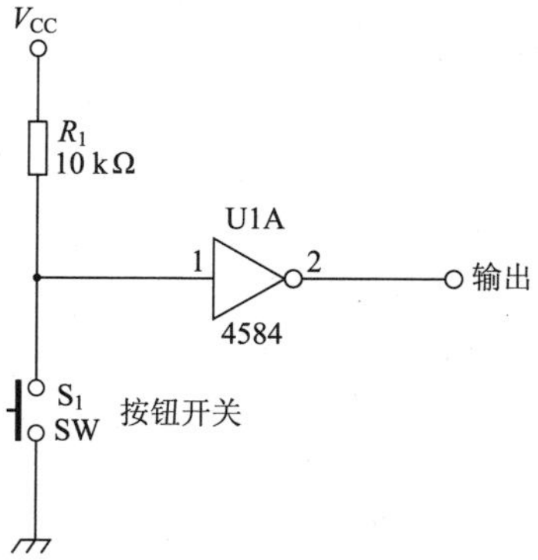

图2.29 按钮开关应用电路

2.1.15 结 语

本节介绍了制作机器人时需要使用的基本电子元器件。机器人系统融合了多项技术，掌握尽可能广泛的知识对于制作机器人来说十分重要。

2.2 传感器

2.2.1 引 言

本节介绍ROBO-ONE竞赛机器人经常使用或者今后有望使用的传感器及其原理。下一节介绍传感器的各种使用方法。希望读者能正确使用传感器，设计出更加稳定的机器人。

2.2.2 角度传感器

角度传感器中的可变电阻随着旋转角度的改变而改变其电阻值，可用于角度测量。图2.30所示为角度传感器的等效电路，在电路的两端施加电压，从端口②就可以得到与旋转角度成比例的输出电压。在机器人系统中，角度传感器作为伺服电机使用。另外，高级的伺服电机则采用不易损坏的非接触型旋转编码器或者磁性传感器。

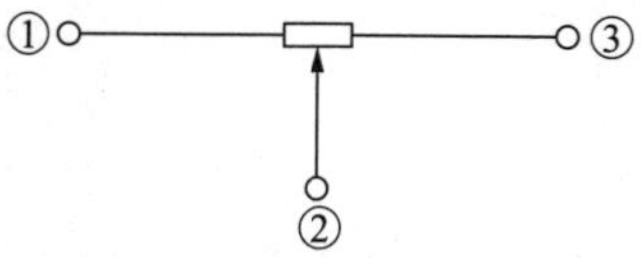

图2.30 等效电路

图2.31 装在伺服电机中的可变电阻器

图2.31所示为装在伺服电机控制器上的可变电阻器。

图2.32所示是旋转编码器的原理图。通过计算狭缝的数量，检测旋转角度或转数。采用两相检测的方式还可以检测旋转方向。

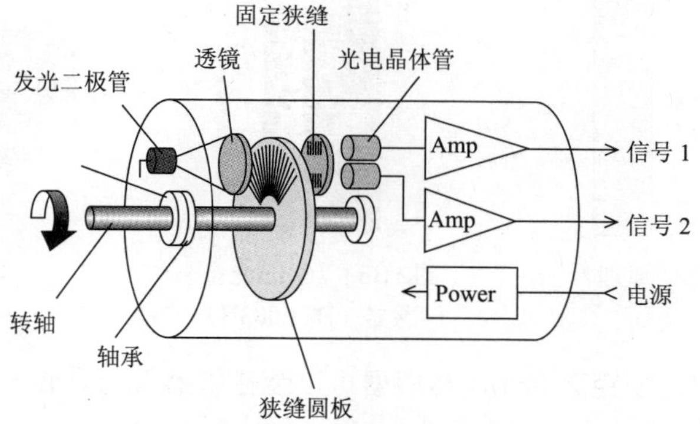

图2.32 旋转编码器的原理[1]（由小野测器株式会社提供）

2.2.3 超声波传感器

超声波传感器由用压电陶瓷制作的发信器和接收器组成。

压电元件具有受力时产生电压，而施加电压时则发生变形的特性，与压电蜂鸣器相同。超声波传感器利用的就是该特性。

图2.33所示为日本陶瓷公司[2]出品的超声波传感器的外形尺寸。发信器为T4016A2，接收器为R4016A2。

图2.34说明了利用超声波传感器测量距离的原理。发信器采用频率为40kHz的发信电路，由ON/OFF控制器和驱动器组成。接收器由放大比较电路和积分电路组成。时间测定可用计算机完成。为了使超声波容易反射，超声波传感器的安装尽量与测定物成直角。另外，要想办法避免发信器直接将振动传递给接收器。

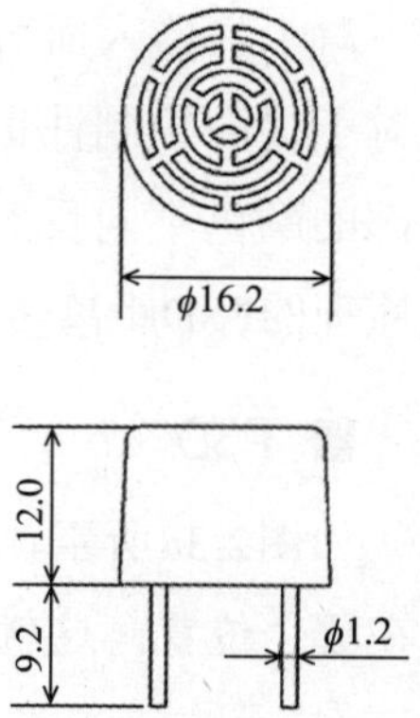

图2.33 超声波传感器T4016A2尺寸图（日本陶瓷公司提供）

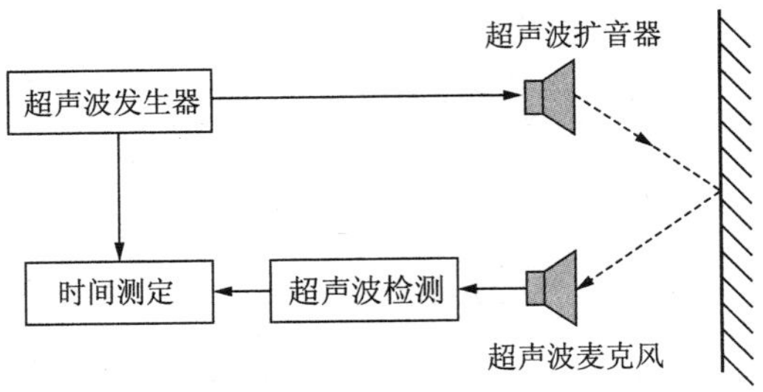

图2.34 超声波测距计的原理

2.2.4 光电传感器

反射型光电传感器利用光电晶体管或光电二极管通过检测从物体反射来的光，判断是否存在物体，原理如图2.35所示。

市场上销售的光电传感器能检测10mm距离（图2.36所示的Best Technology公司[3]的BTE003B）到800mm距离的物体（图2.37所示的Best Technology公司的BTE023）。

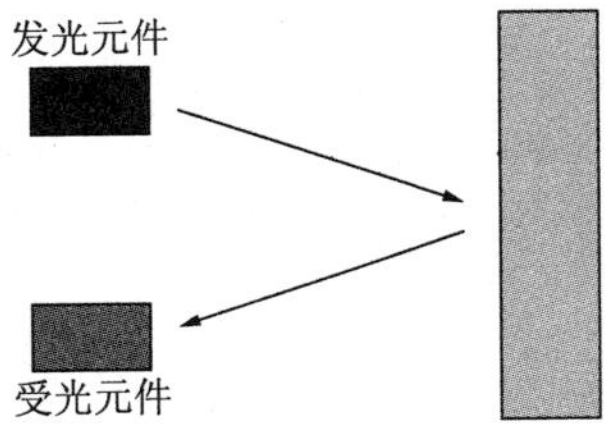

图2.35 光电传感器的原理

图2.36 10mm光电传感器（BTE003B）

图2.37 800mm光电传感器（BTE023）

在机器人系统中，短距离的光电传感器可以装在机器人的脚底，用于检测脚底是否着地或判断是否接触，而长距离的光电传感器则可以用来检测场地边线或判断是否有对手。

2.2.5 PSD距离传感器

对于机器人而言，知道准确距离是非常重要的，而且，提高机器人对距离的把握精度对于提高控制性也具有重要意义。前文提到的检测反射光量大小的方式，由于机器人手部的颜色不同反射率便不同，故检测精度较难保证。因此，人们开始关注利用三角测量原理的PSD距离传感器。

■ PSD

如图2.38所示，与光点位置成比例的电流分别流入I_1、I_2。从电流之差可以判断光点打在哪个位置，这就是PSD原理。

■ 三角测量

如图2.39所示，传感器PSD与墙的距离如有变化，PSD上出现的光点位置也会变化。由此可以计算出到墙壁的距离。

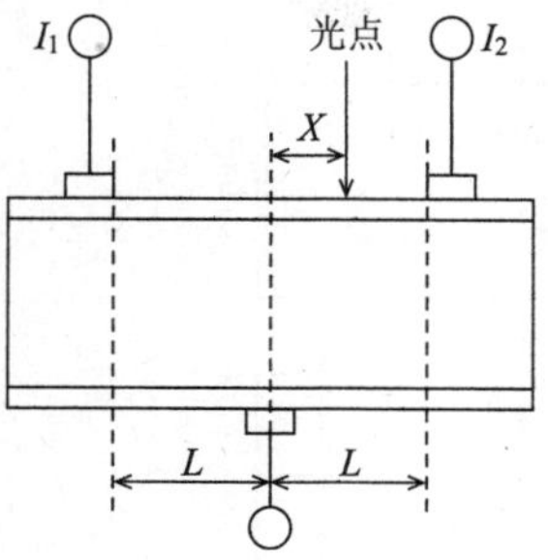

图2.38 PSD原理

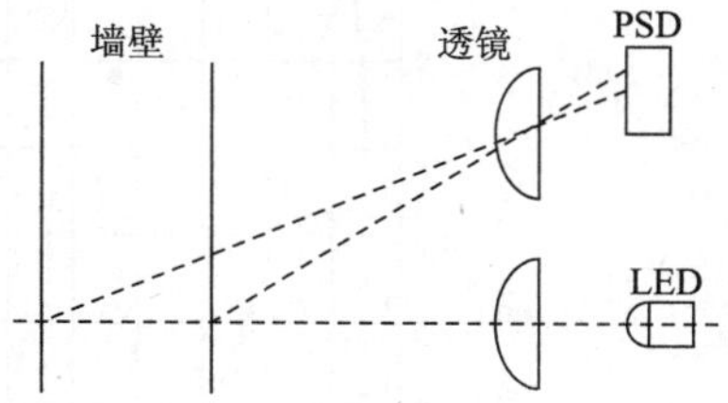

图2.39 三角测量原理

■ PSD距离传感器

图2.40所示是KODENSHI公司[4]生产的ORA1L03，图2.41是该传感器的外形尺寸示意图。在PSD距离传感器内部装有透镜和模拟输出电路，将其输出输入A/D转换器，就可以读出距离值。最大可以测定150cm的距离。PSD距离传感器的电气及光学特性如表2.1所示。另外，距离与输出电压的特性关系如图2.42所示。该特性为非线性关系，用于机器人控制时应变换为线性关系。

图2.40 PSD距离传感器
ORA1L03（KODENSHI公司）

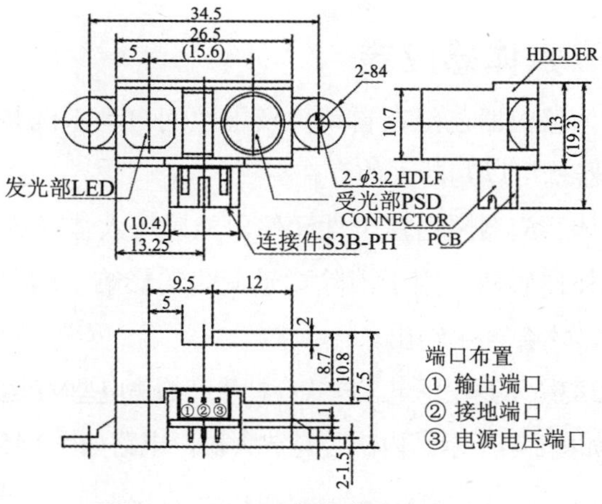

图2.41 PSD距离传感器外形尺寸

表2.1 电气及光学特性

项 目	记 号	条 件	最小值	标准值	最大值	单 位
电源电压	V_{CC}	–	4.0	5.0	5.5	V
检测距离范围	ΔL	–	10	–	150	cm
输出电压	V_{out}	L=150cm	–	–	0.35	V
输出振幅	ΔV_o	150cm→10cm	2.65	–	3.35	V
耗费电流	I_{CC}	平均值	–	28	50	mA

注：使用的反射纸是反射率达90%的白纸（Kodak Gray Card R-27）。

更长距离的测定要用无线电探测或激光。

激光距离传感器利用激光，通过测量光的飞行时间来测算距离。采用多棱镜扫描周围环境，从而感知领域空间范围的称作区域传感器。

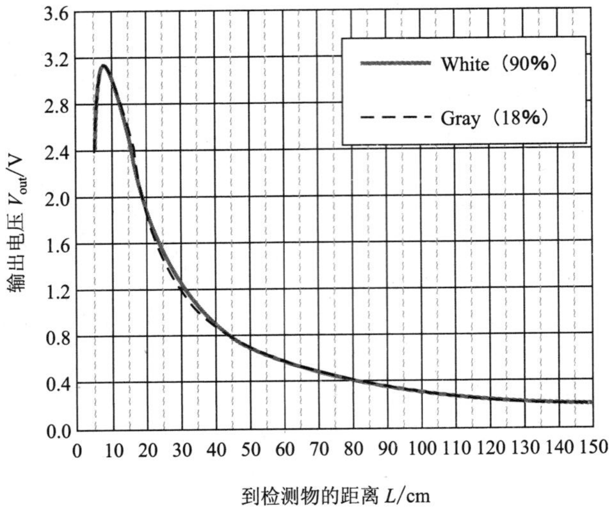

图2.42 距离与输出电压的特性关系

光速可达1s绕地球七周半。考虑到发射脉冲光，测量其返回时间是一件难事，如果有10^{-6}μs级的计时器，就能得到一定程度的分辨率。

2.2.6 人体感应器

人体感应器已经在自动门及卫生间自动水洗装置等系统中得到应用。机器人采用人体感应器就可以判断人的存在。

人体感应器采用焦电性元件，能感应人体释放出的10μm波长的红外线。其内部还有两个红外传感器，用于消除背景变化的影响。因此，只有人体移动的时候人体感应器才有感应，才会产生输出。

图2.43所示是松下电工株式会社生产的焦电型MP运动传感器“NaPiOn”AMN31111[5]。其管脚布置如图2.44所示。内部装有放大器，电路如图2.45所示，只需加个电阻就可以得到输出。

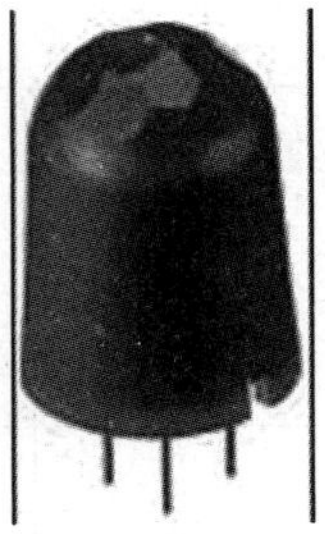

图2.43 焦电型MP运动传感器“NaPiOn”AMN31111（松下电工株式会社提供）

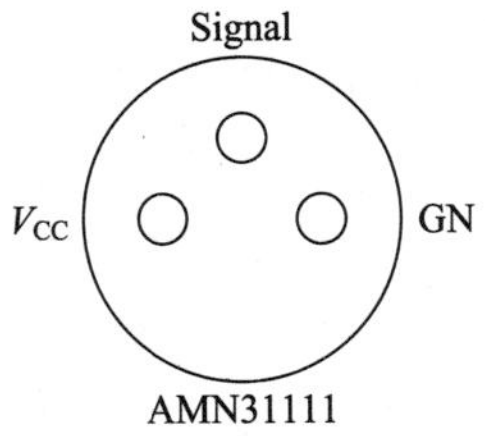

图2.44 管脚布置

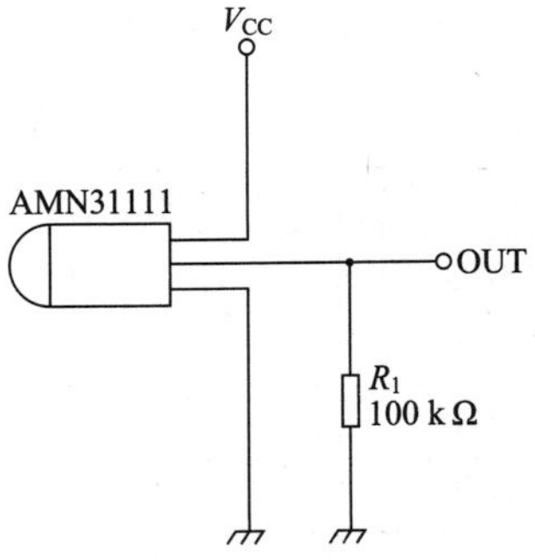

图2.45 电路图

焦电型MP运动传感器NaPiOn按照透镜的形状可分为多种类型，检测距离、检测角度各有所异，应根据用途区别选用。

例如，AMN31111为标准型，其检测范围为±50°，而光点型AMN33111的检测范围为±20°。

2.2.7 陀螺仪传感器

陀螺仪传感器是检测旋转检测角速度的传感器。例如，可以用它检测机器人倒下时的角速度。另外，想知道机器人旋转了多少时，对角速度进行积分便可算得。

陀螺仪传感器的原理如图2.46所示，根据振动的变化检测因旋转而施加在陶瓷振子上的力。

图2.47所示是Analog Devices公司[6]制造的高精度1轴陀螺仪传感器ADXRS610。

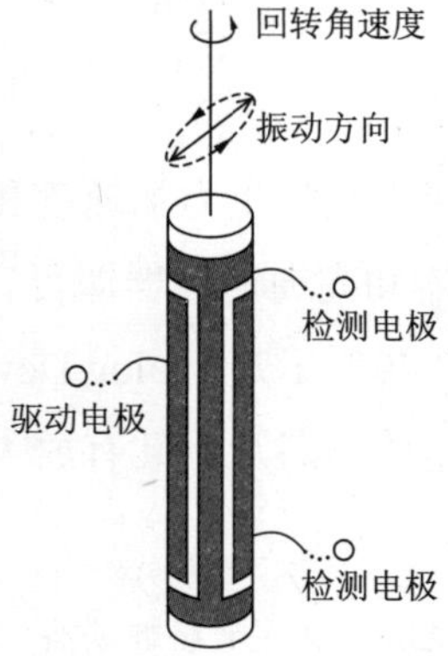

图2.46 陀螺仪传感器的原理

图2.47 1轴陀螺仪传感器ADXRS610（Analog Devices公司）

目前，陀螺仪传感器应用在手机、相机里，由于其体型小，人工焊接非常困难。因此，市面上出现了集成化的传感器。接上电源便可得到模拟输出，再经过A/D转换，读入微处理器即可。表2.2列出了陀螺仪传感器ADXRS610的主要参数规格。

近年来，人们对陀螺仪传感器精度的要求越来越高，市场上也出现了以水晶为材料的陀螺仪传感器。水晶是单结晶，温度特性尤为突出。水晶的温度系数与陶瓷相比小一个数量级。表2.3是Epson Toyocom公司[7]的XV-8000CB传感器的主要参数规格。

表2.2 ADXRS610主要参数规格

项　目	规　格
检测范围	±300(°)/s
灵敏度	6mV/[(°)/s]
频率响应	2.5kHz
噪声密度	0.05(°)s/Hz
非线性	0.1% of FS
电源电压	4.75~5.25V
电流	3.5mA
温度范围	-40~105℃

表2.3 XV-8000CB主要参数规格

项　目	规　格
电源电压	4.75~5.25V
温度范围	-40~85℃
灵敏度	25.0mV/[(°)/s]
零点电压	2.5V
零点电压温度变化量	±3.5V
检测范围	±60(°)/s

另外，可以测量更高速角速度的传感器也已实现商品化。

图2.48所示是ST MicroElectronics公司[8]生产的2轴陀螺仪传感器LPR5150AL，输出为PWM信号。其主要参数规格如表2.4所示，推荐用于1500(°)/s左右极高速旋转的测量。

图2.48 2轴陀螺仪传感器LPR5150AL（ST MicroElectronics公司）

表2.4 LPR5150AL主要参数规格

项 目	规 格
检测范围	±400(°)/s（无放大）
灵敏度	2.5mV/[(°)/s]（无放大）
频率响应	140kHz
噪声密度	0.017(°)/s/Hz
非线性	±0.1% of FS
电源电压	2.7~3.6V
电流	6.8mA
温度范围	-40~85℃

2.2.9 重力加速度传感器/加速度传感器

重力加速度（*G*）传感器是加速度传感器的一种，用于测量重力加速度和加速度。要想区分出重力加速度和一般加速度，分别接上低通滤波器和高通滤波器即可。

重力加速度传感器是测量重力加速度的传感器。图2.49所示是Analog Devices公司[6]制造的2轴重力加速度传感器ADXL330。在采用应变仪的传感器芯片上装有放大器、恒温电路等。其特性参数如表2.5所示。

图2.49 2轴重力加速度传感器ADXL330（Analog Devices公司）

表2.5 ADXL330主要参数规格

项 目	规 格
轴数	3
检测范围	±3G
灵敏度	300mV/G
输出形式	模拟信号
频率响应	1.6kHz
噪声密度	280(°)/s/Hz
电源电压	1.8~3.6V
电流	0.18mA
温度范围	-40~105℃

2.2.10 FSR（力传感器）

FSR[9]传感器是力传感器的简称，具有随着被施加的压力的加大、电阻值减小的特性。其外观如图2.50所示。FSR构造如图2.51所示。

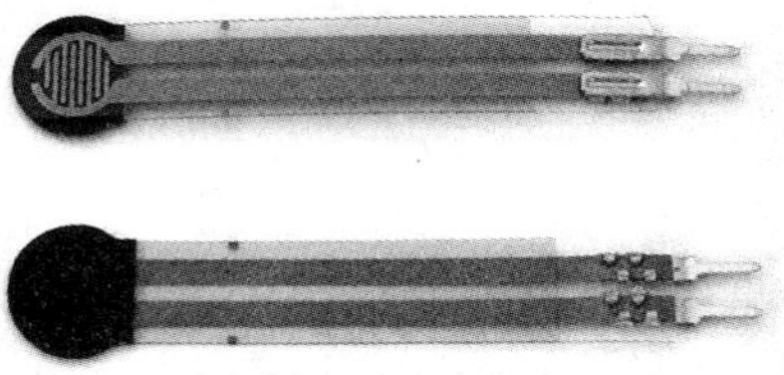

图2.50 FSR传感器外观

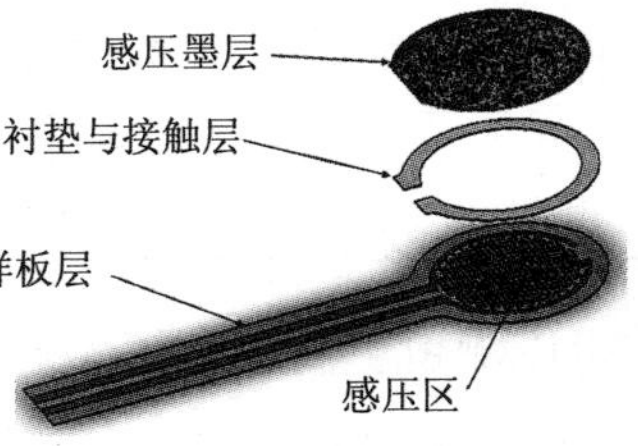

图2.51 FSR构造（参考资料，Interlink Electronics Inc.提供）

图2.52所示为力传感器的电压与压力的关系，此时采用的测量电路如图2.53所示，由图可知，改变电阻R_M可以改变输出值。求电阻时，利用下式：

$$R_{FSR}=(V\times R_M)/V_{out}-R_M$$

取测量结果的对数，可知压力与电阻的关系基本上是直线（图2.54）。

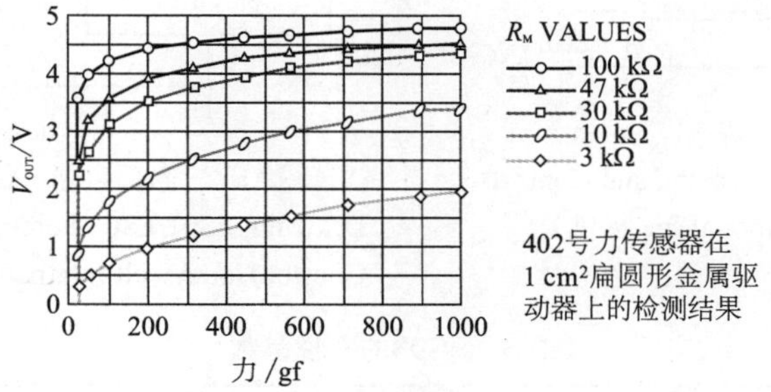

图2.52　输出特性（Interlink Electronics Inc.“力传感器集成指南”中图9）

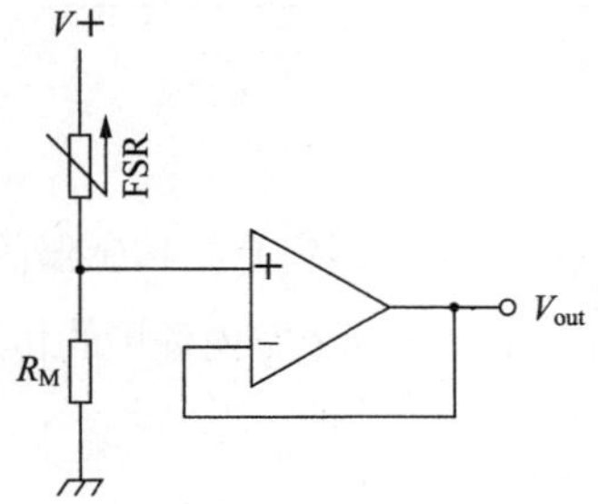

图2.53　测量电路（Interlink Electronics Inc.“力传感器集成指南”中图9）

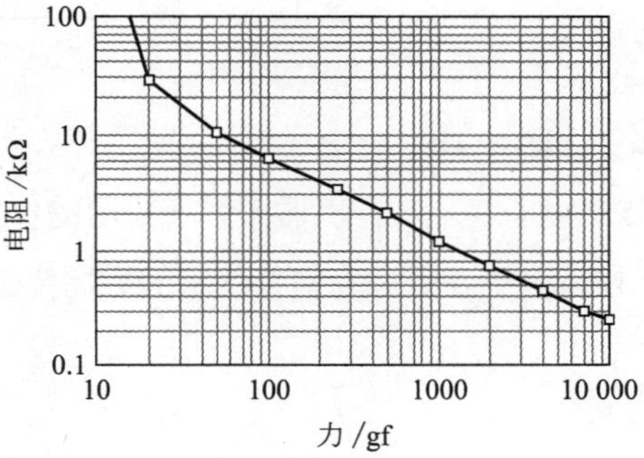

图2.54　线性化（Interlink Electronics Inc.“力传感器集成指南”中图2）

2.2.11　压力传感器

压力传感器是一种利用应变仪的力传感器。

图2.55所示是Honeywell公司[10]生产的压力传感器FS03外观照片。其外形尺寸如图2.56所示，图2.57是其内部电路图。给压电应变仪的桥式电路施加压力，传感器就会失衡，根据克希霍夫定律，产生电流。利用运算放大器就能得到放大的输出。

表面　　背面

图2.55　压力传感器FS03

压力传感器的输出特性如表2.6所示，可以测量最大1.36kgf的力。虽然比FSR高级一些，但也可以用作机器人脚底传感器。

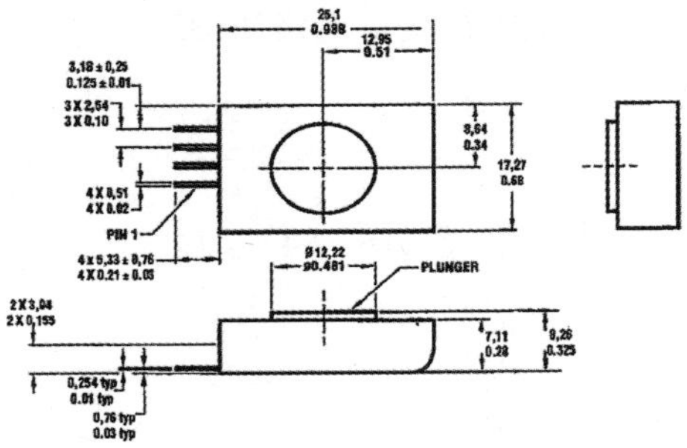

图2.56 外观尺寸（Sensing and Control Honeywell International Inc.提供）

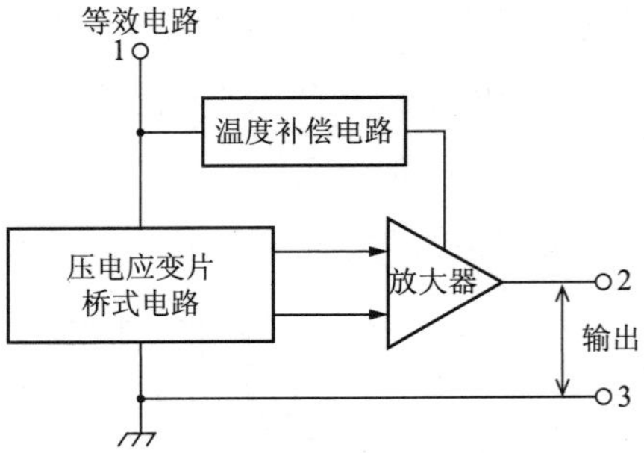

图2.57 内部电路（Equivalent Circuit Drawing, FS01/FS03 Force Sensors, Sensing and Control Honeywell International Inc.资料转译）

表2.6 FS03的特性参数

部件型号	测量范围	最大力	输出电压
FS03	0~1.36kg	3kgf	3±0.15V

2.2.12 结　语

本节介绍了双足步行机器人系统采用的价位较低的传感器。第4章将介绍传感器的具体应用方法。除此之外，还有在室外使用的磁场传感器、GPS等，本书只介绍室内使用的传感器。

参考文献

[1] ロータリエンコーダの原理（株式会社小野測器）：http://www.onosokki.co.jp/HP-WK/products/category/encoder2.htm
[2] 日本セラミック株式会社：http://www.nicera.co.jp/pro/ut/ut-01.html
[3] 株式会社ベストテクノロジー：http://www.besttechnology.co.jp/modules/guide/index.php?content_id=10
[4] コーデンシ株式会社：http://www.kodenshi.co.jp/
[5] パナソニック電工株式会社：http://panasonic-denko.co.jp/ac/j/control/sensor/human/napion/size_figure/index.jsp
[6] アナログ・デバイセズ株式会社：http://www.analog.com/jp/index.html
[7] エプソントヨコム株式会社：http://www.epsontoyocom.co.jp/
[8] STマイクロエレクトロニクス株式会社：http://www.st-japan.co.jp/
[9] Interlink Electronics Inc.：http://www.interlinkelec.co.jp/technology/
[10] Honeywell：http://sensing.honeywell.com/index.cfm/ci_id/154366/la_id/1.htm

2.3 伺服电机

2.3.1 引　言

随着ROBO-ONE机器人竞技大赛的发展，无线电遥控用伺服电机也发展成机器人用伺服电机。机器人用伺服电机的转矩大幅增加，通信方式实现串行化，而且各厂商采用自己的硬件标准和通信协议开发了新的功能。今后，功能将不断充实，硬件、协议将实现统一。本节将介绍这些内容及发展方向。

2.3.2 无线遥控用伺服电机

无线遥控用伺服电机的原理如图2.58所示。PWM信号输入到伺服系统中，根据其脉宽不同，伺服电机的角度发生变化。PWM周期为16ms，伺服电机中位的脉宽为1.31ms。脉宽可用微处理器控制。伺服电机的信号线中，红色引线为5V，黑线为GND，白线为信号线。

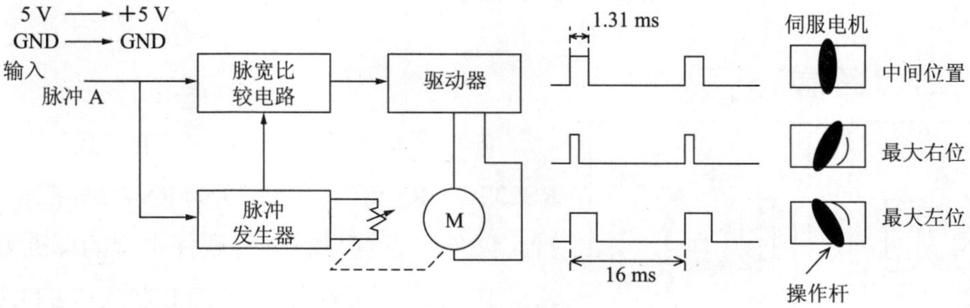

图2.58 无线遥控用伺服电机的原理

ROBO-ONE大赛开始初期，几乎所有机器人都采用这样的伺服电机。

图2.59所示是近藤科学株式会社生产的KRS-2346ICS伺服电机。后来人们逐渐理解了机器人用伺服系统向串口通信方式发展的需求。

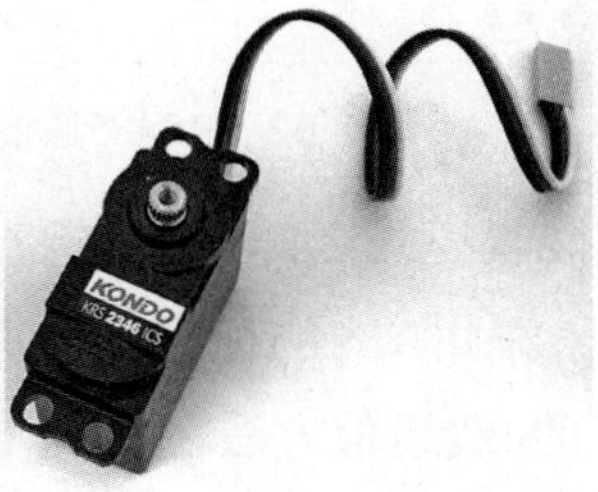

图2.59 近藤科学KRS-2346ICS伺服电机

2.3.3 机器人用串口型伺服电机

无线遥控采用伺服电机的目的是保证良好的控制性，与转矩相比更重视速度。但是，该特性也有不适合双足步行机器人的地方，后来慢慢地向机器人用伺服电机转型。

首先，高力矩化与高电压化并进。近藤科学在PWM间以脉宽信号返回输出轴的位置，很容易进行运动的设计。

ROBOTIS、双叶电子工业等公司从一开始就选择串口通信方式用于机器人用伺服电机。串口通信的伺服电机装有微处理器，可以实现各种功能。

图2.60所示是伺服电机系统图。通过装在伺服系统轴上的可变电阻，利用A/D转换

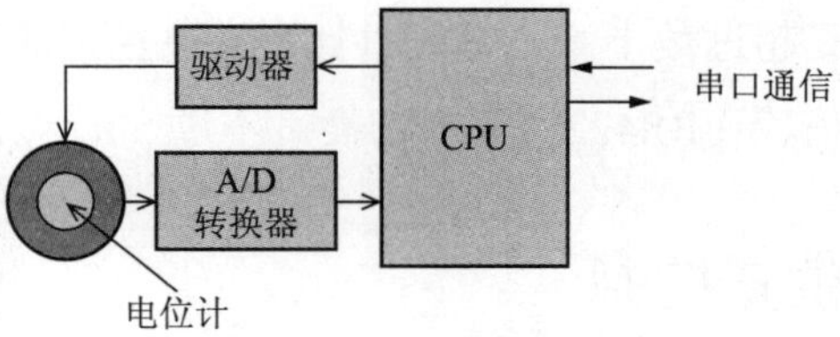

图2.60 伺服电机系统图

器读取角度，由CPU完成运算，再实现位置控制。指令从串口线获取，也可以传递返回值，实现双向通信。

图2.61所示是Dynamixel生产的伺服电机，虽然都采用串口通信，但分为采用TTL、RS485的以独自协议进行通信的伺服电机和采用CAN标准的伺服电机。

图2.61 Dynamixel的伺服电机

2.3.4 串口通信

串口通信有多种方法。TTL方式、长距离的RS232C、RS485（图2.62）、RS422等都是硬件标准。此外，也有与CAN等软件组合的标准方式。

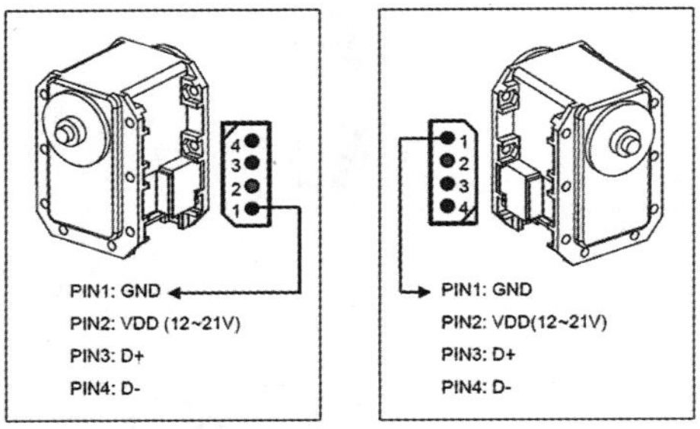

图2.62 RS485通信

作为通信硬件标准的TTL方式以TTL标准驱动通信线，电路如图2.63所示。TTL标准利用电源线和数据线等进行通信。不过需要在微处理器上对控制信号进行ON/OFF操作，在发信和接收模式之间切换。

采用RS485标准的串口通信电路如图2.64所示。该标准是采用电源线和信号线D+、D−的4线通信方法。需要在微处理器上对控制信号进行ON/OFF操作，在发信和接收模式之间切换。

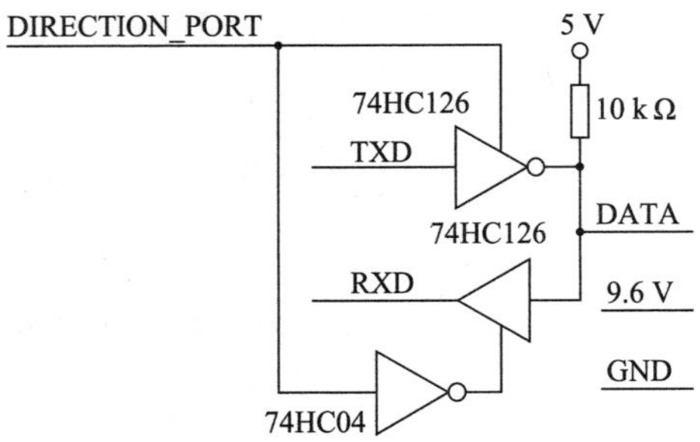

图2.63 TTL标准

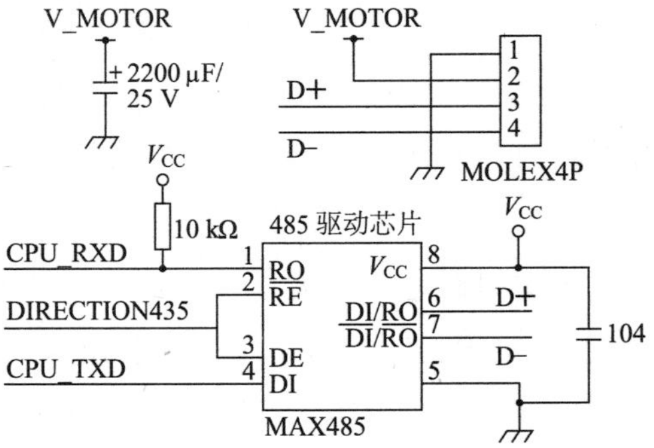

图2.64 RS485电路

RS485能够驱动的距离超过数十米，是一种比TTL更稳定的通信硬件标准。RS485通过切换一条信号线实现通信，而RS422则无需切换。不过，RS422需要增加信号线数量。

2.3.5 伺服电机的位置控制

机器人用伺服电机采用PID控制方式进行位置控制。PID控制是较为简单的经典控制方法（图2.65），至今仍广为采用。

控制的目的是将实际位置调整到目标位置。机器人用伺服电机则以角度为目标，目的是快速准确地到达目标角度。为此，要改变电机的正转、反转以及转速等。此时，为了确定电机中应流过多大电流，需要计算控制量。主要考虑P（比例控制）、I（积分控制）和D（微分控制）。

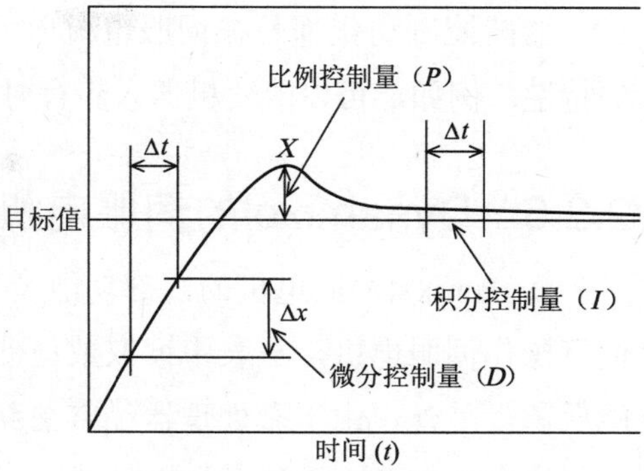

图2.65 PID控制的概念

■ 比例控制（P）

比例控制是指针对与目标值的偏差，给出成比例的控制量。

控制量由$P=kp\times p$表述，其中，$p=$（当前位置-目标值）；kp是比例常数。

■ 积分控制（I）

积分控制是指利用积分值进行控制。

偏差的积分值$i=$以前的偏差在某段时间的积分值

控制量$I=ki\times i$

其中，ki是比例常数。

■ 微分控制（D）

微分控制用于变化多且需要抑制变化的场合。可以抑制逸出。

$d=$过去的位置-现在的位置

控制量$D=kd\times d$

其中，kd是比例常数。

上述三个控制量合起来，便得到控制量$C=P+I+D=kp\times p+ki\times i+kd\times d$，这就是PID控制常数，是反馈增益。

Dynamixel生产的伺服电机可以实现位置控制、速度控制、柔顺控制，通过改变各种参数可以改变相关特性。图2.66所示是柔顺控制的参数。

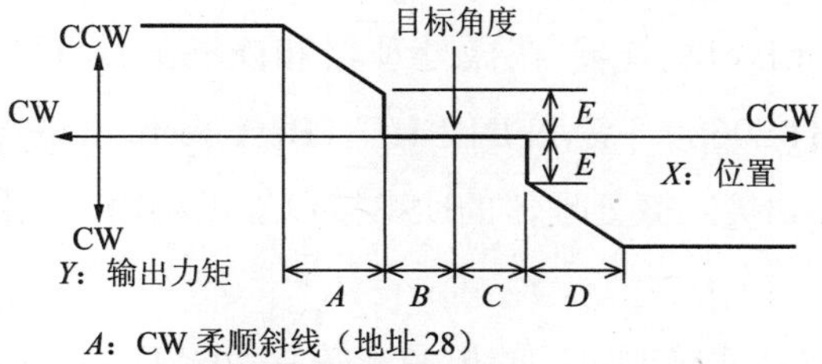

A：CW 柔顺斜线（地址 28）
B：CW 柔顺界线（地址 26）
C：CCW 柔顺界线（地址 27）
D：CCW 柔顺斜线（地址 29）
E：CW 误差（地址 48，49）

图2.66 柔顺控制

这些控制动作都是在伺服电机内的微处理器上完成的，通过调整参数，可以改变柔顺特性。例如，可以改变机器人步行时的参数和起身参数。

2.3.6 Dynamixel的伺服电机控制表

Dynamixel伺服电机的内部功能及其设定由图2.67所示的控制表给出，将值写入表中便可操作伺服电机，从表中读取数值便可确认状态。ROM区的内容，即使切断电源，也能保留。另外，由于微处理器经常更新数据，在RAM区通过读数据或改数据给伺服电机发出指令，也可以随时读入数据。

	Address (hexadecimal)	Name	Description	Access	Initial Value (Hexadecimal)
EEPROM Area	0 (0X00)	Model Number(L)	Lowest byte of model number	R	106 (0X6A)
	1 (0X01)	Model Number(H)	Highest byte of model number	R	0 (0X00)
	2 (0X02)	Version of Firmware	Information on the version of firmware	R	-
	3 (0X03)	ID	ID of Dynamixel	RW	1 (0X01)
	4 (0X04)	Baud Rate	Baud Rate of Dynamixel	RW	34 (0X22)
	5 (0X05)	Return Delay Time	Return Delay Time	RW	250 (0XFA)
	6 (0X06)	CW Angle Limit(L)	Lowest byte of clockwise Angle Limit	RW	0 (0X00)
	7 (0X07)	CW Angle Limit(H)	Highest byte of clockwise Angle Limit	RW	0 (0X00)
	8 (0X08)	CCW Angle Limit(L)	Lowest byte of counterclockwise Angle Limit	RW	255 (0XFF)
	9 (0X09)	CCW Angle Limit(H)	Highest byte of counterclockwise Angle Limit	RW	15 (0X0F)
	10 (0X0A)	Drive Mode	Dual Mode Setting	RW	0 (0X00)
	11 (0X0B)	the Highest Limit Temperature	Internal Limit Temperature	RW	80 (0X50)
	12 (0X0C)	the Lowest Limit Voltage	Lowest Limit Voltage	RW	60 (0X3C)
	13 (0X0D)	the Highest Limit Voltage	Highest Limit Voltage	RW	240 (0XF0)
	14 (0X0E)	Max Torque(L)	Lowest byte of Max. Torque	RW	255 (0XFF)
	15 (0X0F)	Max Torque(H)	Highest byte of Max. Torque	RW	3 (0X03)
	16 (0X10)	Status Return Level	Status Return Level	RW	2 (0X02)
	17 (0X11)	Alarm LED	LED for Alarm	RW	36 (0X24)
	18 (0X12)	Alarm Shutdown	Shutdown for Alarm	RW	36 (0X24)
RAM Area	24 (0X18)	Torque Enable	Torque On/Off	RW	0 (0X00)
	25 (0X19)	LED	LED On/Off	RW	0 (0X00)
	26 (0X1A)	CW Compliance Margin	CW Compliance margin	RW	0 (0X00)
	27 (0X1B)	CCW Compliance Margin	CCW Compliance margin	RW	0 (0X00)
	28 (0X1C)	CW Compliance Slope	CW Compliance slope	RW	32 (0X20)
	29 (0X1D)	CCW Compliance Slope	CCW Comliance slope	RW	32 (0X20)
	30 (0X1E)	Goal Position(L)	Lowest byte of Goal Position	RW	-
	31 (0X1F)	Goal Position(H)	Highest byte of Goal Position	RW	-
	32 (0X20)	Moving Speed(L)	Lowest byte of Moving Speed	RW	-
	33 (0X21)	Moving Speed(H)	Highest byte of Moving Speed	RW	-
	34 (0X22)	Torque Limit(L)	Lowest byte of Torque Limit	RW	ADD14
	35 (0X23)	Torque Limit(H)	Highest byte of Torque Limit	RW	ADD15
	36 (0X24)	Present Position(L)	Lowest byte of Current Position	R	-
	37 (0X25)	Present Position(H)	Highest byte of Current Position	R	-
	38 (0X26)	Present Speed(L)	Lowest byte of Current Speed	R	-
	39 (0X27)	Present Speed(H)	Highest byte of Current Speed	R	-
	40 (0X28)	Present Load(L)	Lowest byte of Current Load	R	-
	41 (0X29)	Present Load(H)	Highest byte of Current Load	R	-
	42 (0X2A)	Present Voltage	Current Voltage	R	-
	43 (0X2B)	Present Temperature	Current Temperature	R	-
	44 (0X2C)	Registered Instruction	Means if Instruction is registered	RW	0 (0X00)
	46 (0X2E)	Moving	Means if there is any movement	R	0 (0X00)
	47 (0X2F)	Lock	Locking EEPROM	RW	0 (0X00)
	48 (0X30)	Punch(L)	Lowest byte of Punch	RW	32 (0X20)
	49 (0X31)	Punch(H)	Highest byte of Punch	RW	0 (0X00)
	56 (0X38)	Sensed Current (L)	Lowest byte of Consuming Current	R	-
	57 (0X39)	Sensed Current (H)	Highest byte of Consuming Current	R	-

图2.67 控制表

控制表中每个地址为1字节数据。可以用一个字节（每一个地址）表示一个数据，也可以用两个字节（每两个地址）表示一个数据（以下数字中，数字前加0b的表示二进制数，加0x的表示十六进制数，不加任何字头的表示十进制数）。

■ Dynamixel Configurator

在微处理器上能够很方便地完成Dynamixel控制表操作的软件是Dynamixel Configurator。以Dynamixel配置器[在微处理器和Dynamixel间传送信息的硬件（Best Technology公司生产的BTE068）]或者FDIII-HC（Best Technology公司生产的BTE083）为中介，便可以将Dynamixel接入微处理器的USB接口加以利用，如图2.68所示。

使用步骤如下：

① 将Dynamixel配置器或FDIII-HC的电源开关置为OFF，接通Dynamixel电源。

② 用USB线将PC与Dynamixel配置器或FDIII-HC连接。连接FDIII-HC时，先将USB线接到微处理器上，然后一边按住FDIII-HC的按钮，一边插入USB线。

③ 将Dynamixel配置器或FDIII-HC的电源开关置为ON。

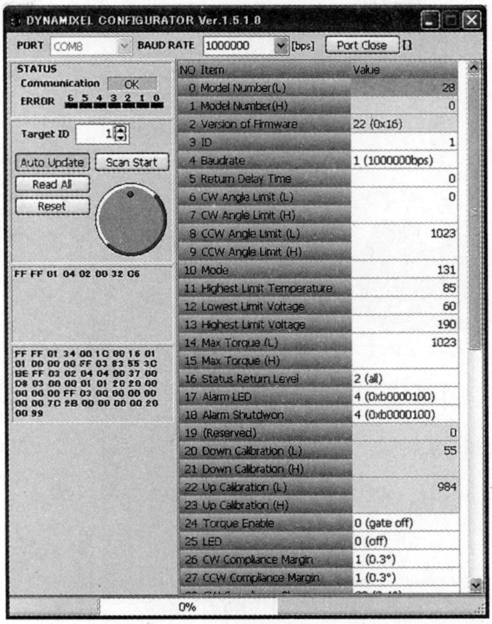

图2.68 Dynamixel Configurator

④ 启动Dynamixel Configurator，选择COM端口，按下Port Open按钮。

⑤ 将BAUD RATE调至Dynamixel设定的波特率。如果不知道，则选择1 000 000b/s。

⑥ 按下Scan Start按钮。开始扫描接通的Dynamixel，找到参数后，Communication栏中出现绿色OK字样。

⑦ 该状态下，可以利用刻度盘操作Goal Position或者通过直接输入来改变参数值，也可以用Read All按钮读取所有参数。

⑧ 结束时，按下Port Close按钮关闭COM端口后，将Dynamixel配置器或FDIII-HC的电源开关置为OFF，拆下各线缆。

■ 控制表的参数

下面介绍几个Dynamixel控制表中常用的参数。

① ID（地址3）。Dynamixel给所有伺服电机发送相同的信息包。因此为了明确起见，Dynamixel给每个电机分配特定的ID。主控制器按照ID发送指令，如图2.69所示。

② Goal Position（地址30、31）。设定伺服电机输出轴的位置（图2.70）。对应的角度为0°~ 300°，对应取值为0 ~ 1023。

③ Moving Speed（地址32、33）。输出轴移往Goal Position时的角速度。取值为0 ~ 1023，设为0时，达到不能再进行调整的最大速度。在Endless Turn（车轮模式）使用时，二进制数10表示旋转方向。

④ Torque Limit（地址34、35）。伺服电机的最大输出转矩，取值为0 ~ 1023。

⑤ Present Position（地址36、37）。输出轴当前角度，与Goal Position一样，取值为0 ~ 1023。

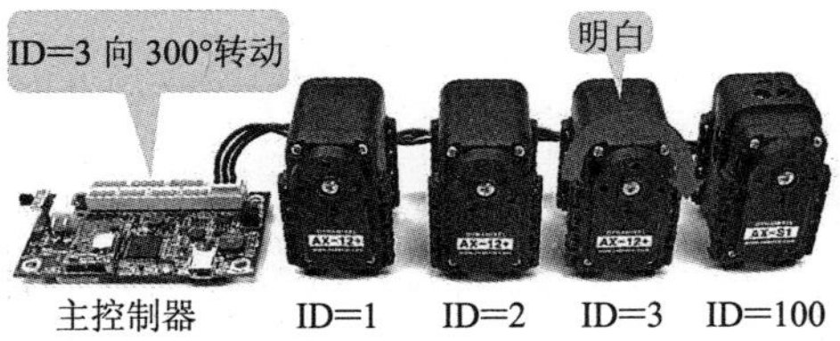

图2.69 ID与连接

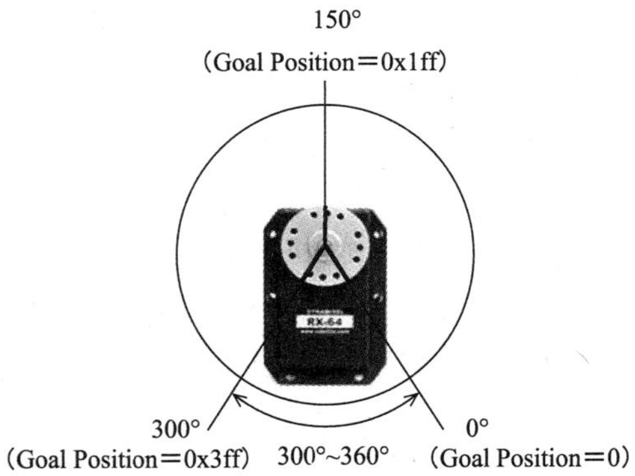

图2.70 输出轴的位置

⑥ Present Speed（地址38、39）。输出轴当前的角速度，取值为0～1023。

⑦ Present Load（地址40、41）。输出轴上的实时负载，二进制数10表示负载方向（表2.7）。

表2.7 Present Load

Bit	15~11	10	9~0
Value	0	Load Direction	Load Value

⑧ Moving（地址46）。输出轴动作时为1，其他为0。因外力导致输出轴动作时，不为1。

2.3.7 Dynamixel协议

主控制器发送给伺服电机的信息包称为指令包，而伺服电机发送给主控制器的信息包称为状态信息包，如图2.71所示。指令包可以改写控制表的值从而操作伺服电机，而根据状态信息包返回的值，又可以了解伺服电机的状态。

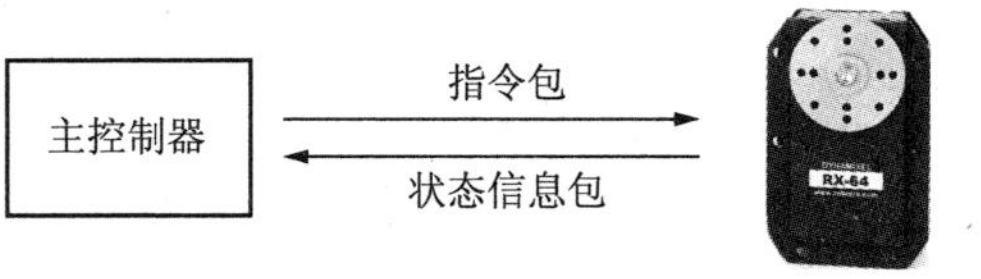

图2.71 指令包及状态信息包的概念

■ 指令包的构成

指令包是主控制器发送给伺服电机的指令信息包。指令包的构成如下（下面每个□表示1个字节）。

[Header] [Header] [ID] [Length] [Instruction] [Parameter 1] … [Parameter N] [Checksum]

[Header]：代表信息包的起头。需要两个字节，都固定为0xFF。

[ID]：指定信息送达的伺服电机的ID。ID可以设为0x00～0xFD之间的值。0xFE代表已接上的所有伺服电机的Broadcast ID。设为Broadcast ID的信息包为所有伺服电机处理其指令。

Length：设为Parameter数（N）+2。

Instruction：设定指令（后述）。

Parameter 1~N：设定指令的附加信息。

Checksum：用于确认信息包中没有错误的项，参照以下算式：

Checksum=~（ID+Length+Instruction+Parameter1+…+ Parameter$N$）

如果计算结果超过255，后面的8位为Checksum值，“~”是not算子。

■ 状态信息包的构成

状态信息包是伺服电机接收指令包后，作为应答返回给主控制器的信息包。状态信息包的构成如下：

Header | Header | ID | Length | Error | Parameter 1 | … | Parameter N | Checksum

Error：表示伺服电机出现错误状态。有错误时，表2.8中的各位为1。

表2.8 错误内容

Bit	名 称	内 容
7	–	–
6	指令错误	指定了未定义指令，或者无Reg Write便指定了Action
5	过载错误	指定的最大转矩不能控制当前负载
4	检查和错误	指令包的检查和不正确
3	范围错误	超过了参数设定范围
2	过热错误	内部温度超过了设定范围
1	角度限度错误	指定的Goal Position在角度限度范围之外
0	输入电压错误	电源电压超出指定动作电压的范围

■ 指 令

表2.9给出Dynamixel的各种指令。

表2.9 指令表

指 令	功 能	值	参数个数
Ping	无动作 用于获取状态信息包	0×01	0
Read Data	读取控制表数据	0×02	2
Write Data	将数据写入控制表	0×03	2~
Reg Write	与Write Data相同，但是在提供Action之前处于等待模式	0×04	2~
Action	执行由Reg Write保持的动作	0×05	0
Reset	将控制表的值重置为出厂时的值	0×06	0
Sync Write	用于同时控制多个Dynamixel	0×83	4~

下面介绍Dynamixel的基本操作，即写入和读取指令。

① Write Data指令。Write Data指令将数据写入控制表。

Length：参数个数（N）+2。

Instruction：0x03。

Parameter 1：写入数据的起始地址。

Parameter 2：写入的最初数据。

Parameter $N+1$：写入的第N项数据。

例如，将接入的Dynamixel的ID设为1。将1写入控制表的地址3处。ID使用Broadcast ID（0xFE）发信。

指令包：0xFF 0xFF 0xFE 0x04 0x03 0x03 0x01 0xF6

因为是利用Broadcast ID发信，所以状态信息包不会返回。

② Read Data指令。Read Data指令读取控制表中的数据。

Length：0x04。

Instruction：0x02。

Parameter 1：读取数据的起始地址。

Parameter 2：读取数据的长度。

例如，读取ID为1的Dynamixel的内部温度（地址0x2B，1字节）。

指令包：0xFF 0xFF 0x01 0x04 0x02 0x2B 0x01 0xCC

状态信息包：0xFF 0xFF 0x01 0x03 0x00 0x20 0xDB

2.3.8 近藤科学生产的串口型伺服电机

图2.72 近藤科学的伺服电机（KRS-4014HV）

现在介绍近藤科学研制的模块化控制板间的双向数据通信标准ICS（Interactive Communication System，交互通信系统）。与Dynamixel相同，控制板向伺服电机（图2.72）发送串行信号，伺服电机完成相应动作并返回参数值。主要的指令包括位置设定、参数读取、参数写入、ID设定。

下面介绍位置设定指令：

发信包：CMD POS_H POS_L

收信包：发信包的回路 CMD TCH_H TCH_L

CMD：0~4位是伺服系统的ID，5~7位是位置设定指令的0b100。

POS_H：设定位置的高位字节，第7位固定设为0。

POS_L：设定位置的低位字节，第7位固定设为0。

TCH_H：当前位置的高位字节，第7位固定设为0。

TCH_L：当前位置的低位字节，第7位固定设为0。

例如，

发信包： 0x81 0x3A 0x4C

收信包： 0x81 0x3A 0x4C 0x01 0x3A 0x4C

其他指令也一样。发信包用CMD的5~7位确定指令，需要写入参数或设定ID时，则将设定值写入CMD后边的字节中。收信包则在CMD的后面返回内部值。

2.3.9 双叶电子工业生产的指令式伺服电机

双叶电子工业生产的指令式伺服电机（图2.73）可以通过将值写入控制表来操作伺服电机，然后通过读取控制表的值来确认伺服电机状态。具有用时间来控制轴的旋转速度的功能。

信息包分以下三种：

① 短包为向1个伺服电机发送控制表数据的包。

② 长包为向多个伺服电机发送控制表数据的包。

③ 返回包为向伺服电机返回的信息包。

图2.73 双叶电子工业生产的伺服电机（RS301CR，双叶电子工业株式会社提供）

短包的构成如下：

Header Header ID Flags Address Length Count Data … Data Sum

Header：表示信息包的起头，固定为 0xFA 0xAF。

ID：伺服电机的ID。可以设为1~127，255代表所有伺服电机。

Flags：每一位的含义如表2.10所示。

Address：控制表中的地址。

Length：Data的字节数。

Count：伺服电机计数。

Data：写入控制表的数据。

Sum：检查和。

表2.10 Flags（短包）

位	功 能
7	未使用
6	写入闪存ROM
5	重新启动电机
4	控制表初始化
3~0	指定返回包地址

返回包的构成如下：

Header Header ID Flags Address Length Count Data … Data Sum

Flags：每一位表示出错信息如表2.11所示。

表2.11 Flags（返回包）

位	值	功 能
7	0：正常，1：异常	温度极限错误（达到温度极限时转矩OFF）
5	0：正常，1：异常	温度极限报警
3	0：正常，1：异常	闪存ROM写入错误
1	0：正常，1：异常	受信包无法处理错误

基本上，这里介绍的各种串口型伺服电机都采用相同的处理流程，即首先产生信息包并发送，然后接收从伺服电机返回的信息包并取出必要的信息。

2.3.10 伺服电机的特性

■ 使用铁心式直流电机的伺服电机

使用铁心式直流电机的伺服电机如图2.74所示，直流电机由固定的永久磁铁和用线圈缠绕铁心的电枢组成。电枢由线圈接入端口与电刷接触部分租组成，即由换向器和轴组成。从外部引入电流的电刷与电枢相接。

线圈置于永久磁铁产生的磁场中，磁场强度、线圈电流以及线圈圈数均与电机产生的转矩成正比。电流通过时，转子开始转动，将电流引入下一线圈。重复上述过程，电机就可以持续转动，这就是铁心式直流电机的工作原理。

Dynamixel的AX-12+是采用铁心式直流电机的价位较低的伺服电机，其特性如表2.12所示。转矩在10V时为16.5kgf • cm。

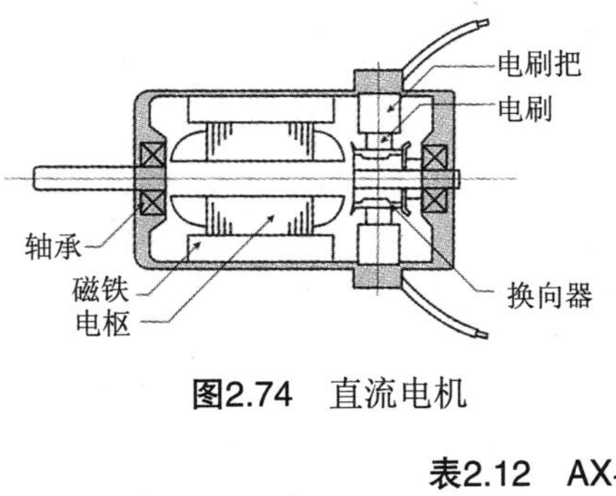

图2.74 直流电机

图2.75 AX -12+

表2.12 AX-12+的特性

	AX-12	
重量/g	55	
齿轮减速比	1/254	
输入电压/V	7V	10V
峰值转矩/(kgf·cm)	12	165
转速/(s/60°)	0.269	0.196

■ 使用无心直流电机的伺服电机

相比铁心式直流电机，无心直流电机如图2.76所示，转子不带铁心。因为旋转部分惯性小，所以具有高响应特性，容易控制。

图2.77所示的Dynamixel RX-28是采用无心直流电机的高转矩、高响应伺服电机，其特性如表2.13所示。转矩在16V时为37.7kgf·cm。响应性能也比AX-12+有大幅提高。

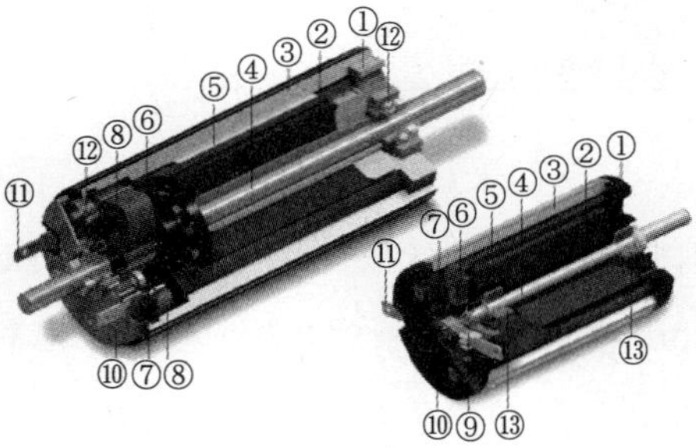

① 法兰盘
② 永久磁铁
③ 外套（磁路）
④ 轴
⑤ 线圈
⑥ 换向器板
⑦ 换向器
⑧ 石墨电刷
⑨ 贵金属电刷
⑩ 端盖
⑪ 端口 / 引线
⑫ 球轴承
⑬ 烧结套筒轴承

图2.76 无心直流电机的构造（Maxon Japan株式会社提供）

图2.77 使用无心直流电机的伺服电机Dynamixel RX-28

表2.13 RX-28的特性

	RX-28	
重量/g	72	
外形尺寸/mm	35.6×50.6×35.5	
齿轮减速比	1/193	
施加电压/V	12V	16V
堵转转矩 /(kgf·cm)	28.3	37.7
转速/(s/60°)	0.167	0.126

■ 无电刷伺服电机

无电刷伺服电机没有电刷，而是利用线圈控制磁铁转子的相位。由于没有电刷，电机可靠性有所提高。

图2.78所示是双叶电子工业生产的无电刷伺服电机RS405CB，其特性如表2.14所示。转矩在11.1V时为48kgf·cm，足以适用于小型机器人。

图2.78 RS405CB

表2.14 RS405CB的特性

输出转矩	48kgf•cm（11.1V时）
动作速度	0.21s/60°（11.1V时）
动作角度	CW 150°（指令方式）/ 144°（PWM方式） CCW150°（指令方式）/ 144°（PWM方式）
使用电压范围	7.2~12.0V
外形尺寸（L×W×H）	40.5mm×21.0mm×41.8mm（除去法兰、连接件）
质量	67g

■ 智能电机驱动器

使用能提供更大输出的电机时，可以利用电机驱动器。图2.79所示是Best Technology公司生产的电机驱动器，可以带动Maxon电机公司的两个90W级电机，也对应Dynamixel的RS485协议。

2.3.11 串口通信型伺服电机的电源线

机器人用的串口通信型伺服电机具有布线简单、装配简易、维修方便等优点。但是，也有上游线缆断开导致下游所有伺服系统全部无法动作的缺点。不过，如果系统组装得当的话，既可以保留简化的好处也能提高系统的可靠性。

布线时应考虑到以下几点：

① 布线要充分考虑容量。

② 敷层不得脱落。

③ 布线不得因伸缩而断开。

④ 连接器周围的布线应进行固定，不得晃动。

⑤ 彻底进行错误处理，监视信号。

目前，混合动力汽车正在推行600V以上的高电压化，目的是减小电流，减少由电阻引起的热损失。机器人领域也在推行电机的高转矩化，今后也将朝着高电压化方向发展。

串口通信型伺服电机的连接过程中，越向前发展，各伺服电机的电源电压下降得越大。将串口通信型伺服电机接入电池时的等效电路如图2.80所示。电源线的电阻、连接器的接触电阻累加起来就会导致电压下降。

图2.79 电机驱动器

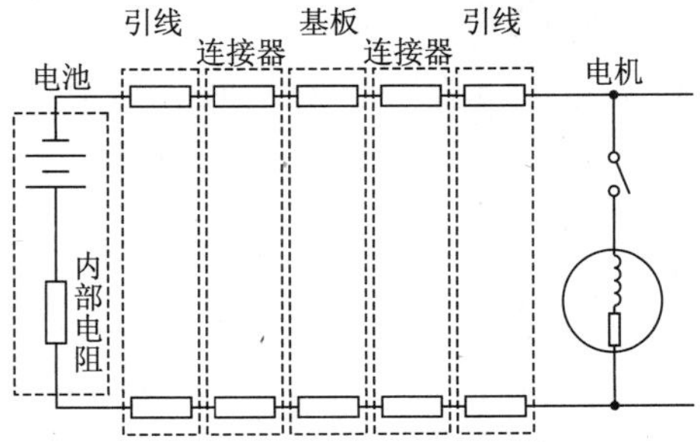

图2.80 等效电路

高电压条件下，如果电机的电阻增大，电流就会减小，引线、连接器的电压下降相对减少。特别是，伺服电机装有微处理器，利用三端口整流器等将电源电压变换为微处理器用的5V电源。在选择提供最低电压或最高电压的电池时应该充分考虑电压下降程度。机器人大赛等活动中，电池放电时也要充分符合这个范围。

另外，如果能够监控电源电压，就可以在机器人系统陷入重置CPU困境之前完成电池更换，做到防患于未然。

2.3.12　结　语

说到机器人用伺服电机，总感觉过于强调转矩的竞争。随着今后伺服电机朝高电压化、高速化方向发展，可以实现能效提高和机器人快速启动，从而开辟新的领域。另外，虽然机器人伺服电机都采用串口通信方式，但是企业间存在协议差距，今后期望能向统一化方向发展。

参考文献

[1] 近藤科学株式会社：http://www.kondo-robot.com/product/servomotor.html
[2] ROBOTIS：http://www.robotis.com/xe/
[3] 双葉電子工業株式会社：http://www.futaba.co.jp/robot/index.html
[4] 株式会社ベストテクノロジー：http://www.besttechnology.co.jp/index.php
[5] マクソンジャパン株式会社：http://www.maxonjapan.co.jp/product_re.htm

2.4　借助LabVIEW活用传感器

2.4.1　引　言

传感器的输出信号常常不能直接用于控制机器人。另外，机器人搭载的微处理器的能力也有限，为了处理信号还常常需要CPU。如果能让传感器带上CPU，在必要的时候通过串口通信方式获取由该CPU进行过信号处理的便于使用的数据，由此来完成机器人的控制，是否会更轻松呢？

本节介绍利用串口通信方式获取和处理传感器、执行器信号的方法。软件采用LabVIEW。另外，串口通信采用RS485标准和前面介绍过的Dynamixel协议。这时，波特率是1Mb/s，伺服电机的ID是1和2，智能超声波传感器的ID是128，带RS485的微处理器的ID是129（图2.81）。

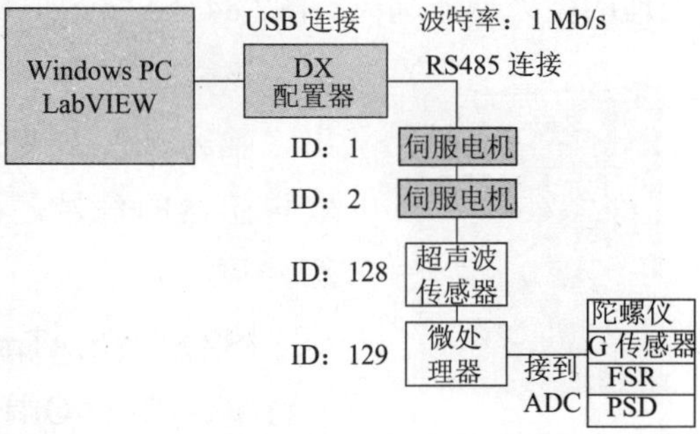

图2.81　连　接

当然，该串口通信环境也可以用PC替代

微处理器。

2.4.2 关于LabVIEW[1]

图形化编程工具LabVIEW可用于信号处理。

LabVIEW是日本National Instruments株式会社销售的能简单编写信号处理程序的软件。LabVIEW图形化界面简单，能够快速编写测量、数据处理及显示等程序。这里探讨灵活使用LabVIEW进行信号处理的方法。

另外，图2.82是也要用到的，日本National Instruments株式会社销售的USB连接器——USB 6008。

2.4.3 Dynamixel配置器

通过微处理器和USB连接器进行RS485连接，为此要采用图2.83所示的Dynamixel配置器基板。该基板以及相应的软件遵守机器人用伺服电机Dynamixel的RS485通信协议。关于该协议，已在2.3.4节介绍过。

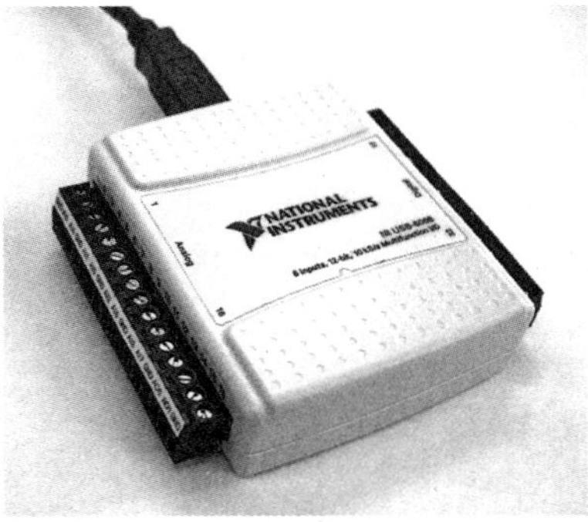

图2.82 NI公司的USB 6008

图2.83 Dynamixel配置器

该基板也可通过USB与PC连接使用，也配有驱动器[2]。

2.4.4 RS485通信微处理器基板

Best Technology公司生产一种用RS485连接实现串口通信，从传感器读取数据并加以处理的微处理器基板。图2.84是ATmega168微处理器基板（BTC066）。

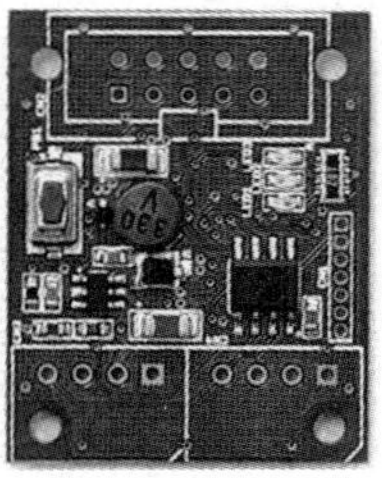

图2.84 配置RS485的微处理器（BTC066）

该微处理器基板通过设置ROM地址，将I/O端口设定为输出、输入或A/D转换器。这里将4个端口设定为A/D转换器，读取传感器的信号。讨论将数据传入PC后利用LabVIEW的处理算法。

图2.85给出ATmega168微处理器基板（BTC066）的地址图表。波特率、ID、I/O端口的设定均需要更改ROM区的数据。数据的更改使用DXPACKET Configurator[3]软件。

图2.86所示为LabVIEW软件的界面。画面中显示出图2.85中的地址。通过改变这些值，可以改写ROM区的数据。如图2.86所示进行设定的话，该基板可以用作4通道的A/D转换器。

Address	Item	Access	Initial Value
0（0×0）	Model Number（L）	R	0×40
1（0×1）	Model Number（H）	R	0×40
2（0×2）	Version of Firmware	R	-
3（0×3）	ID	R/W	1（0×01）
4（0×4）	Baudrate	R/W	1（0×22）
5（0×5）	Return Delay Time	R/W	250（0×FA）
6（0×6）	PIO0 Config	R/W	0（0×00）
7（0×7）	PIO1 Config	R/W	0（0×00）
8（0×8）	PIO2 Config	R/W	0（0×00）
9（0×9）	PIO3 Config	R/W	0（0×00）
10（0×A）	PIO4 Config	R/W	0（0×00）
11（0×B）	PIO5 Config	R/W	0（0×00）
12（0×C）	PIO6 Config	R/W	0（0×00）
13（0×D）	PIO7 Config	R/W	0（0×00）
14（0×E）～15（0×F）	(Reserved)	-	0（0×00）
16（0×10）	Status Return Level	R/W	2（0×02）
17（0×11）～24（0×18）	(Reserved)	-	0（0×00）
25（0×19）	LED	R/W	0（0×00）
26（0×1A）	AD0（L）	R	?
27（0×1B）	AD0（H）	R	?
28（0×1C）	AD1（L）	R	?
29（0×1D）	AD1（H）	R	?
30（0×1E）	AD2（L）	R	?
31（0×1F）	AD2（H）	R	?
32（0×20）	AD3（L）	R	?
33（0×21）	AD3（H）	R	?

图2.85　地址图表

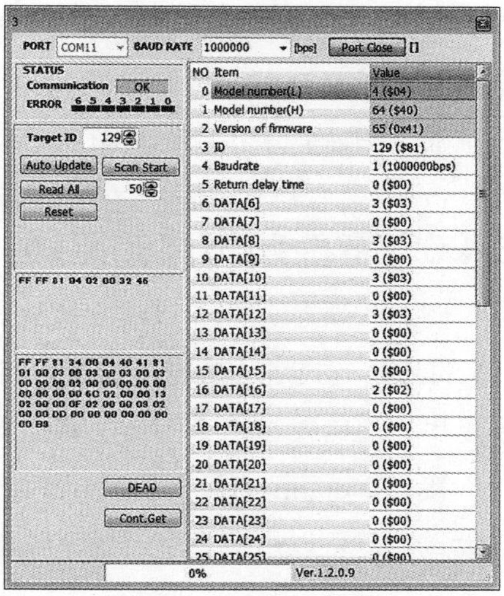

图2.86　软件界面

A/D转换读入的数据存在RAM区。地址为26～33，每两个字节对应1个A/D通道。把握通信时机读入数据即可。

如果使用Dynamixel库，就可以通过USB连接将传感器的ROM、RAM数据转移到LabVIEW中。

2.4.5　用重力加速度传感器求取角度

3轴重力加速度传感器处于某种状态时，会产生图2.87所示的重力加速度的各个分量。重力加速度a_g可以由各分量a_x、a_y、a_z按下式求得

$$a_g = \sqrt{(a_x^2 + a_y^2 + a_z^2)}$$

x轴的角度由式$\theta_x = a\cos(a_x/a_g)$求得。

同样，$\theta_y = a\cos(a_y/a_g)$，$\theta_z = a\cos(a_z/a_g)$。

这里，将接在A/D转换器上的加速度传感器再接到ATmega168微处理器基板（BTC066）上，经由Dynamixel配置器（BTE068）用RS485连接器接入PC，便可利

用LabVIEW完成编程。图2.88显示重力加速度和倾斜角度。

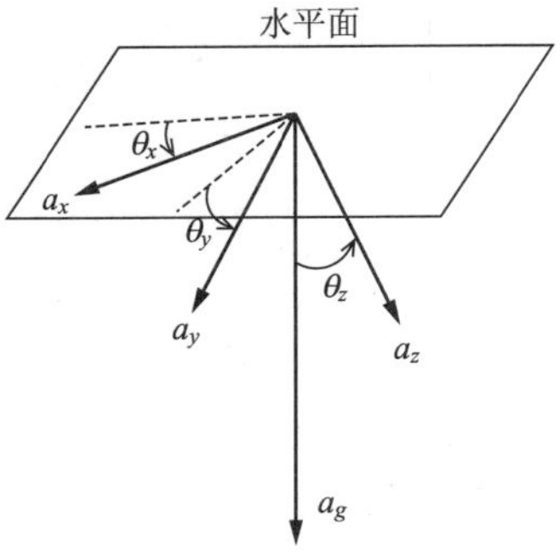

图2.87 重力加速度及其分量

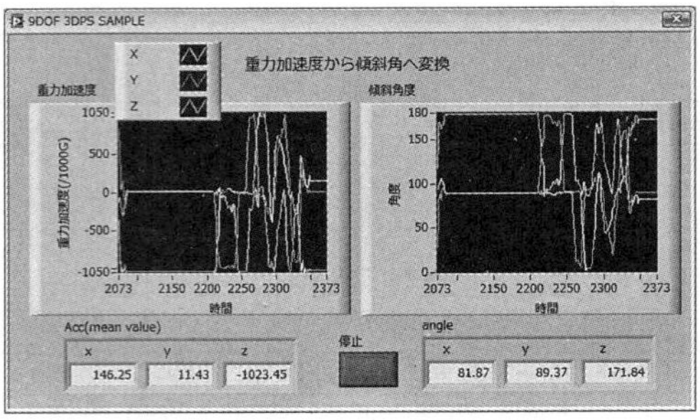

图2.88 重力加速度与倾斜角度

重力加速度传感器输出重力加速度与振动等加速度之和，所以，在机器人系统中使用时，掺入了机器人的振动加速度。可以使用低通滤波器将振动成分去除。但这时会产生延迟，因此常用于比较简单的控制。

2.4.6 智能超声波传感器

图2.89所示是Best Technology公司生产的智能超声波传感器。可以利用串口通信（RS485）方式进行数据的操作。可以设定测量范围和音速，测量数据存在存储器中。如果以串口通信发送指令的话，数据将会返回。

接入Dynamixel配置器（BTE068），可以用DXPACKET更改智能超声波传感器的参数设定，也可以用图表形式确认输出数据（图2.90）。

图2.89 超声波传感器

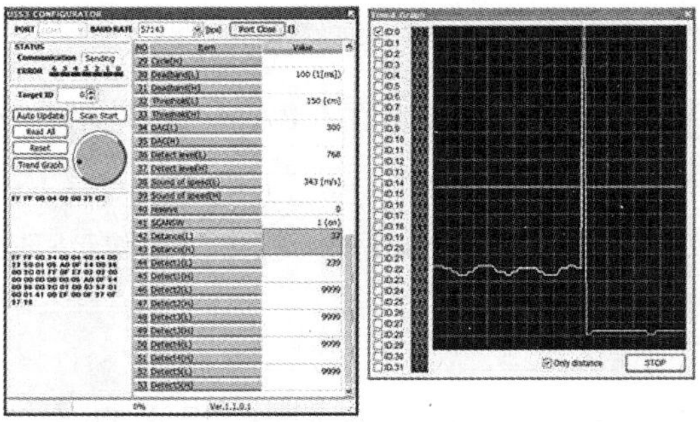

图2.90 配置器

图2.91所示为智能超声波传感器的距离测量原理及其调整因素。发信器发出超声波，次数越多强度越大，感应度也就越大。另外，调整阈值量级，也可以感知微弱的超声波。测量时间越长，测量的距离也就越长。

2 .4.7 超声波距离传感器

智能超声波传感器随伺服电机进行扫描的话，就能掌握周围的情况。图2.92所示是装有超声波距离传感器的伺服电机。因为可以进行RS485串口通信，接入Dynamixel配置器

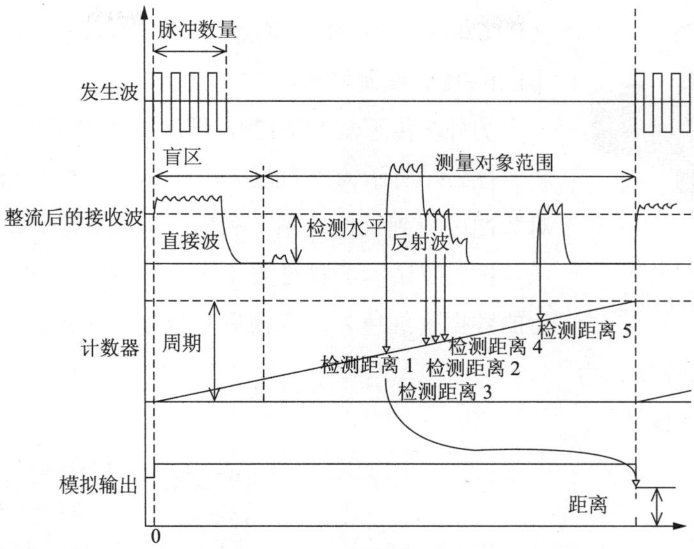

图2.91 智能超声波传感器的测量原理

（BTE068）便可通过PC获得数据。

图2.93所示是通过LabVIEW显示超声波距离传感器数据的程序界面。左图显示伺服系统位置与超声波距离传感器的距离数据对应的时间序列。

图2.93中的右图显示伺服系统的位置（即角度）和到障碍物的距离。如图2.94所示，将超声波距离传感器装在机器人系统上，可根据测量结果进行躲避障碍物等多种选择判断。

图2.92 二维超声波距离传感器

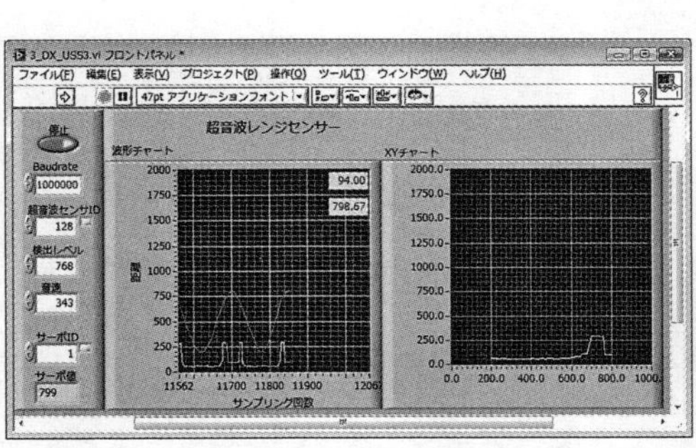

图2.93 超声波距离传感器的输出

图2.94 搭载在机器人系统上的超声波距离传感器

2.4 .8 PSD距离传感器

使用PSD距离传感器的扫描系统与超声波距离传感器相同。图2.95所示是装有PSD距离传感器的伺服电机。此时，PSD通过A/D转换器接入ATmega168微处理器基板

图2.95 将PSD距离传感器装在伺服电机上

（BTC066），再将PC通过RS485接入Dynamixel配置器，从而用LabVIEW编制程序。

另外，传感器ID是129，伺服电机ID是1。波特率是1Mb/s。

图2.96所示为PSD距离传感器输出信号与距离的关系。取对数便可得到线性关系。利用该关系式进行编程即可。

图2.97显示了取对数变换前的数据（黄色）（下）和变换后的数据（红色）。变换后的数据相对实际距离几乎呈线性。

该传感器的变换式为

$$Y=57\ 181x^{-0.0755}$$

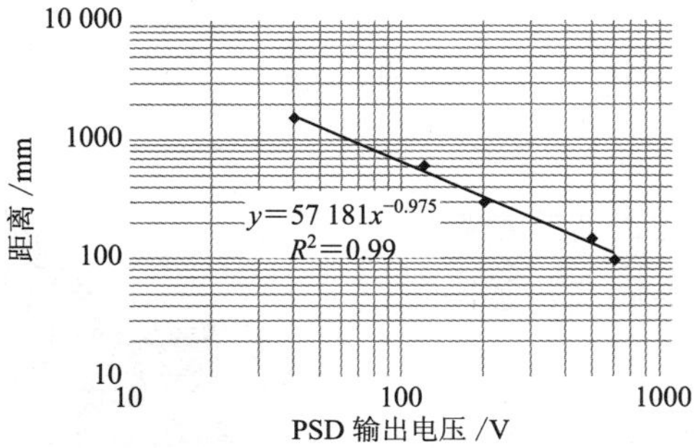

图2.96 PSD输出信号与距离的关系

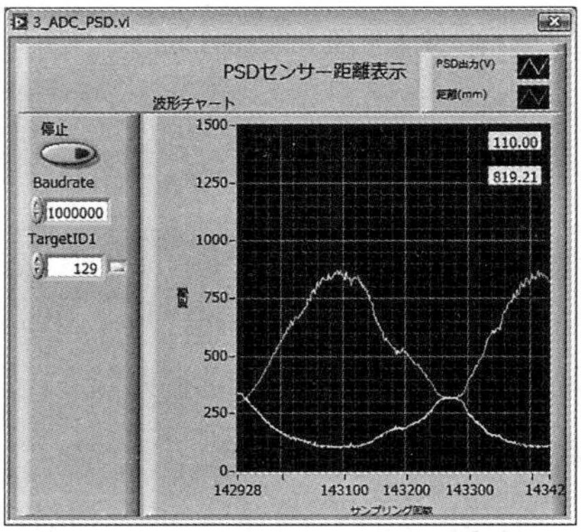

图2.97 距离变换

图2.98的左图显示时间序列数据，而右图表示距离和伺服系统角度的关系。去和回有少许相位偏移，只需补偿伺服系统的延迟及传感器响应性即可。

图2.99是将PSD距离传感器装在机器人系统上的情况。可以测量最远1m的距离。由此就能具备自律性，从而完成各种攻击行为。

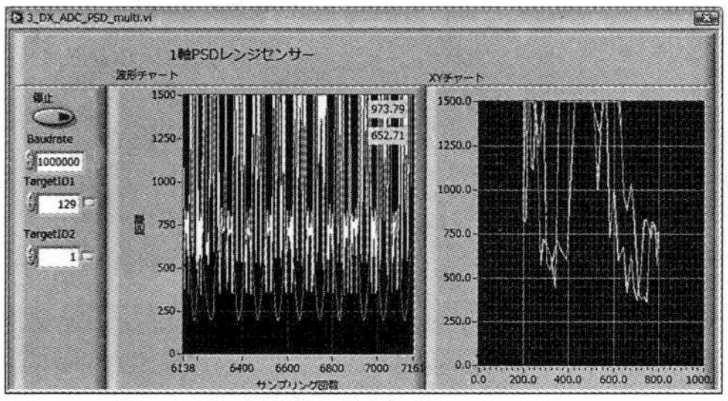

图2.98 PSD距离传感器的输出

图2.99 搭载PSD距离传感器的机器人

图2.100是利用伺服电机的2轴而构成的三维PSD距离传感器，图2.101是三维PSD距离传感器的输出。数据重叠难以区分，但是只要上下左右进行扫描，就可以知道对手的大小和距离。

图2.100 三维PSD距离传感器

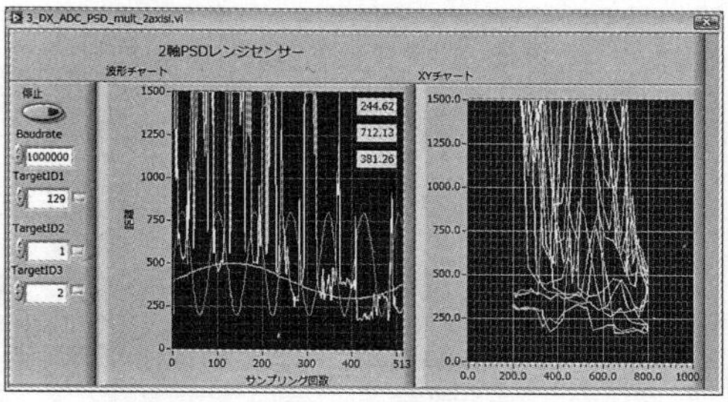

图2.101 三维PSD距离传感器的输出

此外，汽车领域从传感器融合的考虑出发，提出了将照相机与毫米波雷达或激光组合使用的方法。机器人则考虑近距离，所以，照相机与超声波传感器或PSD传感器的组合也可以提高精度和可靠性。

2.4.9 力觉传感器

图2.102 TFS12-10
（Niita株式会社提供）

人的感觉分视觉、触觉、听觉、嗅觉和味觉5种。力觉相当于其中的触觉。

图2.102所示Niita公司[3]生产的世界最小的高性能6轴力觉传感器TFS12-10。

该力觉传感器可以同时检测作用在检测部的3轴向的力和绕3轴的转矩等6个分量，称为6轴力觉传感器，用在很多研究用的机器人上。

这里使用在2.2节提到的低价位FSR3轴力觉传感器，如图2.103所示，安装FSR。另外，在机器人足部安上4个FSR就成了图2.104。此时，可以同时计算脚踏力和2轴的转矩，所以是3轴力觉传感器。

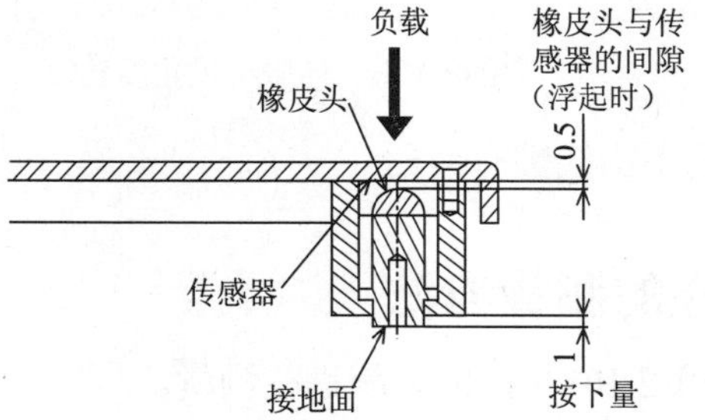

图2.103 FSR的安装

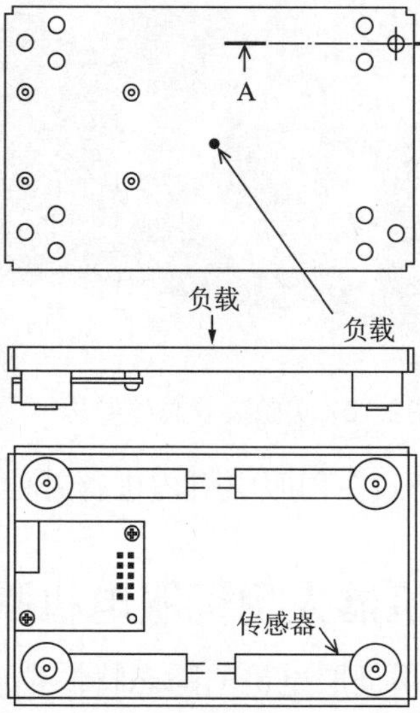

图2.104 安装到机器人足部的FSR

将FSR接入RS485通信微处理器。

图2.105所示是该系统的力与输出电压的校正结果，取对数后几乎呈线性。使用的电路与“2.4.4 RS485通信微处理器基板”一样。

图2.106是将脚底传感器实际装到机器人足部的样子。相关程序在第4章说明。

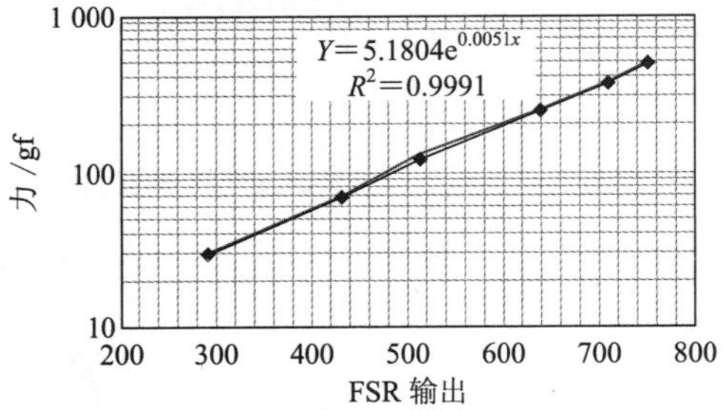

图2.105　输出校正结果

图2.106　脚底传感器在机器人上的安装情况

2.4.10　机器人用伺服电机角度精度的验证方法

机器人用伺服电机的角度误差有时对机器人动作的影响较大。特别是同时考虑左右两足的特性对于实现机器人稳定步行非常重要。图2.107所示是使用高性能电位计HSM30的实验装置总体结构。HSM30的直线性为±0.5%FS，精度相当高。

这里，伺服电机里使用了Dynamixel RX28，数据获取使用了NI USB6008。

给伺服电机发送角度指令，通过外置的电位计读取此时的角度，结果如图2.108所示。

图2.107 实验装置总体结构

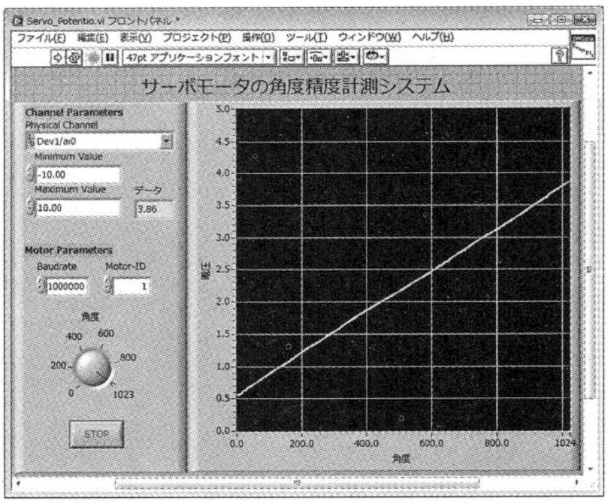

图2.108　伺服电机角度精度

Dynamixel在伺服电机内进行补偿，所以看不出线性有问题。

2.4.11　机器人用伺服电机瞬态特性的测量方法

机器人用伺服电机的瞬态特性也可以用与图2.107相同的系统进行测量。

图2.109所示是伺服电机的瞬态特性。从零点到拨号盘设定值的移动多少有些逸出。

另外，移动途中的速度控制还是正常的。

2.4.12 机器人用伺服电机转矩的测量方法

图2.110是伺服电机转矩测量实验装置的总体结构，使用了第2章介绍的力觉传感器FS03。给伺服电机装上腕臂，测量腕臂前端的力，就可以测出转矩。

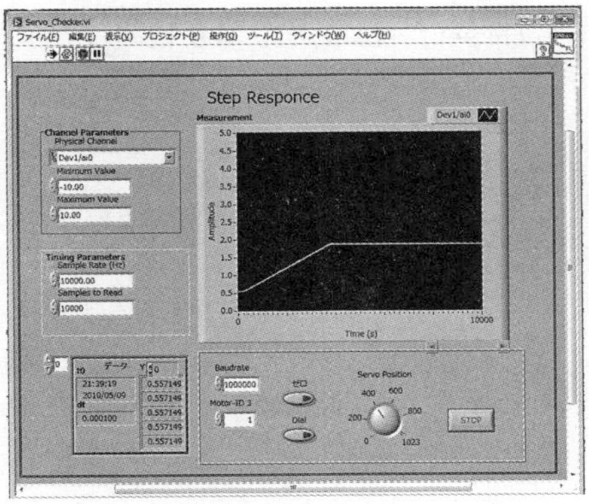

图2.109 伺服电机的瞬态特性

图2.110 伺服电机转矩测量装置

2.4.13 脚底传感器的调整方法

图2.111是脚底传感器实验的总体情况。将脚底传感器夹在图2.110所示的伺服电机转矩测量实验装置中。图2.112右侧图表是力觉传感器和脚底传感器的输出分布图。取对数后的结果为图2.105。可以逐个测量传感器并予以校正。

图2.111 脚底传感器

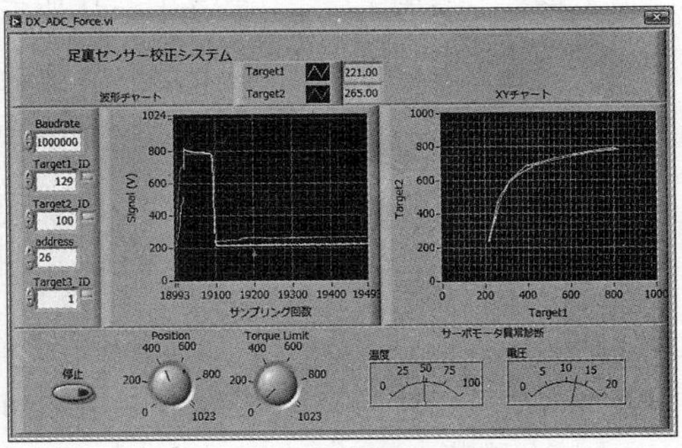

图2.112 脚底传感器特性

图2.112左侧图表是原始波形经时序处理后的结果，用于2.4.12节机器人用伺服电机转矩的测量方法中的伺服电机转矩测量。同时显示伺服电机的电压、温度。过载时电机会停止，所以不会损坏电机。

2.4.14 结 语

灵活应用LabVIEW实现各种传感器和执行器的特性测量，不仅能确保机器人的稳定动作，同时适用于各种控制。希望大家有更好的想法，制作出更为稳定、可靠的机器人。

参考文献

[1] 日本ナショナルインスツルメント株式会社：http://digital.ni.com/worldwide/japan.nsf/main?readform
[2] 株式会社ベストテクノロジー：http://www.besttechnology.co.jp/index.php
[3] ニッタ株式会社：http://www.nitta.co.jp/product/mechasen/sensor/tfs_top.html

2.5 电 池

2.5.1 二次电池

电池分为可充电电池和不可充电电池。可充电电池称为二次电池，而不可充电电池称为一次电池。

二次电池大体分成铅蓄电池、碱性二次电池（镍镉电池、镍氢电池等）、锂二次电池（锂离子电池等）和储电用二次电池四大类。其中，锂离子电池多用于手机、笔记本电脑等便携式电器，近年来也逐渐成为需要大电流的双足步行机器人、无线遥控器的主要动力电源。汽车生产厂商也将其用作电动汽车的动力电源。

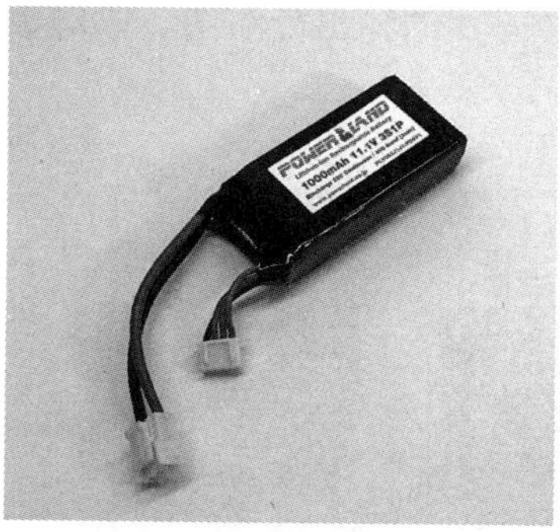

图2.113 PowerLand公司的1000mA·h二次电池

注：在机器人行业被称为锂聚合物电池（锂离子电池）归类为锂二次电池。

锂离子电池在机器人或无线遥控器行业多被称为锂聚电池（以下称为锂聚合物电池）。本来，锂聚合物电池是指在多孔质聚合物中渗入电解质使其胶化的产物。现在，不论电解质是电解液还是胶状电解质，外包装采用涂有乙烯树脂薄层铝袋的袋装型锂离子电池才被称为锂聚合物电池，多用于便携式电器。与外包装采用铁质硬罐的圆筒形或方筒形的锂离子电池相比，除了外包装材料不同外，没有大的区别。由于两者都用电解液作为电解质，本节统称锂离子电池加以介绍。

图2.113所示为PowerLand公司生产的1000mA·h二次电池。

2.5.2 锂离子电池的工作原理

锂离子电池的原理是在正极板（正极）和负极板（负极）之间夹有20μm厚的称为微多孔膜（离子交换膜）的隔离薄片，实现绝缘。充放电时，锂形成离子（Li^+）溶解于电解液，通过隔离片的孔洞。充电时锂离子从正极向负极移动，而放电时从负极向正极移动，实现化学反应（图2.114）。

2.5.3 锂离子电池的构造

锂离子电池的构造有电极和隔离片卷在一起的卷型结构和叠放一起的积层型结构两种。注入电解液，用袋形或圆筒形盒罩密封（图2.115）。

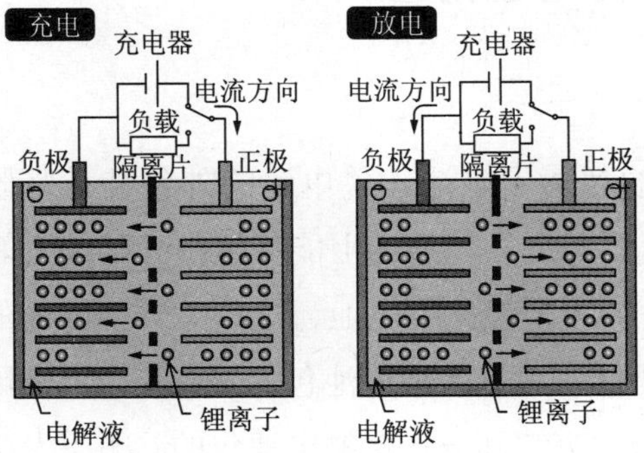

图2.114 锂离子电池的工作原理

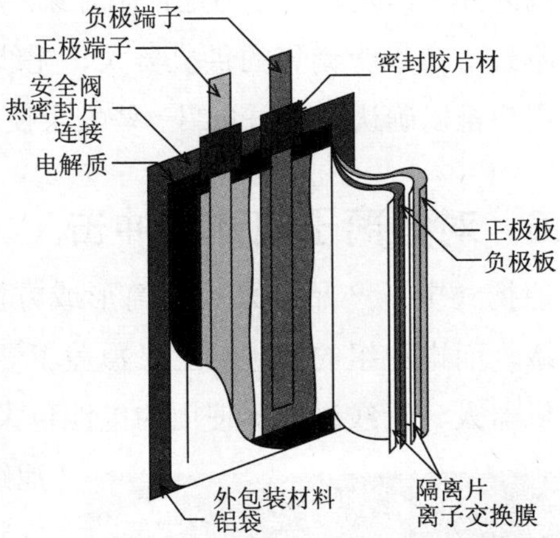

图2.115 袋型锂离子电池的构造

卷型电池的生产效率高，多用于重视电池成本的便携式电器。但是，卷型电池容易拥有大容量的反面，从结构上说电极较长，电池内部电阻大，难以产生大电流。

积层型电池是多片电极叠加的多层结构，生产效率低，但电池内部电阻小，可以产生大电流。因此，多用于动力电源。

另外，电池行业将单体电池称为单电池（电池单元），将单电池的串联或并联体称为电池组（电池包）。机器人、无线遥控器中使用的锂离子电池大多为电池组（电池包）。

2.5.4 锂离子电池的特点

锂离子电池的能量密度几乎是镍氢电池的两倍，锂离子电池具有容易小型轻量化和高输出化、能够追加充电而不影响存储效果、自放电特性好等优点。但是，由于能量密度大，存在操作不慎容易引起冒烟、着火从而导致破裂的危险。

因此，为了实现充电、放电、电流、温度的过保护，便携电器中的锂离子电池装有安全保护电路，用于监视充放电时各电池单元的状态，一旦超出基准值就切断半导体开关从而确保安全性。但是，机器人、无线遥控器使用的电池包里设有安全保护电路，所以需要小心对待。特别是，机器人通常在室内作业，必须确实理解和遵从2.5.5节中记载的各项要求。

2.5.5 锂离子电池的处理

近年来，手机、笔记本电脑等便携式电子产品中搭载的锂离子电池着火、冒烟事故多发，能量密度超过400W·h/L的锂离子电池已成为日本经济产业省管辖的《电气产品安全法》的管制对象。受管制的单电池和电池组如果达不到JIS C 8712、JIS

C 8714等技术标准，无法确保安全性，则不能取得PSE标志《电气产品安全法》认证），不得销售。

大多数用于机器人、无线遥控器的锂离子电池的能量密度小于400W·h/L，基本在管制范围之外，但是，即使不是管制对象，也应选择达到PSE安全标准的电池包。

不过，市场上销售的供机器人、无线遥控器使用的锂离子电池达到什么样的安全标准，用户难以确认。下面介绍一些安全使用锂离子电池的注意事项。

2.5.6 对锂离子电池的冲击

便携式电子产品多采用圆筒形或方筒形的锂离子电池。单电池的外包装是坚硬的铁质罐，而电池组的外包装上又覆盖了塑料盒罩，所以，结构上能够抗击外部冲击。但是，机器人、无线遥控器使用的电池包大多是袋装型锂离子电池通过热缩管串联成的电池组。因此，可能因为电池包安装不当，或者因为安装螺钉的突起部分在接触电池包的状态下发生了翻倒，都可能对电池包造成局部冲击或压力，损坏电池表面。这种情况下，有可能损坏电池内部起正负极板绝缘作用的隔离片，引起内部短路，导致发热失控。因此，应该考虑摔倒时对电池包的冲击对策。

图2.116 电池试验场所进行发热失控（针刺）测试后的锂离子电池

图2.116所示为电池试验场所进行发热失控（针刺）测试后的锂离子电池。

2.5.7 锂离子电池的外部短路

伺服电机的引线被可动部件夹住，或者正极线和负极线发生短接时，电池包就会发生外部短路（电池的正负极发生短路的状态）。此时，超过允许值的强电流通过细引线，就会点燃引线外皮。机器人竞技大赛上所看到的着火半数以上都是由该原因引起的。如果备有湿毛巾、灭火器等，一般都能避免大麻烦。如果放任强电流继续通过，电池包的发热进一步失控的话，最坏的情况就是电池包冒烟自燃。因此，不仅需要充分考虑工作场合的外部因素进行布线，使用螺旋管等来减少短路发生的概率，也是非常有效的办法。

2.5.8 锂离子电池的充电

一般情况，锂离子电池的最大充电电压是每个电池单元4.2V以下。电压超过该值，电解液就开始分解，在5V附近温度将急速上升，电解液气化膨胀，此时，隔离片关闭，锂离子停止移动。但是，如果温度仍然继续上升的话，最终将导致隔离片溶解，造成大规模的电极短路，引发冒烟和起火。

因此，反复充放电会造成电池劣化，各电池单元的电压也会变得参差不齐，俗称电池单元失衡。因此，电池包如果不对各电池单元的电压进行监视而进行充电的话，一个电池单元达到超过4.2V的过充电状态的可能性极大，非常危险。必须使用接入电池包的平衡连接器，一边监视各电池单元电压一边进行充电。充电电压设定为4.2V以下，充电电流设定为1C以下（例如，800mA・h电池包的充电电流是0.8A=800mA以下），在万一着火冒烟也不会造成损害的场所（周围无可燃物的安全场所）进行充电。充电时人不要离开，应该经常检查充电电压和充电电流是否正确设定，是否有异常发热等情况，也就是说应该监视电池的充电状态。

图2.117所示为电池试验场所进行过充电测试后的锂离子电池。

图2.117 电池试验场所进行过充电测试后的锂离子电池

2.5.9 锂离子电池的放电

一般情况，锂离子电池的最大放电电压是每个电池单元2.5V以上。电压低于该值，负电极的铜就会溶解，析出离子，电极间发生弱小的短路。然后，发热使电解液气化膨胀。进一步过放电的话，安全阀开启，电解液漏出，电池无法使用。陷入该状态的话，电池就无法修复。

串联的电池包放电时，电流强度大小一致流过各电池单元，容量小的电池单元的电压先下降到2.5V以下。因此，放电与充电一样，应该监视各电池单元的电压，只要有一个单元的电压变为2.5V即刻停止放电。

不仅仅是锂离子电池，其他所有二次电池即使没装在机器人上，也存在一点一点自然放电即自放电现象。为了不让电池过放电，每隔数月就应该充一次电。另外，电池包装在机器人上不取下来的话，会进一步加速自放电。因此，应该养成不用机器人时，就拆下电池的习惯。

2.5.10 锂离子电池的保管

一般情况，锂离子电池的使用温度范围是-20~60℃。不过，在0℃以下的环境中，电解液会冻结，导致电池充放电能力显著变弱。相反，60℃等高温环境下使用电池，会导致隔离片等劣化。另外，暑天的车内温度会达到80℃，所以，将电池包放在车里是非常危险的。

因此，锂离子电池不要在满充电状态下保管，最好让各单元的电压保持在3.6V（容量的一半）左右，在温度和湿度合适，周围没有可燃物的安全场所加以保管。另外，不仅是保管的时候，运输的时候也应该注意上述事项。本书提及的PowerLand生产电池的相关技术人员也是将锂离子电池装入塑料袋等绝缘袋中，再放入不可燃的罐中才进行搬运的。

2.5.11 锂离子电池的特性

市场上有许多用于机器人、无线电遥控器的锂离子电池包产品。40C或50C等高速放电或者5C即可充电的产品不少。但是，实际测量其特性的话，按照规格要求的速度进行充放电，电压却明显下降，容量无法确保，循环寿命只有10次等，有的电池包不一定能达到规格性能。进一步考虑锂离子电池的能量潜力，即使价格高一点，也应该选择通过质量检查和安全试验的电池，才能够更愉快地享受机器人带来的乐趣。

图2.118所示为电池试验场的安全试验室。

为了确认锂子电池的实际性能，应该从电池生产厂家获得电池放电率特性（图2.119）、放电温度特性（图2.120）、循环寿命特性（图2.121）等电气特性图表。但是，首先，为了保证电池各单元在放电时电压不至于降到2.5V以下，应使用可以监视各单元电压的控制器，将放电电流控制在15C以下（例如，800mA・h电池包的放电电流是12A=12 000mA以下）。同时，还要使用充电时为保证各单元电压不超过4.2V而能对各单元电压进行监视的可靠的充电器。这样，假定充电电流为1C以下（例如，800mA・h电池包的充电电流是0.8A=800mA以下），电池使用环境非高温、湿度不大。如此，就能够得到循环寿命在100次后才降到初始容量10%左右的具有稳定性能而且寿命长的锂离子电池包。

图2.118 电池试验场的安全试验室

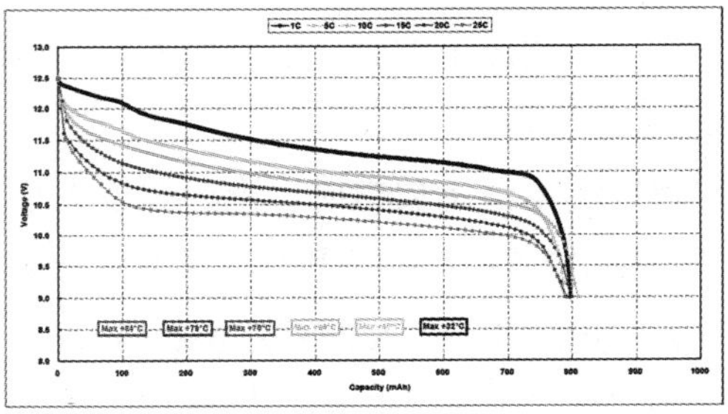

图2.119 放电率特性图

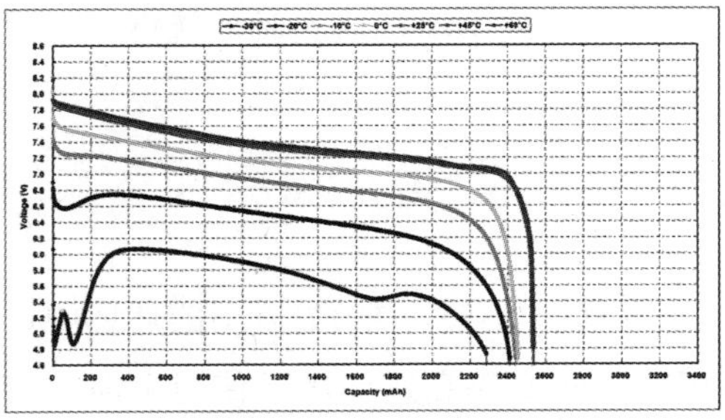

图2.120 放电温度特性图

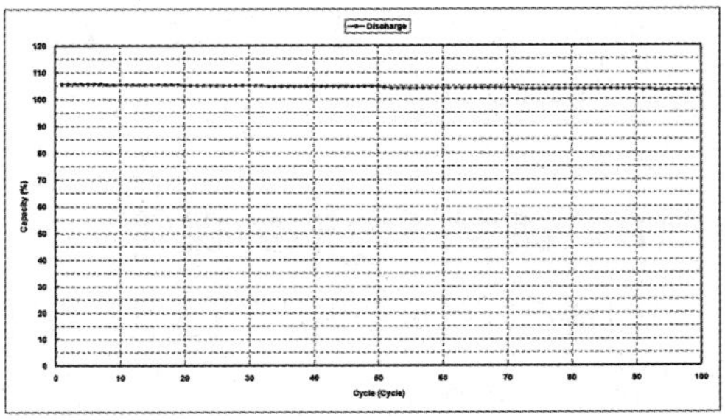

图2.121 循环寿命特性图

注：图2.118~图2.121使用的电池试验照片均为受PowerLand公司委托进行质量和安全试验的Beans You株式会社所提供。

参考文献

[1] パワーランド株式会社：http://www.powerland.co.jp/

第3章

机器人开发环境

3.1 概 述

本章以与前后章节关联的工具为主体介绍机器人开发环境。另外，关于不以高级语言为基础的简单工具的介绍请参照厂商的产品目录或技术文档。

3.2 编程工具

《自律型机器人制作宝典》一书出版已有10年时间了，在此期间，微处理器领域所发生的变化极其缓慢。当时，日立制作所（现在的Renesas Electronics）的H8、SH2系列特别流行，对于当时就沉迷于其中的人来说，这个潮流至今也没改变。

目前，大多数用于便携式产品的ARM核也为业余爱好者所青睐，绝非10年前的状况。所以，本章再次从编程环境的介绍开始。

面向微处理器的开发工具既有商用的也有开源的，无论哪个都既有优点又有缺点。因此，这里尽量避免片面的介绍，主要介绍GCC Developer Lite和LabVIEW。

3.2.1 GCC Developer Lite

GCC Developer Lite是一个多年以来比较稳定的集成环境。蓝色背景的文本编辑器包含C编译器和写入工具。近十年间虽有若干功能增减，但是由于提供了对应部分H8、SH2系列微处理器的各种库，所以依旧可以快速完成程序的编译。令人遗憾的是，一直以来难以学通GCC Developer Lite的问题依然存在。

尽管如此，为了满足用户没有微处理器就无法编程的需求，最新版本的GCC Developer Lite也可以编制能在Windows上运行的exe文件。换句话说，从头开始学习C语言的话，PC上就万事俱备。例如，利用GCC Developer Lite编译下述【程序清单1】中的源程序，再在Windows上执行编译生成的执行文件，就可以确认C语言中大多数函数或命令的作用。另外，通常Windows用的应用程序也能编制，这里就不再多论。

【程序清单1】

```
#include <stdio.h>
#include <conio.h>

void main (void)
{
  int n;
  printf ("input nmber:");
```

```
  scanf ("%d", &n);
  for (; n > 0; n--) printf("*");

  while (!kbhit ()) ;
}
```

看上去，对应的微处理器（以后称为目标机）机型好像很少，事实上，它能够对应市面上的大多数微处理器机型。只不过是为了看上去“容易动作”而准备的库较少而已，并非受限于打包在一起的编译器。如果稍微学习一下对应的目标机的话，通过改造库，自己制作类似系列的目标机，也不是不可能的事情。当然，如果对此没有兴趣的话，最好还是放弃。对于能够支持的目标机，比较流行的是以秋月电子公司生产的SH7125F微处理器基板为例的源程序（【程序清单2】）。编译的结果生成mot文件，利用写入工具将其传送到微处理器基板执行即可。

【程序清单2】

```
#include <7125.h>

char txb[100], rxb[100];

void InitSH (void) {
  SetSRReg (0);

  PFC.PECRL4.WORD = 0x0000;
  PFC.PECRL3.WORD = 0x0000;
  PFC.PECRL2.WORD = 0x0000;
  PFC.PECRL1.WORD = 0x0000;
  PFC.PEIORL.WORD = 0xFF33;

  PFC.PACRL1.BIT.PA3MD = 1; // RXD1(PA3)
  PFC.PACRL2.BIT.PA4MD = 1; // TXD1(PA4)

  PE.DRL.BIT.B0 = 0; // LED Clear
  PE.DRL.BIT.B1 = 1; // LED Clear

  STB.CR4.BIT._CMT    = 0;
  CMT0.CMCSR.BIT.CMIE = 0;
  CMT0.CMCSR.BIT.CKS = 1;
  CMT0.CMCSR.BIT.CMF = 0;
  CMT0.CMCNT = 0;
  CMT0.CMCOR = 782;
```

```
  SCI1_INIT (br115200, 1, txb, sizeof(txb), rxb, sizeof(rxb));
}

void wait (long num) {
  int i;

  CMT.CMSTR.BIT.STR0 = 1;
  for (i = 0; i < num; i++) {
    while (!CMT0.CMCSR.BIT.CMF) ;
    CMT0.CMCSR.BIT.CMF = 0;
  }
  CMT.CMSTR.BIT.STR0 = 0;
}

void main (void) {
  int i, j, k;

  InitSH ();

  i = j = k = 0;

  SCI1_PRINTF ("i = %d, j = %d, k = %d¥n", i, j, k);

  while (1) {
    PE.DRL.BIT.B0 ^= 1;
    PE.DRL.BIT.B1 ^= 1;
    i++;
    SCI1_PRINTF ("Hello! %05d¥n", i);
    wait (1000);
    while (SCI1_IN_DATA_CHECK() > 0) SCI1_OUT_DATA(SCI1_IN_DATA());
  }
}
```

3.2.2 LabVIEW

也许你在想“为何选择LabVIEW？”。因为它是ROBO-ONE on PC联盟采用的工具，所以要专门进行介绍。简单地说，LabVIEW是一种编制在Windows或Mac上运行的程序的工具，通常并不将微处理器纳入其范畴。多说一点，除了在National Instruments公司生产的PC上使用的硬件，其他硬件都要靠第三方或者用户自己，别人无能为力。而且，因为不能使用C语言等文本式语言，处理起来也比较困难。但是，谈及在PC显示器上配置计量器或图表，将程序中的数值逐个表示出来的话，恐怕没有比LabVIEW更好的工具了。近年来，装有多核CPU的高端PC的处理能力更令人期待，在这样的PC上，LabVIEW就更适合用于测量与控制的相关应用（机器人就是这样的代表）。

用LabVIEW进行编程时，虽然程序示例用图表示，但编程操作几乎全靠鼠标完成，因此，最好还是向高人请教编程操作的基础知识。

3.3　机器人用控制器

虽然并不是指“机器人专用”，但是作为参加ROBO-ONE机器人竞技大赛必须使用的控制器，包括PC在内，都称为机器人用控制器。本节介绍其中主要的几种控制器。另外，关于电机，已在2.3节作过介绍，这里不再论述。

■ 近藤科学生产的RCB-4HV

RCB-4HV是用于KHR-3HV的控制器（图3.1），用来取代10年前的RC伺服电机，支持与近年来流行的用串口通信方式进行控制的伺服电机（近藤科学ICS3.0兼容产品）的连接。利用专门的运动控制器编程软件Heart to Heart编程。

RCB-4HV的主要规格如下：

① 尺寸：35mm×45mm。

② 重量：11.8g。

③ 使用电压：6~15V；内部电压：5V。

④ CPU：Renesas Electronics生产的M16C26A 20 MHz。

⑤ SIO：8ch。

⑥ ADC：10ch。

⑦ PIO：10ch。

⑧ EEPROM：256kByte。

■ Techno Road公司生产的Coron

Coron是一种类似通用微处理器基板的控制器（图3.2），采用Eclipse作为集成环境，用C语言编程。另有无需程序便可确认与I/O端子连接的传感器的值，从而驱动电机的工具。

图3.1　RCB-4HV

图3.2　Coron

Coron的主要规格如下：

① 尺寸：58mm×48mm。

② CPU：ST STM32 72 MHz。

③ RC伺服系统连接用PWM输出端子：16ch。

④ DC电机用输出端子：2ch。

⑤ GPIO：8ch。

⑥ 扩音器放大输出端子：1ch。

⑦ ADC端子：6ch。

⑧ microCD槽口：1ch。

⑨ 无线（XBee）连接端子。

⑩ 串口连接端子。

⑪ USB连接端子。

■ Vstone公司生产的VS-RC003HV

VS-RC003HV是具备30ch伺服电机、声音输出、USB连接、IXBUS的控制器（图3.3）。将陀螺传感器、加速度传感器、16cLED、16chGPIO、8chADC基板等接入IXBUS时，可以扩展其功能，而且能够连接Playstation2用游戏平板。专用软件RobovieMaker2可以进行运动控制器编程和其他流程图式的编程。

VS-RC003HV的主要规格如下：

① 尺寸：48mm×52mm。

② 重量：21g。

③ CPU：NXP LPC2148FBD64 60 MHz。

④ 伺服电机输出：30ch。

⑤ 声音输出：2W。

⑥ ADC端子：6ch。

⑦ IXBUS：1ch。

⑧ USB连接端子。

■ Best Technology生产的FDIII-HC

FDIII-HC也是一种类似通用微处理器基板的控制器（图3.4），采用GCC Developer Lite作为集成环境，只用C语言编程。作为标准，支持蓝牙无线通信。

FDIII-HC的主要规格如下：

① 尺寸：74mm×40mm。

② CPU：Atmel AT91SAM7S512 48 MHz。

③ 3轴加速度传感器。

④ 蓝牙。

图3.3 VS-RC003HV

图3.4 FDIII-HC

⑤ 按钮开关。

⑥ 4位DIP开关。

⑦ microCD槽口：1ch。

⑧ Dynamixel RS485 I/F：4ch。

⑨ Dynamixel TTL I/F：5ch。

⑩ 监视器LED：2个。

⑪ USB连接端子。

3.4 ROBO-ONE对硬件的要求

本节主要介绍ROBO-ONE在未来发展中所追求的东西。

3.4.1 电 机

早期ROBO-ONE大赛的主要要求是执行器的智能化和耐久性的提高。曾经采用无线遥控车等控制使用过的所谓的RC伺服电机，但电机非常容易坏。后来的10年间，机器人专用的电机不断面世，如今不同速度、转矩、尺寸的电机多到难以选择。

以前，根据无线遥控平衡器控制杆的倾斜程度，发信器发出脉冲信号，由此决定RC伺服电机的角度。当时，人们将研究重点放在作为机器人控制器的电机输出PWM信号功能上。现在实现控制器与电机之间单向通信的PWM类型仍然是研究的主要方向，但是，今后由电机向控制器传递信号将变得越来越重要。

实现该功能的是串口I/F。前面介绍的控制器中有一些只支持串口I/F。对于装有串口I/F的电机，不仅要求传递舵盘的角度，同时要将任意动作速度、弹簧刚度、控制参数等指令从控制器发往电机，或者将电机内部温度、当前角度、电流、故障等信息读取给控制器。看起来虽然很麻烦，但是，电机不可能永久不停地转动，电机健康检查不可或缺，当电机有些异常需要确定原因时，还是需要大量信息的。

总之，尽管只是要求机器人重复完成规定的动作，但目前的电机尚无法满足所有功能要求，因此，从希望能与电机进行交流的观点出发，串口I/F是有用的。加快这方面的开发应用，进一步提升电机自身智能化程度，对于由数个电机构成的机器人腕臂等，当控制器告知其中一个电机“形成腕臂”时，其他的电机就能自动地构成腕臂。

3.4.2 控制器

控制器的研发追求同样是小型化、高速化。幸运的是，半导体正在不断地向着小型化、高速化、智能化方向发展，用它来制作机器人，机器人的智能化程度也会大幅提升。前面介绍的机器人控制器近年来也以ARM核为主流，性能自然而然也就大为提升。

但是，如果只是爱好的话，完全没有必要追求上述趋势，所以也就不会感觉到大规模的模式转变。换句话讲，虽然机器人竞技大赛需要设定高水准，但是，现如今还看不见实现的可能性。的确，如果只是“姑且动动试试”、“只考虑动作就够了”的话，现在的工作就已经可以了。但是，要想制作出能够与人交往的机器人，还需要多动脑筋。

现在，ROBO-ONE on PC或者仿人型帮手项目（HHP）等竞技活动提出了以前的ROBO-ONE竞技大赛没有的限制条件。但是，在ROBO-ONE大赛的展示环节有类似的要求。如此说来，以PC为主机的机器人还是很有意义的。一直以来所追求的，机器人在其控制器支配下实时完成任务，作为头脑的PC不再需要考虑直接终端的电机，将在不远的将来实现。

3.5 以PC为主机的程序

作为ROBO-ONE大赛的风向标，洞察未来动向，本节在考虑导入实现PC与控制器集成的编程手法时，聚焦具体产品进行介绍。

3.5.1 使用带串口I/F的PC启动电机之前

利用先前介绍过的开源开发环境GCC Developer Lite编制能在Windows环境运行的程序。使用的硬件列举如下。另外，因为通信方式具有互换性，采用其他系列型号的电机也没有问题。

■ 电 机

图3.5 RX-28

- BTX031 Dynamixel RX-28（图3.5）。

概要：这是搭载了工业设备经常采用的一种串口I/F——RS485的智能执行器。0~300°的角度分成1024个位置点，可以产生30kgf · cm左右的静转矩。

■ 串口I/F

- BTE068 Dynamixel配置器（图3.6）。

概要：该配置器仅需通过USB线连接就能给PC增设RS485 I/F等，

装有除CAN之外对应Dynamixel全系列的连接器。因为有专用的通信程序，所以能够快速完成简单的动作测试。

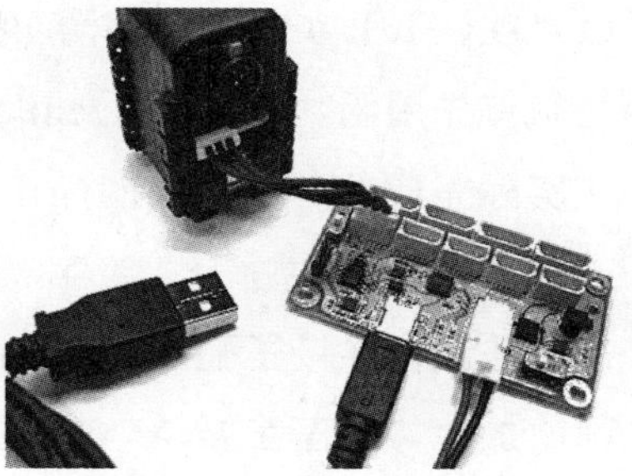

图3.6 Dynamixel配置器

实际上，在Windows环境使用PC的COM端口，如同一本很厚的书，内容深奥，这里无法完全介绍。如果无视串口通信发送和接收数据费时、数据缺失、再试行等问题的话，以后就会遇到麻烦。因此，只参考一般常见的单纯的“数据发信”或“数据受信”的雏形，对最后的系统而言容易留下诸多问题。最初挑战编程的确要从这些基本处理开始，但最终目的并不是仅仅实现通信。如果不从系统出发整体考虑来进行通信的话，即使使用高速PC，也会被低速的串口通信拖后腿而无法充分发挥效能。幸好，Dynamixel有不必意识到串口通信就可以使用的库，所以与通信相关的部分用户就不必亲自去编写代码。

对于希望详细了解串口通信基础知识的读者则非常抱歉，具体内容请参照库的原始资料。另外，关于RX-28采用的通信方式等，请参照2.3节。

3.5.2 GCC Developer Lite和Dynamixel Windows库的准备

安装方法请参照下载处的帮助文档。在安装提示框“组件选择”（图3.7）里选择“Windows专用”（图3.8），就设定了最小限度的必要环境。

【下载地址】 http://www.besttechnology.co.jp/modules/knowledge/?GCC%20Developer%20Lite#DOWNLOAD

Dynamixel Windows用库的压缩文件可从下面的URL下载。对压缩包中的“dxlib2.dll”和“dxlib2.h”两个文件先行解压。这两个文件应与之后编译的源程序放在同一文件夹里。

【下载地址】 http://www.besttechnology.co.jp/download/DXLIB2forWin2.0.ZIP

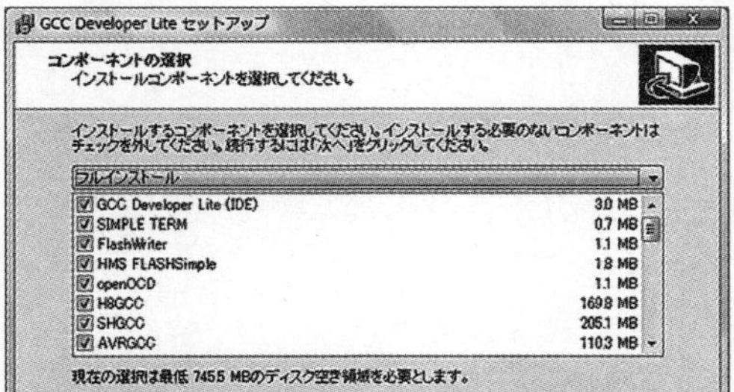

图3.7 GCC Developer Lite安装提示框里的“组件选择”

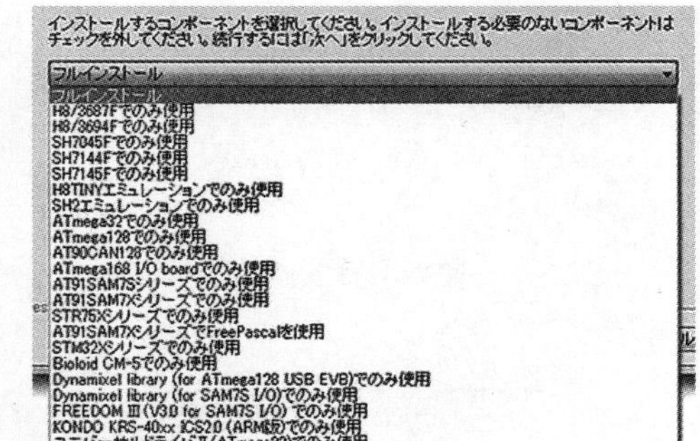

图3.8 选择“Windows专用”作为需安装的组件

3.5.3 Dynamixel Windows库的雏形与编译方法

不妨将下述【程序清单3】输入GCC Developer Lite的编辑窗口。DXLIB2提供的函数以“DX_”开头，【程序清单3】中也有两处用到了以“DX-”开头的函数。按照规定，必须首先用函数“DX_OpenPort”对所使用的COM端口和通信速度进行初始化，然后，在实际完成各种对电机的操作处理后，以“DX_ClosePort”函数作为程序结束。所使用的COM端口的名字是“￥￥￥￥.￥￥COM11”，看上去不可思议，但这是Windows的习惯用法。在连接了配置器的Windows的设备管理器上显示的COMxx（xx因PC而不同）名称前加上“￥￥￥￥.￥￥”的话，以后问题就会少些（“￥”记号很多，被当作C语言字符串进行处理，实际含义是“￥￥.￥COMxx”）。通信速度设定为RX-28出厂时的值“57143”。

现在开始进行编译。在“工具”菜单里点击“编译选项”，打开编译选项对话框，从上方“设置清单”的下拉菜单中选择“x86（Console）”。在提示信息中应答“OK”后，在“etc”标签的“指定GCC添加项”一栏中手动添加“DXLIB2.DLL”（图3.9）。按“OK”按钮，关闭对话框。

【程序清单3】

```
#include  <stdio.h>                    //首先调入标准输入输出头文件
#include  “dxlib2.h”                   //Dynamixel Windows库的头文件

void main (void) {
  //设备ID（每个COM端口有唯一的值）
  DXDEVICEID  dev;

  //用指定的参数打开COM端口
  //成功的话，返回0以外的唯一值（设备ID）
  //以后就使用该设备ID
  dev = DX_OpenPort(“￥￥￥￥.￥￥COM11”, 57143);

  //dev不为0的话，端口成功打开
  if (dev) {
    printf(“Open success￥n”);

    //----此处写明要做的事情--------------

    //--------------------------------------------

    //关闭使用完的端口
    DX_ClosePort(dev);

  } else {
    printf(“Open error￥n”);
```

```
  }
  printf(“Fin¥n”);

  getchar(); //为了不让程序即刻终止，等待键入
}
```

如果【程序清单3】还没保存，需要用合适的名字加以保存。在“编译器”菜单点击“建立（build）”就可以开始编译。如果出现问题的话，编译器动作图标就会显示红色或黄色的错误信息。不要忘记，拷贝3.5.2节提到的两个文件，与【程序清单3】放在同一文件夹中。

如果出现“编译成功”提示的话，在【程序清单3】所在文件夹中就会产生后缀为exe的文件。这时就可以执行该程序了。不过，这个程序只描述了库的前后部分，并没有什么特定内容。一旦执行的话，就会开启DOS提示界面，若COM端口号码无误，就会显示“Open success”提示，接着很快又会显示“fin”。按下回车键，DOS提示界面关闭，程序结束。如果COM端口号码有错误，或者别的程序误用该COM端口号码的话，就会显示“Open error”而非“Open success”。

下面介绍在【程序清单3】中注释“此处写明要做的事情”的地方所使用的进行电机操作处理的函数。注意，“Open”和“Close”成对使用的规定是必须遵循的。

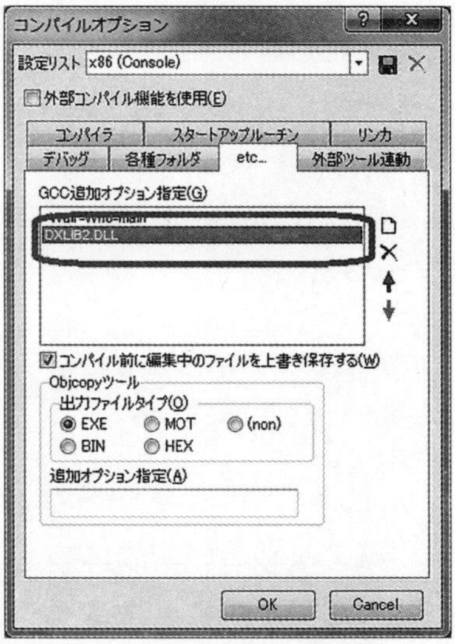

图3.9 将DXLIB2添加到编译器选项中

3.5.4 用DXLIB2驱动电机

本小节尝试利用DXLIB2的若干主要函数驱动电机，并了解电机的实际动作情况。

■ DX_Ping函数

该函数用于确认指定ID的设备是否存在。如果找到的话返回TRUE，否则返回FALSE。设备接上了但仍返回FALSE，原因可能是ID错误、通信速度不符或配置器未接电源等（这里略去相应的处置办法）。

【程序清单4】给出了确认ID为1和2的RX-28是否存在的程序。初始状态的RX-28有一台连接，ID为1。所以，最初的DX_Ping成功，下一个DX_Ping就会失败。

【程序清单4】

```
#include  <stdio.h>          //首先调入标准输入输出头文件
#include  “dxlib2.h”       //Dynamixel Windows库的头文件
```

```
void main (void) {
  //设备ID（每个COM端口有唯一的值）
  DXDEVICEID  dev;
  //错误码（获取库使用时的错误码）

  //用指定的参数打开COM端口
  //成功的话，返回0以外的唯一值（设备ID）
  //以后就使用该设备ID
  dev = DX_OpenPort(“¥¥¥¥.¥¥COM11”, 57143);

  //dev不为0的话，端口成功打开
  if (dev) {
    printf(“Open success¥n”);

    //----此处写明要做的事情--------------
    //确认是否有ID=1的设备
    if (DX_Ping (dev, 1, 100, &err))    printf(“Found ID=1¥n”);
    else                                printf(“Not found ID=1¥n”);

    //确认是否有ID=2的设备
    if (DX_Ping (dev, 2, 100, &err))    printf(“Found ID=2¥n”);
    else                                printf(“Not found ID=2¥n”);

    //-----------------------------------------------

    //关闭使用完的端口
    DX_ClosePort(dev);

  } else {
    printf(“Open error¥n”);
  }
  printf(“Fin¥n”);

  getchar(); //为了不让程序即刻终止，等待键入
}
```

■ DX_ReadByteData/DX_WriteByteData函数

该函数从指定的ID地址读写1字节的数据。如果读写成功的话返回TRUE，否则返回FALSE。

【程序清单5】是以ID=1的RX-28为对象，控制LED（25号）亮暗的程序。共设置10

次循环，两次循环之间加入了0.5s的等待时间。另外，如果不需要成功或失败的提示，删除printf部分即可。

【程序清单5】

```
#include  <stdio.h>
#include  “dxlib2.h”

void main (void) {
  int i;
  UCHAR led;
  DXDEVICEID  dev;
  TDxErrorCode  err;

  if ((dev = DX_OpenPort(“¥¥¥¥.¥¥COM11”, 57143))) {
   printf(“Open success¥n”);

   if (DX_Ping (dev, 1, 100, &err))  {
     //10次循环
     for (i = 0; i < 10; i++) {
       //读取LED的状态
       if (DX_ReadByteData (dev, 1, 25, &led, 100, &err))
        printf(“Read success [%d]¥n”, led);
       else
        printf(“Read error¥n”);
       //将读出的LED的状态反转后写入
       led ^=1;
       if (DX_WriteByteData (dev, 1, 25, led, 100, &err))
        printf(“Write success [%d]¥n”, led);
       else
        printf(“Write error¥n”);

       //0.5秒等待
       Sleep (500);
     }
   }

   DX_ClosePort(dev);

  } else {
    printf(“Open error¥n”);
  }
```

```
  printf(“Fin¥n”);
  getchar();
}
```

■ DX_ReadWordData/DX_WriteWordData函数

该函数从指定ID的地址读写2个字节（一般1个字）的数据。如果读写成功的话返回TRUE，否则返回FALSE。【程序清单6】是以ID=1的RX-28为对象，从PRESENT POSITION（36号）处获取当前位置后，写入GOAL POSITION（30号），移动位置的程序。

【程序清单6】

```
#include  <stdio.h>
#include  <conio.h>
#include  “dxlib2.h”

void main (void) {
  int f=1;
  short pos;
  DXDEVICEID  dev;
  TDxErrorCode  err;

  if ((dev = DX_OpenPort(“¥¥¥¥.¥¥COM11”, 57143))) {
    printf(“Open success¥n”);

    if (DX_Ping (dev, 1, 100, &err))  {
      //读取当前位置
      if (DX_ReadWordData (dev, 1, 36, (USHOT *)&pos, 100, &err)) {
        printf(“Now position = %4d¥n”, pos);
        while (1) {
          pos += f;
          if (pos > 1023) {pos = 1023; f = -1;}
          else if (pos < 0) {pos = 0; f = 1;}
          if (DX_WriteWordData (dev, 1, 30, pos, 100, &err))
          printf(“Send position = %d¥n”, pos);
          //等待5ms
          Sleep(5);
          //按任意键，退出循环
          if (kbhit ()) break;
        }
        printf(“¥n”);
```

```
      }
    }
    DX_ClosePort(dev);

  } else {
    printf(“Open error¥n”);
  }
  printf(“Fin¥n”);
}
```

虽然没有超大程序，但是读者也能够感受到，可以通过程序实现PC和电机之间的某些操作。其他大多数电机也是通过COM端口进行通信的，只要生产商提供了这样的库，就很容易让电机动起来。

另外，Windows是多任务操作系统，所以也能够完成【程序清单7】中那样的程序。在main处完成各种初始设置或给电机的位置指令，在readthread处获取电机当前位置。同时，在各自线程完成别的事情。说起来是同时动作，但是只有一个COM端口，一下子全让DXLIB2函数同时进行处理，根本不可能。但是，如果不采用多任务或多线程·驱动各种处理同时完成的话，就难以实现更高目标的智能应用。

【程序清单7】

```
#include  <stdio.h>
#include  <stdbool.h>
#include  <process.h>
#include  <conio.h>
#include  “dxlib2.h”

#define ADDRESS_GOAL_POSITION      30
#define ADDRESS_PRESENT_POSITION   36

HANDLE  g_hThread = INVALID_HANDLE_VALUE;
BOOL    g_TermThread = FALSE;
DXDEVICEID  dev;

#define TIMEOUT   50
#define ID        1

//获取位置
BOOL DxGetPosition (DXDEVICEID dvid, UCHAR id, SHORT *pos, int timeout,
TDxErrorCode *err) {
```

```
  return DX_ReadWordData (dvid, id, ADDRESS_PRESENT_POSITION, (USHORT *)pos,
  timeout, err);
}

//位置指令
BOOL DxSetPosition (DXDEVICEID dvid, UCHAR id, SHORT pos, int timeout,
TDxErrorCode *err) {
  return DX_WriteWordData (dvid, id, ADDRESS_Goal_POSITION, (USHORT )pos,
  timeout, err);
}

unsigned_stdcall testThread (void *dummy) {
  TDxErrorCode err;
  short p;

  while (!g_TermThread) {
   //读取当前位置
   DxGetPosition (dev, ID, &p, TIMEOUT, &err) ? printf (“¥rGETPOS=[%4d]”,
   p) : printf (“¥rGETPOS Fail=[%d]”, err);
  }

  _endthreadex (0);
  return 0;
}

void main (void) {
  TDxErrorCode  err;
  int f = 1;
  int pos = 0;
  DXDEVICEID  dev;
  unsigned threadID;

  if ((dev = DX_OpenPort(“¥¥¥¥.¥¥COM11”, 57143))) {
    if (DX_Active (dev))  {
      //确认是否有指定ID的设备
      if (DX_Ping (dev, ID, TIMEOUT, &err)) {
        //制成读取专用thread
        if ((g_hThread = (HANDLE)_beginthreadex (NULL, 0, &testThread,
        NULL, 0, &threaded)) = = INVALID_HANDLE_VALUE) {
          printf(“Beginthread Error¥n”);
        } else {
```

```
        while (1) {
          pos += f;
          if (pos > 1023) {pos = 1023; f = -1;}
          else if (pos < 0) {pos = 0; f = 1;}
          if (!DXSetPosition (dev, ID, pos, TIMEOUT, &err))
          printf("¥n SetPos Fail [ %d]¥n", err);
          //等待5ms
          Sleep(5);
          //按任意键，退出循环
          if (kbhit ()) break;
        }
        //thread完毕
        g_TermThread = TRUE;
        WaitForSingleObject (g_hThread, 2000);
      }
    } else
      printf("Cannot find ID= %d¥n", ID);
  }
  DX_ClosePort(dev);
 } else {
  printf("Open error¥n");
 }

 printf("¥n Fin");
 getchar();
}
```

3.5.5 通过LabVIEW使用DXLIB2

DXLIB2也有LabVIEW用的库，读者可以试一试。如果习惯LabVIEW本身操作的话，则使用DXLIB2是非常简单的。增添图标进行布线，画面上示出仪表或标度盘等，很快就产生一个应用。几乎感觉不到多任务存在，操作处理自行分成多分枝，是很有意思的一种工具。

LabVIEW本身并非自闭的工具，通过它使用DLL、ActiveX等功能并不困难。DXLIB2中LabVIEW用的库也只不过是将库内的函数简单地进行符号化。当然，LabVIEW也能独自处理COM端口，但是，与用C语言辛辛苦苦编程一样困难。

用文字正确说明有关内容有困难，所以，只介绍打包在DXLIB2里的示例VI的内容。基本流程与前面的C语言代码一样，给左边的DxOpenPort.vi指定COM端口名和波特率，完成正常的初始化后，读写存储器（图3.10、图3.11）。操作处理分成并行处理的三部分：一是拨动前面板上的球柄从而指定位置的循环；二是一直读取存储器的循环；三是在波形图上绘出位置指定值、当前位置、负荷或电流值的循环。使用DXLIB2.dll的vi用黄绿色的标识表示，DxOpenPort.vi返回的dvid接入几乎所有的vi。按下前面板上的停止按钮，循环依次结束，用DxClosePort.vi执行库的结束指令后，程序结束。LabVIEW用线条描述数据流，即使程序还在执行，也可以监视布线中传递的数据值，所以，程序虽然比较复杂，但其查错性、可视化程度却很好。

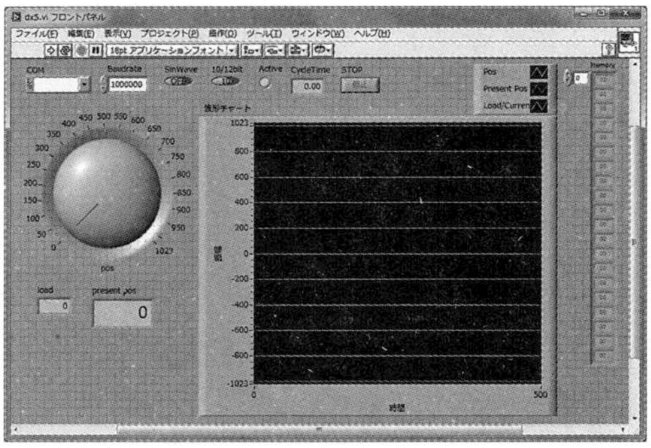

图3.10 前面板

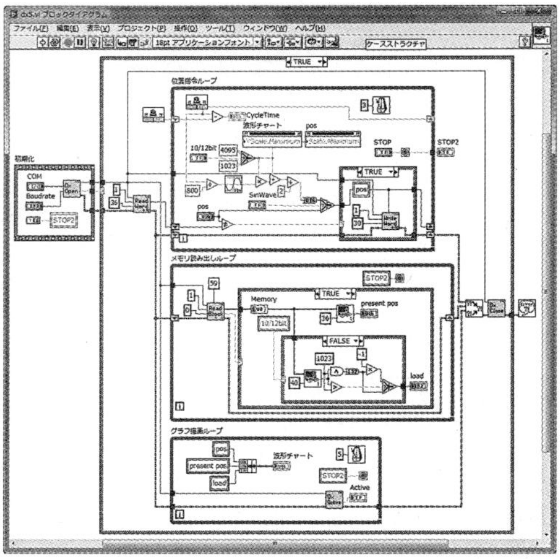

图3.11 功能模块对话框

双击黄绿色标志就可以看见源内容，如果想详细了解的话，进入深层就可以掌握真实内容。另外，可以用时序图表简单显示数值，所以，动动电机看看效果，或者评价传感器性能等非常合适。当然，如果要制作以PC为主体的机器人，最好全面采用LabVIEW。

3.6 以机器人用控制器为主机的程序

前面LabVIEW的示例程序中有基于正弦波实现电机位置指令的部分。但是，实际执行程序时会注意到，有时没法输出很好的正弦波。这就如同没有任何问题的DVD在PC上播放时偶尔也会出现画面颤动或者声音消失等现象。也许是操作系统的问题，无法避免在与自己程序无关的地方出现意外。这也就是经常提到的缺乏实时性。

这种情况下，还是难以割舍拼命为我们反复做一件事（或更多事）的微处理器。微处理器上不能看邮件也不能浏览网页，即使能够做也无法与Windows匹敌。微处理器一般很少发生延迟与误差，默默地完成与电机的通信，这就是专用控制器的本领。

本节介绍将原来PC完成的部分换做由前面提过的机器人用控制器完成的事例及其若干优点。使用的硬件如下，开发环境采用与前面一样的GCC Developer Lite。

■ 电　机

- BTX030 Dynamixel AX-12+，如图3.12所示。

■ 机器人用控制器

- BTE083 FDIII-HC，如图3.13所示。

图3.12　AX-12+

图3.13　FDIII-HC

3.6.1　使用Dynamixel库

GCC Developer Lite环境下，以FDIII-HC为对象的设置大体分为两类。一个是与前述DXLIB2相似，将重点放在存储器访问的“DYNAMIXEL library for FDIII-HC”，另一个是基于该库自动完成实现各种动作的复杂处理的“FREEDOM III library for FDIII-HC”。

在下面的URL上公开有Dynamixel库的示例程序，此处不做过多介绍。必须掌握FDIII-HC采用的微处理器的知识，虽然从某种意义说这属于门槛较高的内容。

【下载地址】http://www.besttechnology.co.jp/modules/knowledge/?Dynamixel%20Library%20Sample%20Code

该示例程序的init.c记述了转动电机前需要理解的基本内容，但是相当不好理解。如果将基本内容压缩到最小的话，可见【程序清单8】。在DX_Init处，介绍了初始化微处理器，完成与电机通信时的必要措施，不需要与PC的ClosePort相当的部分。

输入程序后，在编译选项中选择“DYNAMIXEL library for FDIII-HC”，执行编译。编译成功后，用USB线将FDIII-HC接入PC，按照操作手册传送程序，这样就可以在微处理器上执行该程序了。

与在PC上运行的程序有着相似的构成，也有执行LED或位置指令的示例。当然，与PC不同的是CPU及硬件的构成。一旦运行起来，与前面PC的DOS显示界面上所看到的程序并没有太大区别。

【程序清单8】

```
#include  <vic.h>
#include  <dx.h>
void main (void) {
```

```
  enableIRQ ();

  DX_Init (1000000, 7.4, NULL, NULL);

  //----此处写明要做的事情--------------

  //---------------------------------------------
}
```

3.6.2 使用FREEDOM III库

此处也不准备作深入介绍，详细教程及示例程序可以从下面的URL获得。

【下载地址】 http://www.besttechnology.co.jp/modules/knowledge/?FREEDOM%20III%20Library%20Sample%20Code

不过，FREEDOM III库与前面介绍的Dynamixel库具有完全不同的形式。较多使用“运动（Motion）”、“插入（Plug-in）”、“蓝牙（Bluetooth）”等文字，而见不到电机位置指令、LED点亮熄灭等表述。这是涵盖了较低级的Dynamixel库的中级库。在作为应用的含有多个电机的系统中，程序员不必一个一个对电机编写实施处理的代码，因为，重点是放在用称作“运动”的规定动作方式来控制机器人的行为方面。

库的关联关系和层次结构相当复杂，难以用概念图进行表达。不过毫无疑问的是，复杂的机器人程序无需从零写起就能完成。该库提供的功能之多，只需看看API的数量就知道了。

3.7 结 语

本章仅仅介绍了很少一部分内容，仅仅让遥控器的按钮承担某些“运动”的执行已经不再是机器人用控制器需要完成的事情。追求机器人自律性的理念也逐渐被接受，而简单用“if”语句设置分支，实现重复动作的切换就可以完成的事情恐怕只限于“战斗”层面了。

我们需要明白的是，今后，通过搭载能让机器人自己把握外界状况的传感器和植入机器人自己处置外部状况的程序，以前的控制器发挥的功能将成为最低要求。即使是前面介绍的产品，不考虑未来的扩展性，过分强调独特性而导致未来的互换性无法期待，或者功能过多结果弄出复杂的程序，这些状况仍旧会继续。关于这些问题，不妨尝试一下自己制作控制器。

第4章

双足步行机器人的开发软件

<4.1节、4.1节>

西村　将太郎　Best Technology株式会社，负责开发、销售、活动执行等工作。

<4.3节>

西山　一郎　机器人作家，著书《自律型机器人制作》（合著，科学出版社出版），《双足步行机器人制作指南》（合著，科学出版社出版）。

4.1 机器人编程基础

4.1.1 引 言

本节以机器人工具包FREEDOM jr.III为基础，介绍机器人编程的基本内容。软件全是公开的，所以也适用于自制机器人。另外，为了能够用于由其他伺服电机构成的机器人，将介绍编程方法。

4.1.2 双足步行机器人的设计

双足步行机器人应该外形似人，以与人交往为目的。因此，设计时要考虑人的喜好。

另一方面，机器人的功能要求很多（图4.1），清扫、洗涮、购物等无所不及。为了制作出能够在人类世界活动的机器人，要尽可能使之像人类一样，但事实上这是不现实的。以现有的技术，重要的是实现稳定、可靠的功能。图4.1示出了各种各样的机器人设计。

4.1.3 双足步行机器人系统

双足步行机器人应该像人类一样拥有“自律神经系统”和“头脑思考决定动作的部分”，从安全性或可靠性方面看都是必需的。重要的是，朝着这样的目标，一边寻找现实的解决方案一边不断改进。图4.2所示为机器人系统的构成图。

图4.1 各种各样的机器人设计（第15届ROBO-ONE大赛）

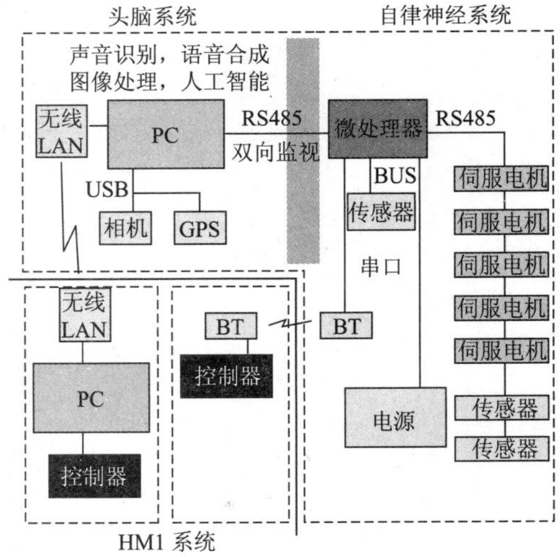

图4.2 机器人的系统构成图

回顾机器人的进化过程，首先是人类控制拥有自律神经系统的机器人，其次，拥有支持人类头脑功能的机器人成为主流。如果能将头脑部分换成人工智能的话，就完成了最终的机器人。但是，这恐怕是遥远未来的事情。

ROBO-ONE机器人竞技大赛一直致力于推进双足步行机器人的进化过程。仿人型帮手项目则是在第二个阶段开始探索的。

4.1.4 自律神经系统

让微处理器具备怎样程度的自律神经系统取决于需要机器人具备怎样的功能。

首先是能够步行自如。向右、向左、后退、奔跑等，脑子想到什么就能执行什么。人类的大脑并不发出“重心偏右，然后抬腿，向前迈”这样的指令。想向前走就向前进。

因此，利用“向前”、“加快”等关键词产生行动的话，就可以实现未来机器人的自律神经系统。

如果将“向前”、“加快”这样的关键词分派给控制器的各键，就成了无线遥控的机器人。

这里，介绍利用FREEDOM jr.III制作双足步行机器人的基本技术。

4.1.5 FREEDOM jr.III的准备

FREEDOM jr.III（图4.3，图4.4）采用16轴组成的仿人型机器人结构，头部装有传感器单元。标配有蓝牙，可以实现无线控制器操控。

① 机体：FREEDOM jr.III Complete Kit。

② 控制器：FDIII-HC。

③ 伺服电机：Dynamixel AX-12+，16个。

④ 传感器单元（头部）：Dynamixel AX-S1。

⑤ 自由度：16轴（腿部：10；腕部：6）。

⑥ 传感器：[AX-S1]红外线反射传感器-声音传感器，[AX-12+]位置检测-转矩检测-电压监视器，[FDIII-HC]3轴加速度-电压监视器。

⑦ 电源：AC适配器12V 5A・h，锂聚合物电池11.1V 1000mA·h。

⑧ 开发环境：GCC Developer Lite。

⑨ 开发语言：C语言。

■ 接通电源前的检查

若出现电池电压较低、关节或骨架的螺丝松开、线缆断线等情况则无法正常动作，所以，接通电源之前应确认不存在这些异常情况。此外，锂离子电池使用不当有着火的危险，所以要充分了解电池的性质后再行使用（参照2.5节）。

■ 器材的连接

在FDIII-HC（控制器）的电源开关为OFF的状态时，将AC适配器和电池连接器接到FDIII-HC上。

图4.3 FREEDOM jr.III

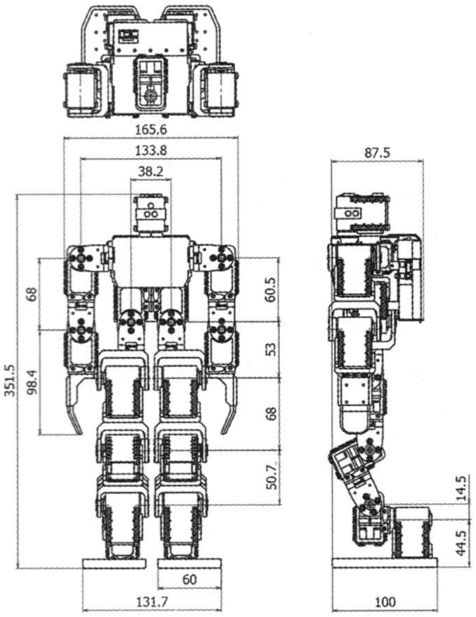

图4.4 FREEDOM jr.III的尺寸图

先将USB线接到PC。然后按住FDIII-HC（图4.5）上USB连接器旁边的按钮开关，将USB线接到FDIII-HC上。通过USB的BusPower电路为FDIII-HC提供电源，FDIII-HC的红色LED亮灯。最后，打开FREEDOM jr.III的电源开关，AX-12+上所有的LED闪亮一次。

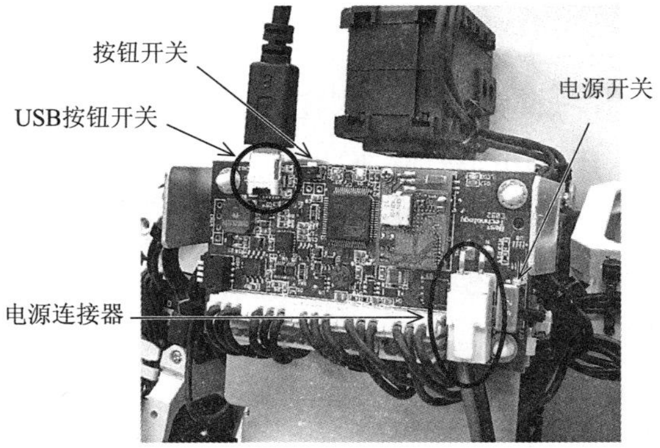

图4.5 FDIII-HC

■ 示例程序

使用提供给FREEDOM jr.III的示例程序，确认从编译到传递、执行的一系列流程。从以下地址下载示例程序：

【示例程序】 http://www.besttechnology.co.jp/modules/knowledge/?FREEDOM%20jr.III%20Sample%20Code

解压下载的文件。注意：保存文件的文件夹地址或文件名中包含日文的话，编译操作将会失败。

示例程序的文件构成如表4.1所示（版本升级时该构成会有所改变）。

表4.1 示例程序的构成

MakeSDData.c		生成数据
SMPL1(PlayMotion).c		运动执行
SMPL2(RC-100).c		遥控操作
SMPL3(ControlRangeLimit).c		设定执行器的动作角度
SMPL4(EditMotion).c		运动的编辑
SMPL5(MotionStoreFlash).c		将复位和运动保存在内置Flash Rom
SMPL6(MotionStoreSDCard).c		将复位和运动保存在微型SD卡中
SMPL7(Walk).c		步行
SMPL8(All).c		综合
share	Humanoid16Axis.h	运动数据的结构定义
	HumanoidSampleFlashData.c	示例的运动管理表
	HumanoidSampleFlashDataBlank.c	空白的运动管理表
	HumanoidServoParam.c	执行器的分配定义
	HumanoidWalk.c	步行规则

运行GCC Developer Lite，打开下载的示例程序SMPL1(PlayMotion).c。如果已经进行过编译的话，就会出现图4.6所示对话框。此时，按“OK”键，就无需再次进行编译选项的设定。

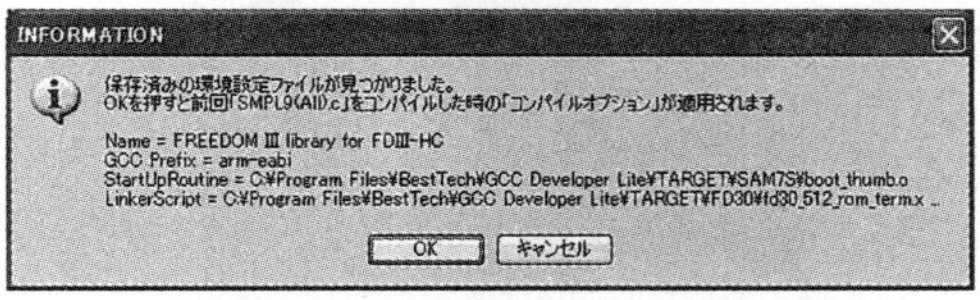

图4.6 第二次及之后打开文件时出现的提示窗口

■ 编 译

首先设定编译的相关信息。在“工具（T）”菜单中点击“编译选项（O）…”，就会出现图4.7所示对话框。

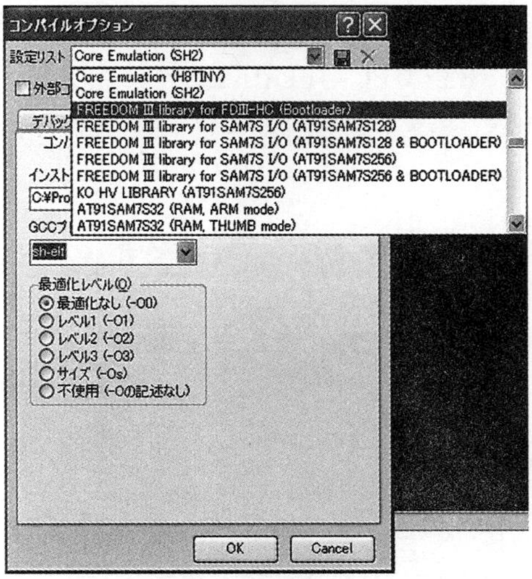

图4.7 编译选项窗口

从对话框上方的设定表中选择“FREEDOM III library for FDIII-HC（Bootloader）”。在选定后出现的对话框中按“OK”项回应。

最后，按下编译选项对话框下方的“OK”键，确定选择。现在，读入的设定表就显示在GCC Developer Lite的状态条里（图4.8）。

图4.8 状态条

完成编译准备后，从“编译（C）”菜单按下“执行Build（B）”或者按[F9]键，执行编译。“编译中”的提示消失后，窗口下面的编译器动作标志出现“成功”提示时，表示程序编译成功。接着启动SIMPLE TERM（图4.9）。

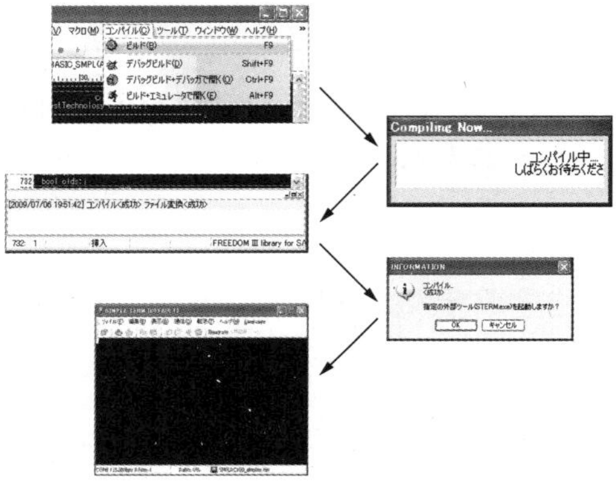

图4.9 编译执行

■ 程序传递

程序传递通过SIMPLE TERM进行。SIMPLE TERM的详细设定是在从“文件（F）”菜单点击“属性Property（P）”后出现的对话框中完成。当前设定已被显示，在“Connect to”下拉菜单中已指定了用于与FDIII-HC通信的COM端口。

FREEDOM jr.III通过USB线将PC与FDIII-HC连接起来，并且添加了“AT91 USB to Serial Converter”虚拟的COM端口（图4.10），以后就经常使用这个端口。

其他设定如表4.2所示。

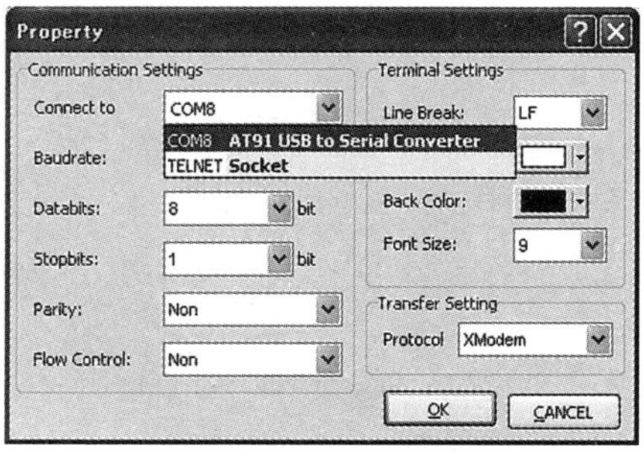

图4.10 SIMPLE TERM属性表

表4.2 SIMPLE TERM的设定

波特率	任意
数据位	8 bit
停止位	1 bit
奇偶性	无
流量控制	无
协议	调制解调器

设定SIMPLE TERM后，从“通信（C）”菜单点击“端口打开（C）”。关闭COM端口时点击“端口关闭（D）”。以后从PC操作FDIII-HC就使用SIMPLE TERM。

正确连接后，SIMPLE TERM中会出现图4.11所示提示，该状态称为启动命令模式，该模式下，可以将程序传送到微处理器基板上的Flash ROM中，或者执行保存在Flash ROM上的程序。

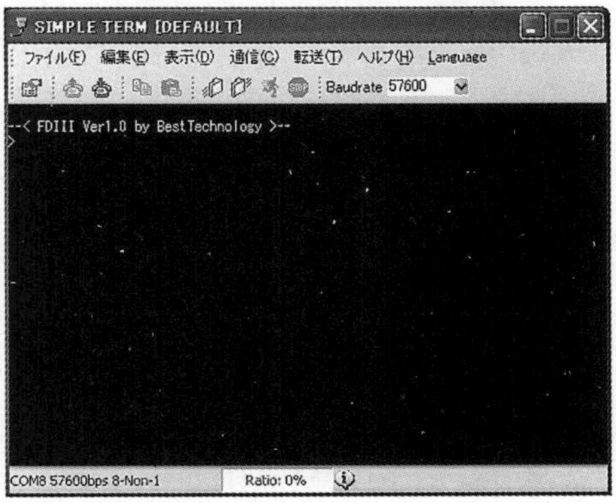

图4.11 SIMPLE TERM

点击工具条上的按钮图标或者从“传递（T）”菜单点击“脚本执行（S）”，就可以开始传递刚才编译成功的程序。下方蓝条达到100%并提示“SUCCESS”时，传递成功。

■ 示例程序概述

前面下载的示例程序大部分根据SIMPLE TERM输入的键将动作分解，在SIMPLE TERM上键入Enter键就可以显示该示例的可用命令表。

● 复 位。

复位对不同个体而言具有不同的值，其用作运动数据或步行演算结果的偏置量，是所有位置、角度的基准数据。

通过正确设定复位，更换零部件时，不必考虑不同FREEDOM jr.III的机构差异，可以共享运动数据。

● 运动执行。

运动执行部分包含问候、起身等多个运动，可以用任意键调出这些运动予以执行。有两种数据管理方法，一是在自己编写的程序中定义带有初始值的运动数据构造体然后直接执行；二是检索、执行由管理表管理的运动（保存在微型SD卡或微处理器内置Flash Rom存储器的后部）。

● 步 行。

将任意参数提供给考虑了ZMP的步行生成程序，就可以改变步行速度或者改变重心移动量。不过步行程序的修改要求较高的技能，一般情况下最好不要改动代码。

● 运动编译。

运动编译是指简单制作仅由数值构成的运动数据的示例。既有编译可执行运动的示例，也有将编制的运动保存在SD卡或Flash Rom存储器的管理表里或反之读取的示例。

编译运动的过程如下：

• 全身关节放松（转矩OFF），用手可以自由摆布机器人的关节。
• 调整至喜欢的姿势，重新给关节加力（转矩ON），保持该状态。
• 获取当前位置，记为运动的每一个姿势。
• 多次重复前三步，记住一连串的姿势。

最终，平滑地插补姿势与姿势之间的点，执行起来就形成运动。

4.1.6 驱动双足步行机器人的编程

本小节通过简单介绍示例程序，说明FREEDOM库的构成。

■ 基本示例程序

编写FREEDOM jr.III的程序时，要做好若干项准备工作。这里以直立的程序为例，介绍事先需要准备的数据、FREEDOM库的读入以及各项初始化工作。

① 程序1——直立。从上往下讲解程序。

```
#include  <fd.h>
```

在FREEDOM库中，有事先定义好的对FREEDOM.jr.III编程有用的函数。读入这些函数所在的头文件fd.h。

```
#include  “share/Humanoid16Axis.h”
#include  “share/HumanoidServoParam.c”
```

读入示例程序share所在文件夹里的Humanoid16Axis.h和HumanoidServoParam.c文件中所记录的仿人型机器人运动数据的构造、Dynamixel参数等。

```
const THumanoid Homeposition = {
  Servos: {
    RightLeg:{511, 513, 718, 617, 514,},
    LeftLeg:{520, 515, 300, 410, 510,},
    RightArm:{512, 247, 464,},
    LeftArm:{512, 761, 570,},
  },
};
```

以上是复位数据。RightLeg、LeftLeg、RightArm、LeftArm各项中的511、513等值代表Dynamixel的Position值。

```
const THumanoidMotion GotoHome[] = {
  {Servos: {
    RightLeg:{0, 0, 0, 0, 0,},
    LeftLeg:{0, 0, 0, 0, 0,},
    RightArm:{0, 0, 0,},
    LeftArm:{0, 0, 0,},
    },
    Adj:ADJ_SACC_SDECEL, Div:2000,
  },
};
```

以上是移动到复位的运动数据。运动的数据用与复位的相对角度来表示。因为是移动回复位的运动，所以，与复位的差为0°，轴的值均为0。详细内容后述。

```
TApplyPart WholeBody_1 = {
  Priority:  1,
  PartNum: 16,
  part:{
&((THumanoid*) 0) ->Servos.RightLeg[0],
                    :
                    :
&((THumanoid*) 0) ->Servos.LeftArm[2]
  }
};
```

TApplyPart是决定在哪个部位执行运动的构造体。这里明确了对全身设定运动的构造体。详细内容后述。

```
void main (void) {
```

从这里进入主函数，程序的处理也从这里开始。

```
fd_Init (0, BT_CONSOLE, FD_BEEP_MMI | FD_BEEP_PACKETERR | FD_BEEP_
LOWVOLTAGE | FD_BEEP_BOOTUP, _MONITOR_VOLTAGE);
```

fd_Init是使用FREDOM库的初始化函数。

• 第1个变量是通信速度。使用安装机器人在胸部的显示器时，记作115200。与USB、蓝牙的通信速度无关。

• 第2个变量是蓝牙的通信方式。可以选择BT_DISABLE（不使用蓝牙）、BT_CONSOLE（与PC通信）、BT_RC100（与遥控器RC-100通信）、BT_SIXAXIS（与Playstation3的控制器通信）。

• 第3个变量用于设定鸣响控制报警器的事件。事件按位分配，用OR的形式指定下列宏函数。

FD_BEEP_BOOTUP：启动时。

FD_BEEP_LOWVOLTAGE：检测到低电压时。

FD_BEEP_PACKETERR：Dynamixel通信出错时。

FD_BEEP_MMI：DIP和按钮开关操作时。

· 第4个变量是通知电源电压低的警告检测电压（V）。

```
fd_SetServoParameter (ConvToPPose (&Homeposition), SVParam, fd_
SVSize(SVParam));
```

fd_SetServoParameter是Dynamixel参数的初始化函数。

· 第1个变量是指定复位的TPose构造体的地址。

· 第2个变量是伺服参数的地址。伺服参数记录在最初嵌入的HumanoidServoParam.c文件中。

· 第3个参变量是伺服参数的数组个数。

```
fd_SetMotion (ConvToPPose (GotoHome), 1, fd_MSize(GotoHome), 100,
&WholeBody_1);
```

fd_SetMotion是启动运动执行的函数，这里是要执行移动到复位的运动。详细内容后述。

如上所述，编写FREEDOM jr.III的程序时，要定义嵌入文件、复位、运动数据、运动部位，在主函数中实现FREEDOM库的初始化和伺服参数的初始化。复位和运动数据也可以从SD卡读入。

■ FREEDOM库的运动执行

FREEDOM jr.III要用到的从与单个伺服电机实现通信的低级函数到应用加减速插补执行运动的函数，都已存在FREEDOM库中。但是，在没有这样的库的环境里，可能首先需要开发与FREEDOM库相当的东西。与单个伺服电机通信的程序在很多地方都有介绍，这里，以这些程序作为参考，通过介绍FREEDOM库运动执行的构成，说明如何利用程序来开发执行加减速插补运动的库的方法。

下面介绍FREEDOM库的源程序，当将GCC Developer Lite嵌入到初始状态时，源程序存放在C:￥Program Files￥BestTech￥GCC Developer Lite￥TARGET￥FD30里，请适当参照。

■ 运动的数据结构

首先了解运动的数据结构。FREEDOM库使用的运动数据结构记录在fd.h头文件中。

```
typedef struct {
  short    Servo[FD_MAX_SERVO_NUM];
  TMotionAdj Adj;
```

```
  int  Div;
} TPose;
```

运动是在多个姿势之间连续变换的一连串动作，而这个TPose结构体表示1个姿势，将多个TPose排列起来就得到1个运动。

short Servo[FD_MAX_SERVO_NUM]用于保存各Dynamixel的角度信息。数组的元素数目FD_MAX_SERVO_NUM = 60，意味着FREEDOM库最多可以处理60个Dynamixel。Servo中各元素的值为与复位的相对角度（图4.12）。这是为了在更换伺服电机导致产生机构偏差时，只需修改复位，就可以直接利用运动数据。角度的单位是度（degree）的10倍，通过变换Dynamixel的Position值（0~1023）求得。但是，只有复位的数据，才可以直接利用Dynamixel的Position值求得。

数组中的哪个元素对应哪个ID的Dynamixel，由TSVParameter结构体决定。用户需要在利用程序开始运动之前，用FD_SetServoParameter函数进行设定。

TMotionAdj Adj是运动的插补方式。FREEDOM库可以执行缓慢启动、逐渐加速、接近目的地时重新放缓的流畅运动，而不是以一定的速度动作、接近目的地时立刻停止这样很像机器人的动作。

```
typedef enum {ADJ_SACC_SDECEL, ADJ_SACC, ADJ_SDECEL, ADJ_CONST}
TMotionAdj;
```

插补方式包括：

• ADJ_SACC_SDECEL：S形加减速。

• ADJ_SACC：S形加速。

• ADJ_SDECEL：S形减速。

• ADJ_CONST：等速。

int Div（图4.13）是机器人移动到Servo指定角度的时间。如果Div=1000，从前一姿势到当前姿势的时间是1s。如果Div=2000，移动时间是2s；如果Div=500，移动时间是0.5s（图4.13）。准确地说，Div表示是将姿势与姿势之间分成（Divide）多少段。最小单

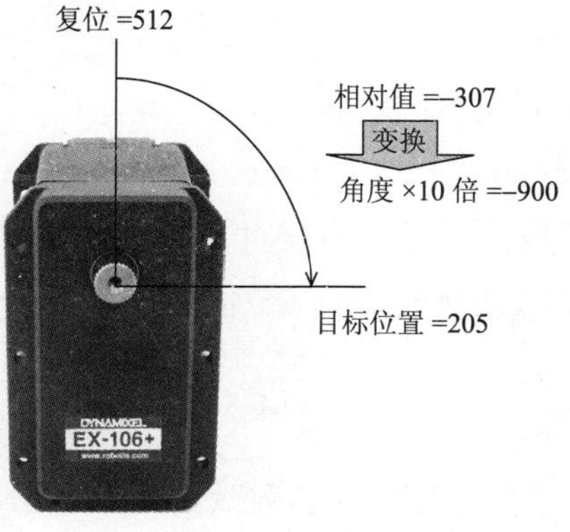

图4.12 相对角度

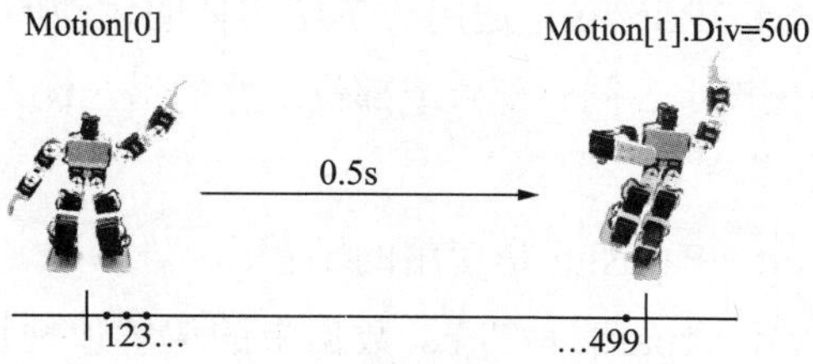

图4.13 Div

位为1ms，所以，Div=1000即为1s。与电视连续放映静止画面一样，细分运动里姿势和姿势之间的间隔，一格一格动起来的话，就能执行运动了。

读者开发自己用到的库时，用到的运动数据首先从给数组代入Dynamixel的Position值减去复位值的结果开始，根据需要再将值变换成角度或者组成结构体添加到附加信息即可。

■ 运动的适用部位

FREEDOM库可以将运动适用于任何部位（图4.14）。

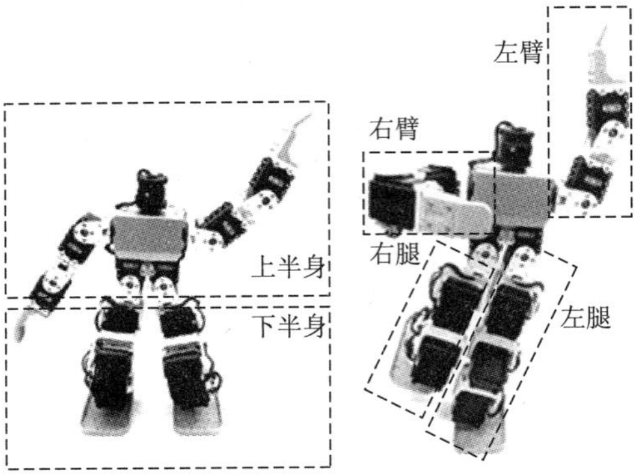

图4.14 运动适用部位

例如，可以执行上半身摇手下半身屈伸或者左右手左右脚各自运动等命令。决定运动执行部位的是结构体TApplyPart。

```
typedef struct {
  int            NowPose,
                 PoseNum,
                 MotionIntDiv,
                 MotionDiv;
  TPartUser      User;
  TPose         Motion[FD_MAX_POSE_NUM+1];
  volatile  bool MotionPlaying;

  short          Priority;
  short          PartNum;
  short          *part[];
} TApplyPart;
```

short　Priority是适用于本结构体的运动的优先度。用不同的TApplyPart执行多个运动时，如果设定了同一部位或部位重叠的话，优先执行使用优先度高（数值小）的TApplyPart的运动。

short　PartNum是使用的轴数。

short　*part[]是TPose数据中的偏置值地址。这里将指定的轴数赋给PartNum。记录方法请参照示例源程序。

执行运动时，需要事先设定上述三项要素的结构体并将其作为fd_SetMotion函数的参变量。

当执行适用于本结构体的运动时bool MotionPlaying为true，停止或不用时为false。运动执行中设为false时，中止运动的执行。

其他项目是执行运动的函数内部适用的变量，用户无需使用。

未来人们必须能够控制拥有更多轴数或机构的机器人，而且在完成多个操作处理时，机器人的每个部位可能要执行完全不同的运动。为此，机器人系统需要具备让运动适用于机器人任意部位的功能。

① 运动执行的相关函数。fd_PlayMotion.c文件里有用于运动执行的函数fd_SetMotion和fd_PlayMotion。

fd_SetMotion是用户定义开始执行运动的函数。打开fd_PlayMotion.c，了解一下fd_SetMotion函数的内容。初始化作为变量传递来的ApplyPart的各个要素，获取FREEDOM jr.III的当前姿势（Dynamixel的Position值），将其作为运动的第1个姿势代入ApplyPart.Motion[0]。然后再将作为变量传递来的运动数据变换为Dynamixel的Position值，依次代入ApplyPart.Motion[1]以后的要素。将ApplyPart.MotionPlaying设为true，再将ApplyPart.User设为TSK_MOTION。接着将作为运动开始时刻的计时器DX_ElapsedTime的值代入ApplyPart.MotionIntDiv（图4.15）。DX_ElapsedTime是微处理器的计时器的值，可以知道运动经历的正确时间。完成fd_SetMotion函数处理后，运动开始执行。

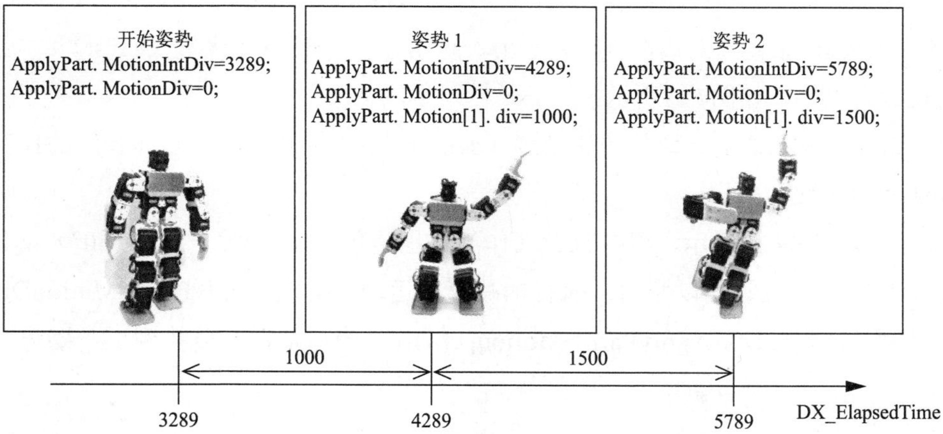

图4.15 计时器与运动执行时间

fd_PlayMotion是返回发往各Dynamixel的Position值的函数，与用户自己编写的程序不同，它是在根据时间分割定期调用的FD_InterruptFunc函数中被调用。FD_InterruptFunc函数在fd_OutputData.c文件里，在程序执行处理过fd_Init函数后，即使用户意识不到，也一定会在一定周期被调用。

fd_PlayMotion函数是将在fd_SetMotion函数中为执行运动而设定的ApplyPart作为变

量进行传递，然后调用返回插补过的Dynamixel的Position值的函数，再将返回的值返回给FD_InterruptFunc。接着，基于运动开始时刻ApplyPart.MotionIntDiv和当前时刻DX_ElapsedTime，算出当前执行运动的经过时间并代入ApplyPart.MotionDiv（图4.16）。

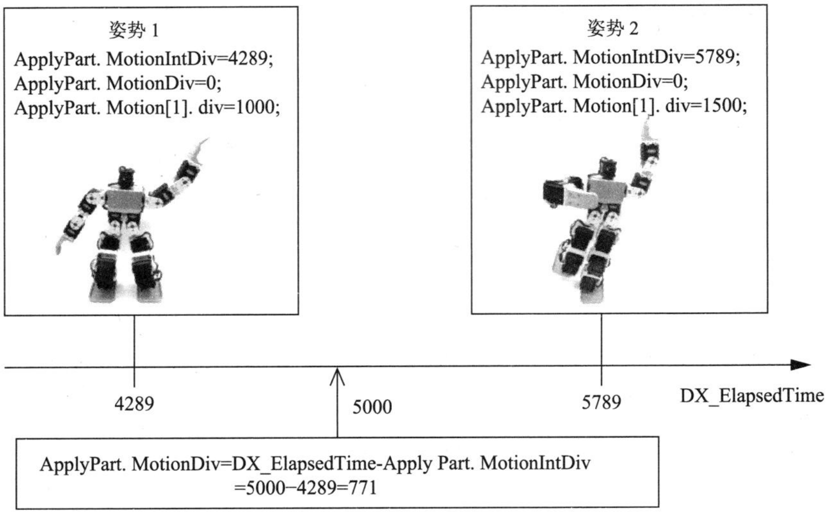

图4.16 运动经过时间

② 插补值计算。运动插补计算函数FD_ExtraMove1~4包含在fd_OutputData.c文件里。下面是计算加减速插补的FD_ExtraMove1函数的内容：

```
st + (en - st) * FD_sline_cos ((di2 * 540 / interval2) % 1080) / 1000;
```

该部分对1轴进行插补计算。st是起点处Dynamixel的Position值，en是目的地Dynamixel的Position值。上式也可以表示为，初始位置（st）+变化量（en−st）×（当前位置与变化量之比），如图4.17所示。

FD_sline_cos函数是给变量传递角度（degree）的3倍值时，返回其余弦的1000倍值（1~1000）的函数。

余弦曲线如图4.18所示，将0~180°（作为变量是角度值的3倍，即0~540°）部分作为对应变化量的当前位置加以利用，执行加减速的运动。di2是ApplyPart->MotionDiv，表示当前时刻。interval2是ApplyPart->Motion[x].Div，表示从前一姿势到下一姿势所需的

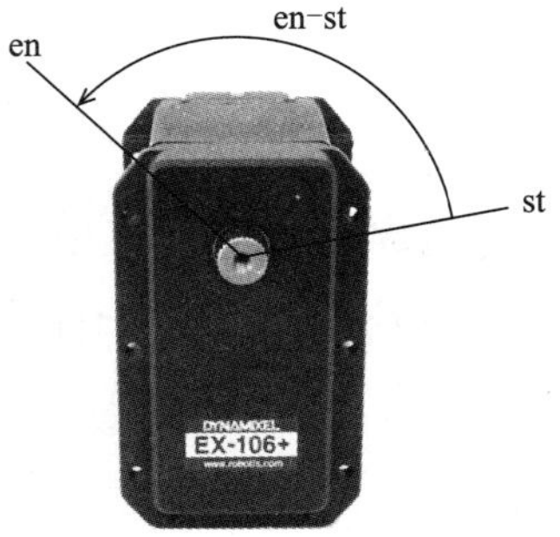

图4.17 变化量

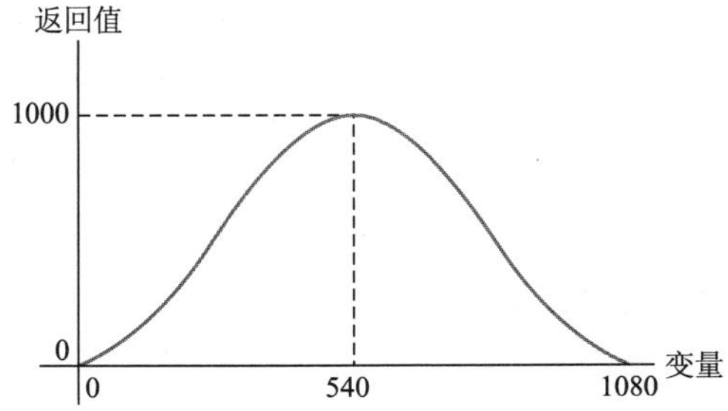

图4.18 余弦曲线

时间。也就是说，di2/interval2是当前时刻与耗费时间之比，乘以540，变换为角度的3倍值。%1080用来屏蔽360°以上的部分。FD_sline_cos求取的值是1000倍值，所以除以1000便可以求得当前位置与由余弦曲线算出的变化量之比。

FREEDOM库并没有使用C语言标准库中的cos函数。因为，这个cos函数存在计算耗时、处理缓慢、计时中断函数溢出等问题，请参照fd_SindegTable.c文件。FD_SindegTable数组事先被赋予余弦值，根据需要只需参照这些值而不进行计算。在像搭载在机器人上的微处理器这样处理速度受限的环境下，有必要花工夫降低计算量。

③ 运动执行流程。这里介绍运动执行之前的处理流程。

- 准备运动数据TPose Motion_A[]，以及运动适用部位TApplyPart的ApplyPart。
- 调用fd_SetMotion函数，传递变量Motion_A和ApplyPart。
- 在fd_SetMotion内初始化ApplyPart的各元素，将当前姿势和Motion_A变换为Dynamixel的位置值，再将其代入运动缓冲器，设为TSK_MOTION。
- 在计时中断函数内检查ApplyPart，设为TSK_MOTION的话，调出fd_PlayMotion。
- 计算在fd_PlayMotion内插补过的Dynamixel的Position值，传递给计时中断函数。
- 在计时中断函数内，对各个轴，从多个ApplyPart取出优先度高的数据，向各Dynamixel发送GoalPosition。

上述处理中，使用FREEDOM库的用户能够意识到的只有第一点和第二点，其他处理由FREEDOM库自动完成。

■ 运动执行示例

下面简单解释一下先前下载的运动执行示例程序SMPL1(PlayMotion).c。不过，只限于摘选、修改的一部分程序。

① 程序2——运动执行。自上而下按顺序介绍上面提到的程序，已经介绍过的部分予以省略。

```
const THumanoidMotion GotoHome[] = {
        :
const THumanoidMotion Bow[] = {
        :
const THumanoidMotion Wave[] = {
        :
```

这里，记录了GotoHome、Bow、Wave三个运动数据。

```
TApplyPart WholeBody_15 = {
  Priority:   15,
  PartNum:    16,
  Part:{
        :
```

覆盖全身的运动适用部位。Priority表示优先度，PartNum表示拥有的Dynamixel的个数，这里因为是全身，所以取值为16。

```
TApplyPart OnlyRightArm = {
  Priority:  10,
  PartNum:   3,
  Part:{
    &((THumanoid*)0)->Servos.
RightArm[0],
    &((THumanoid*)0)->Servos.
RightArm[1],
    &((THumanoid*)0)->Servos.
RightArm[2],
 }
};
```

只是右臂的运动适用部位。优先度为10，因为只是右臂，所以PartNum取值为3。

```
fd_putc(c = fd_getc ());
```

fd_getc()是获取从SIMPLE TERM来的通过键盘输入的1个文字内容的函数。fd_putc()是向SIMPLE TERM发出1个文字内容的函数。获取在SIMPLE TERM上输入的1个文字，代入变量*c*，再显示到SIMPLE TERM里。在下一行的switch语句中，利用该变量*c*的值，实现分支处理。也就是说，根据在SIMPLE TERM上输入的文字完成不同的处理。

```
switch (c) {
  case '1' :  //直立
    fd_SetMotion (ConvToPPose(GotoHome), 1, fd_MSize(GotoHome), 100,
    &WholeBody_15);
    break;
```

fd_SetMotion是开始执行运动的函数。

• 第1个变量是执行运动数据的地址。

• 第2个变量是设定从运动的第几个姿势开始执行，取值从1到构成该运动数据的姿势的个数。

• 第3个变量是设定运动执行到第几个姿势为止，取值从1到构成该运动数据的姿势的个数。

• 第4个变量是用%指定运动执行的速度，Speed=100时以运动数据设定的时间完成运动执行，而Speed=50时运动执行时间为设定值的一半（Div=1000的话为0.5s），Speed=200时运动执行时间为设定值的两倍（Div=1000的话为2s）。

• 第5个变量是指定运动适用部位的TApplyPart结构体的地址。

赋给变量*c*的文字，也就是键盘输入为1时，WholeBody_15（全身）执行GotoHome（直立姿势的运动）。

```
case '2':            //鞠躬
  fd_SetMotion (ConvToPPose(Bow), 1, fd_MSize(Bow), 100, &WholeBody_15);
  break;
```

键盘输入为2时，WholeBody_15（全身）执行Bow（鞠躬运动）。

```
case '3':            //招手
  fd_SetMotion (ConvToPPose(Wave), 1, fd_MSize(Wave), 100, &OnlyArm);
  break;
```

键盘输入为3时，仅OnlyArm（右手）执行Wave（招手运动）。

```
case 0x1b:  //程序结束
  fd_SoftReset ();
  break;
```

0x1b代表键盘上的ESC键，fd_SoftReset是转向重启加载的函数。也就是，按下ESC键，转向重启加载。

这里介绍运动适用部位处设定的优先度。当存在多个运动适用部位时，优先度更高（数值小）的部位优先执行。上面的示例程序中，有Priority=15的全身和Priority=10的右手这两个运动适用部位。从SIMPLE TERM输入2时，开始鞠躬；马上输入3的话，就执行边鞠躬边挥动右臂的运动。相反，输入3，开始招手后，输入2进行鞠躬的话，右臂继续挥动，而右臂以外部分鞠躬。

如上所述，利用FREEDOM库可以执行任意特定部位的运动，也可以赋予优先度，让其他部位同时执行多个运动。

■ FREEDOM jr.III的步行程序

FREEDOM jr.III基于逆运动学（IK）的步行程序并不是作为FREEDOM库而是作为示例程序的一部分提供的。FREEDOM库并不仅仅以仿人型机器人为对象，用于仿人型机器人的步行程序可以作为插入（plug-in）函数加在后面。

虽说是步行程序，在FREEDOM库内部处理时，与运动执行几乎没有不同。请参看前面下载的示例程序中的share文件夹里的HumanoidWalk.c文件。Walk函数就是运动执行处的fd_PlayMotion，在计时中断函数中被调用，返回Dynamixel的Position值。

这里，不对逆运动学计算作介绍。如果读者自行编制步行程序，将计算由运动执行程序插补的Dynamixel的Position值的地方，换成逆运动学计算即可。当然，如果需要三角函数计算的话，可以采用在“插补值计算”介绍过的简单方法。

■ 步行示例的说明

请参看先前下载的SMPL(Walk).c程序。

```
#include“share//Humanoid Walk.c”
读入记有步行函数的文件Humanoidwalk.c
TWalkParam WalkParam = {
  LegDim : {
        //腿杆长度的初始值 [mm * 10]
    R:{{{327, 74,    0}, //Pivot->ID1
        { 0,-80,-530}, //ID1->ID2
        { 0,  0,-680}, //ID2->ID3
        { 0,  0,-508}, //ID3->ID4
        { 0,  0,-145}, //ID4->ID5
        { 0,  0, -26}}}, //ID5->ID6
    L:{{{327,-74,    0}, //Pivot->ID7
        { 0, 80,-530}, //ID7->ID8
        { 0,  0,-680}, //ID8->ID9
        { 0,  0,-508}, //ID9->ID10
        { 0,  0,-145}, //ID10->ID11
        { 0,  0, -26}}} //ID11->ID12
    },
    GravityPointHight:2000,
   //重心位置 [mm * 10]
    SideWidth:400,
   //姿势 [mm * 10]
    Gravity:98067,
   //加速度 [mm/ss*10]
    RLSide:LegR,
   //迈腿

    ws       :0, //步幅 [mm]
    wh       :100,//下腰量[mm]
    lf       :90, //抬腿量[mm]
    pf       :0,  //下脚量[mm]
    kf       :0,  //抬腿保持量[mm]
    rs       :0, //右侧行步幅
    ls       :0,  //左侧行步幅
    ta       :0,  //旋转角度[deg]
    speed    :10, //步行速度
    decal    :50, //减速停止时的减速量
  (只是decel的值，每半个周期减去ws、ta、wh的ls、rs取decel的半值)
```

```
    cmd  :CMD_STOP_WALK,//命令
};
```

程序中的步行参数是作为Walk函数的变量被传递的。改变该参数，就可以调整步行的前后左右步幅、腰的高度、抬腿量、步行速度、减速停止时的减速量等。有旋转轴时，也可以调整旋转角度。腿的各轴坐标、重心位置也可以设定，所以，该程序适用于不同大小的机器人。

```
TApplyPart WalkPart = {
  Priority:  5,
  PartNum:  10,
  part : {
    &((THumanoid*)0)->Servos.RightLeg[0],
    &((THumanoid*)0)->Servos.RightLeg[1],
    &((THumanoid*)0)->Servos.RightLeg[2],
    &((THumanoid*)0)->Servos.RightLeg[3],
    &((THumanoid*)0)->Servos.RightLeg[4],
    &((THumanoid*)0)->Servos.LeftLeg[0],
    &((THumanoid*)0)->Servos.LeftLeg[1],
    &((THumanoid*)0)->Servos.LeftLeg[2],
    &((THumanoid*)0)->Servos.LeftLeg[3],
    &((THumanoid*)0)->Servos.LeftLeg[4],
  }
};
```

将腿部作为传递给执行步行程序的函数的适用部位。

```
void walkcmd (char c) {
  if (WalkPart.MotionPlaying) {
    switch ( c ) {
      case  'w' :
         WalkParam.ws +=50;
         if (WalkParam.ws > 500) WalkParam.ws = 500;
         else if (WalkParam.ws < -300) WalkParam.ws = -300;
         break;
      case  'x' :
        :
        :
  }
}
```

以上是根据SIMPLE TERM的键盘输入，改变步行参数的子程序。输入w，WalkParam.ws就加50，也就是向前的步幅增加5mm。

```
case ‘z’:
  WalkParam.cmd = CMD_DECEL_WALK;
  WalkParam.decel = 40 * WalkParam.speed / 10;
  break;
```

将CMD_DECEL_WALK代入步行参数WalkParam.cmd，实现减速停止。WalkParam.decel为减速量。

```
case ‘c’:
  WalkParam.ws = 0;
  WalkParam.ls = 0;
  WalkParam.rs = 0;
  WalkParam.cmd = CMD_STOP_WALK;
  break;
```

将CMD_STOP_WALK代入步行参数WalkParam.cmd，即刻停止。

```
fd_AddPlugin ((TFDPluginFunc)Walk, 0, &WalkPart, &WalkParam);
```

fd_AddPlugin是登记插件的函数。步行函数Walk需要作为插件进行登记。作为插件登记的函数在计时中断函数内定期调用。

- 第1个变量是插件函数。在此处传递Walk函数，Walk函数写在HumanoidWalk.c文件内。
- 第2个变量是任务的等待次数。0代表无等待。
- 第3个变量是插件函数使用的定义部位的TApplyPart结构体的地址。
- 第4个变量是传递给插件函数的参数地址。这里传递步行参数。

```
switch ( c ) {
  case ‘1’:
    if (WalkParam.stat = =STAT_NO_WALK && !WholeBody_1.MotionPlaying) {
              fd_printf(“¥n Start to walk”);
              WalkParam.ws = 0;
              WalkParam.rs = 0;
              WalkParam.ls = 0;
              WalkParam.wh = 100;
              WalkParam.cmd = CMD_START_WALK;
        }
        break;
```

SIMPLE TERM的键盘输入为1的话，开始步行。初始化各参数，将CMD_START_WALK代入步行参数WalkParam.cmd，机器人就开始步行。

```
if (WalkParam.stat != STAT_NO_WALK) walkcmd ( c );
```

while循环内，调用walkcmd，在walkcmd内根据键盘输入更改步行参数。

■ 无PC的示例程序

本示例程序包含适用于运动编译与保存、步行参数调整、复位调整、Dynamixel的通信与出错确认、相关控制等一系列功能，只需利用无线遥控器的菜单操作就能实现，可从下面地址下载。

【示例程序】http://www.besttechnology.co.jp/modules/knowledge/?FREEDOM%20jr.III%20Sample%20Code

该程序也适合FREEDOM jr.III胸前安装的液晶显示器的显示（图4.19）。与液晶显示器组合使用，没有PC，也能完成FREEDOM jr.III的调整、控制。由此判断，参赛者以后带到ROBO-ONE大赛会场的物品应该会减少。

图4.19 液晶显示

4.1.7 结 语

正如本节所介绍的，如果有能够利用FREEDOM库的环境的话，因为驱动FREEDOM jr.III的函数、示例程序是现成的，即使没有微处理器、伺服电机的深奥知识，只要掌握C语言知识就能参加ROBO-ONE机器人竞技大赛。

而从头开始自行开发库的各位应该为未来着想，不仅考虑手持机器人用的库，还要考虑通用性和扩展性。一旦成功开发了库，以后的编码将其乐无穷。

参考文献

[1] 株式会社ベストテクノロジー：http://www.besttechnology.co.jp/index.php

[2] FREEDOM jr.III：http://www.besttechnology.co.jp/modules/knowledge/?BTH050%2FBTH051%20FREEDOM% 20Jr.III%20Basic%2FComplete%20Kit

4.2 机器人的控制程序

4.2.1 引 言

人类生活的环境并不全是平坦的场所。所以，为了实现机器人与人类共处，机器人必须能够应对各种外部干扰。这就使得根据感知实现控制变得很重要，也是机器人产业今后必须努力发展的领域。

4.2.2 陀螺仪传感器

利用陀螺仪传感器（角速度传感器）进行控制的双足步行机器人有很多。这里介

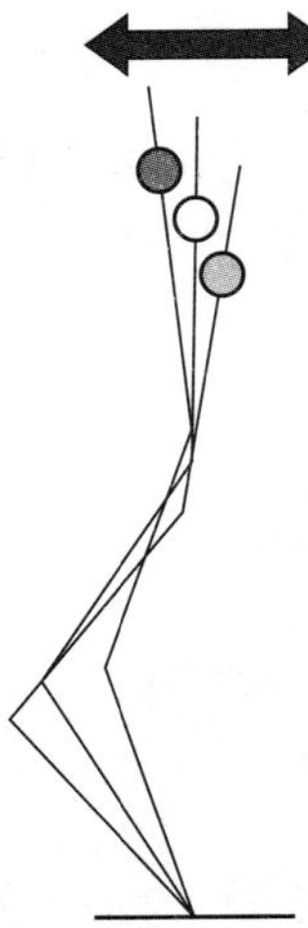

图4.20 基于陀螺仪传感器的控制

绍利用角速度进行控制的方法。角速度的单位是径向角/秒。陀螺仪传感器检测机器人倒下的角速度并加以控制。

陀螺仪传感器对输出进行积分从而判断机器人的倾斜程度，也可以用作倾斜角角传感器。不过，温度漂移、积分误差等因素也会累积，需要考虑相应对策。

假定在图4.20中的圆圈处装有陀螺仪传感器。朝向前方向产生角速度的话，就朝下蹲方向控制各关节伺服电机。因为是向前倒，所以，应该控制重心向后移动，减小角速度。如果只控制踝关节的电机，因为发散的缘故，不会得到较大的控制量。只要充分考虑陀螺仪传感器的安装位置，就能确保较好的稳定性。

使用2.2.7节介绍的陀螺仪传感器。算法如下：

① 机器人处于直立状态时校正陀螺。

② 判断机器人的脚是否着地。

③ 只在脚着地时进行。

④ 设置陀螺仪传感器输入（前后值）=GyX。

⑤ 给各关节角度计算值加上$a \times GyX$，这里的a是调整角度值的系数。

⑥ 每次计算关节，重复上述步骤。

⑦ 直至机器人的脚离开地面为止，重复上述步骤。

机器人的振动可能会损坏伺服电机，所以，应减小控制量。在外来的干扰条件下求取系数a的最优值。

下面以下列器件为前提进行编程说明。程序借用前节下载的示例程序。

① 机体：FREEDOM jr.III RX-28版本。

② 控制器：FDIII-HC。

③ 伺服电机：Dynamixel RX-28×16个。

④ 传感器单元（头部）：Dynamixel AX-S1。

⑤ 自由度：16轴（腿部：10；腕部：6）。

⑥ 传感器：[AX-S1]红外线反射传感器-声音传感器，[RX-28]位置检测-转矩检测-电压监视器，[FDIII-HC]3轴加速度-电压监视器。

⑦ 电源：AC适配器12V，5A·h；锂聚合物电池14.8V，1300mA·h。

⑧ 开发环境：GCC Developer Lite。

⑨ 开发语言：C语言。

FREEDOM jr.III RX-28版本是将FREEDOM jr.III的所有伺服电机升级为维持更高转矩的RX-28（图4.21），可以实现更高级别的动作。

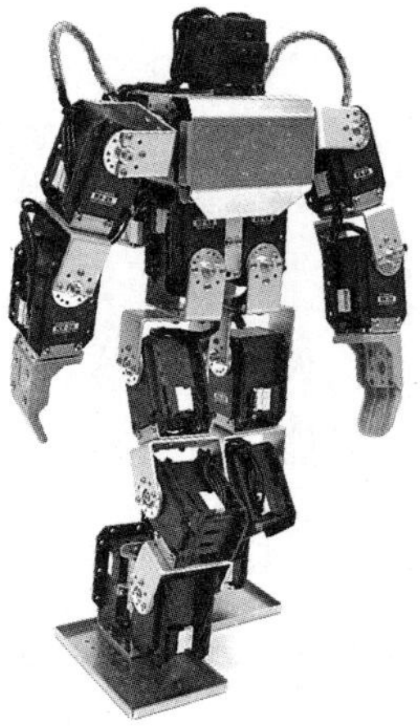

图4.21 FREEDOM jr.III RX-28版本

示例程序中share文件夹中的HumanoidWalk.c文件记录着_Walk函数，该函数计算发送给步行Dynamixel的Goal Position值。_Walk函数最后给算出的Position值再加上陀螺仪修正值。

【程序1 陀螺仪控制】

```
void _Walk (TServos *m) {
        :
        :
  m->Servo[1] += (a × GyX);
  m->Servo[6] -= (a × GyX);
  m->Servo[3] += (a × GyX);
  m->Servo[8] -= (a × GyX);
}
```

4.2.3 脚底传感器的使用方法

利用脚底传感器可以检测机器人脚的着地、腿部负载以及求出脚板的ZMP。一般采用压力传感器或力传感器。

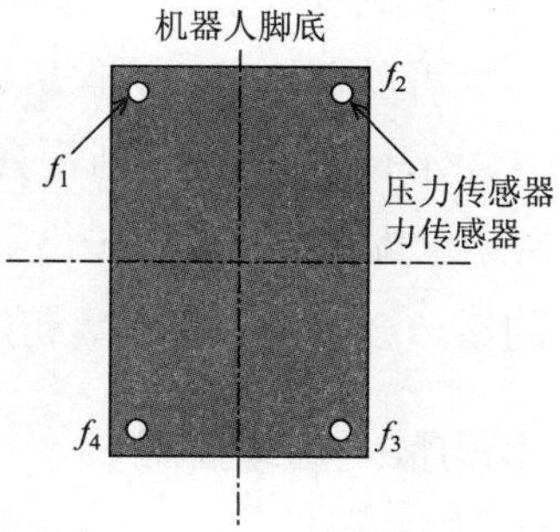

图4.22 脚底传感器的布置

■ 脚底传感器的感知

图4.22所示是在机器人脚底的4个地方安装力传感器。从4个传感器可以得到以下信息。

■ 检测脚的着地

不管哪个传感器受力，都可以判断机器人脚底已经接触地面。作为条件，下式成立：

$$f_1>f_{\min} \text{或} f_2>f_{\min} \text{或} f_3>f_{\min} \text{或} f_4>f_{\min}$$

■ 检测负载

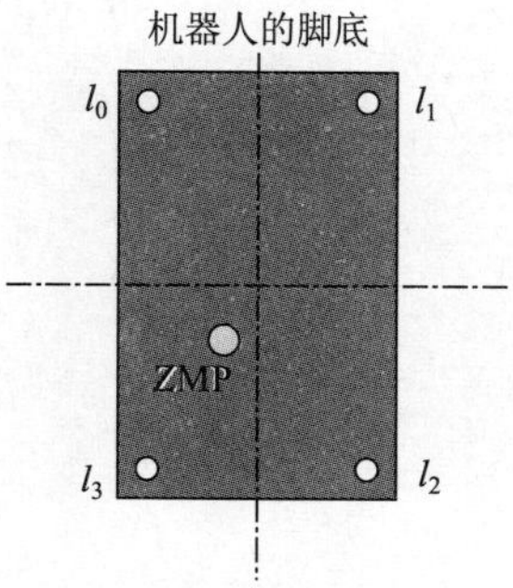

图4.23 脚板的ZMP

腿上的负载由各个力传感器的和求得：

$$f_1+f_2+f_3+f_4$$

■ 检测ZMP

ZMP（零矩点，图4.23）按下式计算，前提条件是所有的力传感器都接地。如果有一个传感器没有接地的话，ZMP就不在脚板上。

$$(f_1+f_2)-(f_3+f_4) \propto \text{ZMP}_x$$

$$(f_1+f_4)-(f_2+f_3) \propto \text{ZMP}_y$$

从上述数据判断，如果有3点接地的话，脚就着地。利用前后数据的均值进行前后控制，利用左右数据的均值进行左右控制。若两点以下接地的话，就会产生倒下的趋势。

这时可根据以前的状态判断倒向，然后，将上身向反方向倾倒从而控制姿势。

■ 着地补偿增强稳定性

机器人步行时，其自由腿着地前，迈向下一步时，在空中形成踢腿动作。此时，别说前进，恐怕还有跌倒的危险。通过判断自由腿是否着地，可以保证机器人步行的稳定性。

控制算法如下：

① 脚底传感器的初始化与校正。

② 确认抬腿。

③ 脚着地前实施补偿控制，从一步的2/3处开始。

④ 感知脚着地。

⑤ 如果检测到脚着地，就认为完成一步。

⑥ 虽然从顺序上说算法已经结束，但是只要机器人的脚没有着地，就要按照1/3步的时间等待至脚着地。

⑦ 确定不会再有脚着地的情况下结束。

可以调整速度确保机器人步行的稳定性。

示例程序中，利用HumanoidWalk.c文件中Walk函数的switch语句case STAT_WALKING，实现各步出腿的交替和参数初始化。有一点稍微有点勉强，即自由腿未着地的话，会重复进行参数初始化，使得脚不着地就不迈出下一步。

【程序2 着地控制】

```
TServos *Walk (PApplyPart pam, TServos *m, TWalkParam *wp) {
  bool LegChange = false; //步行参数初始化
  bool RLeg_Land = false, LLeg_Land = false;
                                          //脚底接触地面（基于脚底传感器信息进行更新）
      :
      :
    case STAT_WALKING:
     if (My_WalkApplyPart->MotionDiv >= My_WalkApplyPart->MotionDiv[0].Div) {
        My_WalkApplyPart->MotionDiv = My_WalkApplyPart->MotionDiv[0].Div;
        My_WalkApplyPart->MotionDiv = 0;
        MotionDiv = 0;
        if (My_WalkParam->RLSide = = LegR) My_WalkParam->RLSide = LegL;
        else My_WalkParam->RLSide = LegR;
        LegChange = true;
     }
        if (LegChange && My_WalkParam->RLSide = = LegR) {
         if (!RLeg_Land) {
          My_WalkApplyPart->MotionDiv = My_WalkApplyPart->MotionDiv[0].Div;
```

```
        My_WalkApplyPart->MotionDiv = 0;
        MotionDiv = 0;
      } else LegChange = false;
    } else if (LegChange && My_WalkParam->RLSide = = LegL) {
      if(!LLeg_Land) {
        My_WalkApplyPart->MotionDiv = My_WalkApplyPart->MotionDiv[0].Div;
        My_WalkApplyPart->MotionDiv = 0;
        MotionDiv = 0;
      } else LegChange = false;
    }
    if (My_WalkParam->cmd = = CMD_DECEL_WALK) *ws = STAT_DECEL_WALK;
    else if (My_WalkParam->cmd = = CMD_STOP_WALK) *ws = STAT_STOP_WALK;
    _Walk(m);
    break;
    :
    :
```

■ 利用脚底传感器进行控制

关于脚底传感器有很多选择，这里使用FSR。先求取ZMP，基于ZMP实现控制。这种控制与陀螺仪控制相同。

算法如下：

① 机器人处于直立状态时，校正脚底传感器。

② 判断机器人的脚是否着地。

③ 脚着地时才进行控制。

④ 根据脚底传感器的值求ZMP。此时，前后值为ZmpX。

⑤ 给各关节角度计算值加上a×ZmpX，这里的a是调整角度值的系数。

⑥ 每次计算关节角度均重复上述步骤。

⑦ 重复上述步骤，直至机器人的脚离开地面为止。

机器人的振动可能会损坏伺服电机，所以，应减小控制量。在外来干扰条件下求取系数a的最优值。

与陀螺仪传感器的控制一样，在_Walk函数的最后部分，对算出的Position值加上补偿值。

【程序3 脚底传感器控制】

```
void _Walk (TSeRvos *m) {
      :
      :
  m->Servo[1] += (a × ZmpX);
  m->Servo[6] -= (a × ZmpX);
```

```
  m->Servo[3] += (a × ZmpX);
  m->Servo[8] -= (a × ZmpX);
}
```

4.2.4 倾斜传感器控制

利用重力加速度传感器一方面可以检测倾斜角，另一方面也可以测量微小振动。这部分内容需要读者在理解原理的基础上灵活运用。

将重力加速度传感器的值变换成角度的方法请参照2.4.5节。

过滤角度，用低通滤波器滤去振动，可用于较为缓和的控制。

算法如下：

① 校正角度。

② 计算倾斜角度。

③ 实现朝倾斜方向加大步幅等对机器人步行速度的控制。

这就是倒立摆，其作为主函数的循环或者插件函数，将倾斜传感器的值加到步行步幅上。

【程序4 倾斜传感器控制】

```
WalkParam.ws += Gx;
if (Gy > 0) WalkParam.rs += Gy;
else if (Gy < 0) WalkParam.lrs -= Gy;
```

4.2.5 轮廓控制

机器人在斜坡道路或破路步行时，需要进行轮廓控制。一边将倾斜角度调整至零，一边使着地腿的力矩为零。

算法如下：

① 校正倾斜角。

② 校正脚底传感器。

③ 着地补偿结束的同时将脚底力矩调整为零，以ZMP为中心。

④ 将重心移至着地腿，此时进行陀螺仪控制。

⑤ 重复上述步骤。

在程序3的补偿过程中，也要加上倾斜角传感器的值。

【程序5 轮廓控制】

```
void _Walk (TServos *m) {
  :
  :
  m->Servo[1] += ((a × ZmpX) + Gx);
```

```
  m->Servo[6] -= ((a × ZmpX) + Gx);
  m->Servo[3] += ((a × ZmpX) + Gx);
  m->Servo[8] -= ((a × ZmpX) + Gx);
}
```

4.2.6 超出控制范围时的处理

人在超出控制范围时，会通过迈出一大步等动作调整身体姿势，也会有即将倒下时伸出手等本能反应。

在机器人系统中引入这样的行为，就可以构建更具安全性和可靠性的系统。

在ROBO-ONE大赛中可以看到，有些机器人采取下蹲，降低重心，瞬间将ZMP移至脚底等简单快速的方法。

作为主函数的循环或者插件函数，如果某个传感器的值超过阈值，就执行平衡动作。

【程序6 平衡动作】

```
if (Sensor > Threadhold) {
  SetMotion (&Breakfall, 1, 2, 100, &ApplyPart);
```

4.2.7 小 结

本节介绍了获取传感器值，将其反映到各个关节的输出的简单程序。但是，读者实际操做一下就会明白，这些程序总是难以顺利完成。因此，需要坚持不懈地反复进行仿真和测量以获得最优控制值。

参考文献

[1] 株式会社ベストテクノロジー：http://www.besttechnology.co.jp/index.php

4.3 利用MATLAB Simulink Embedded Coder进行编程

4.3.1 引 言

机器人软件的开发大多数采用C语言。C语言不仅有表述的困难而是还有解读的困难，所以，软件资源难以被更多的人接受的情况越来越多。而汽车领域正在推进基于模型的软件开发，关于此事，在《双足步行机器人仿真设计》一书中，介绍了在MSDOS PC上进行的使用RealTime Workshop的XPC Target的开发。本书将介绍使用RealTime Workshop Embedded Coder[1]，将在Simulink上建立的模型转成C语言代码，然后在微处理器上运行的方法。

4.3.2 双足步行机器人的逆运动学

在《双足步行机器人制作指南》和《双足步行机器人仿真设计》两本书中已经介绍过双足步行机器人的逆运动学。

简单回顾一下，分别考虑左右重心移动和前后方向动作。

首先，在图4.24所示重心移动的情况下，腰部只移动Ymm时的θ由下式得到。设腿长为$2L$。

$$\theta_4 = \theta_5 = a\sin(Y/2L) \tag{4.1}$$

其次，介绍向前后方向移动腿的计算方法。前提是脚一直保持与地面平行。这时，只需求得给定脚跟坐标时的各个关节的角度。如图4.25所示，设脚跟的位置在前后方向为x和y，在上下方向为z。求取脚跟在x、z处各关节角度。这里设$L_1 = L_2$。

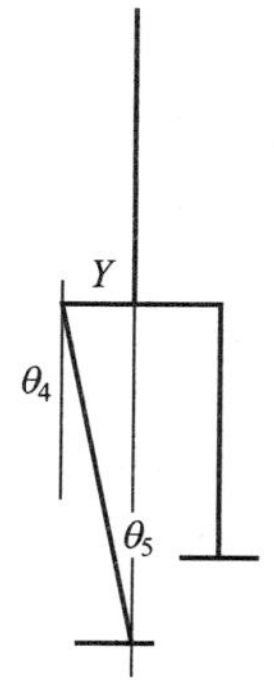

图4.24 重心移动

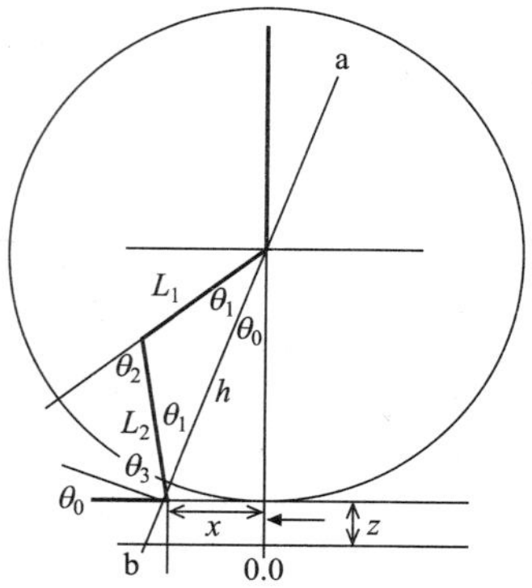

图4.25 前后移动的计算

腿在ab线上弯曲伸展，只需修正θ_0。

h的长度是：

$$h = (x_2 - (2L - z)^2)^{1/2} \tag{4.2}$$

当$L_1 = L_2$时，

$$\theta_1 = a\cos(h/2L) \tag{4.3}$$

$$\theta_0 = a\tan(x/(2L-z)) \tag{4.4}$$

设关节的角度自上而下依次为θ_a、θ_b、θ_c，则

$$\theta_a = \theta_0 + \theta_1 \tag{4.5}$$

$$\theta_b = 2\theta_1 \tag{4.6}$$

$$\theta_c = \theta_1 - \theta_0 \tag{4.7}$$

4.3.3 双足步行模式的生成

巧妙组合正弦、余弦曲线形成步行模式，就能够实现加减速，在保证机器人稳定步行的同时，减少激烈的转动变化，从而延长伺服电机的寿命。

这些内容在《双足步行机器人制作指南》和《双足步行机器人仿真设计》两本书中已经介绍过。

上述内容用MATLAB Simulink表现的话，如图4.26所示。对模型WS设定了各种调节参数。

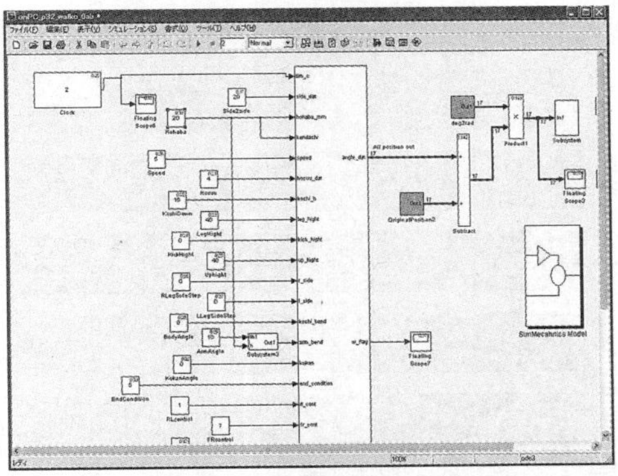

图4.26 MATLAB Simulink的表述

MATLAB Simulink的表述很简单。如果进一步使用SimMechanics的话，还可以进行机构仿真。图4.27显示了机器人步行仿真的状态，◎记号代表各部分的重心。

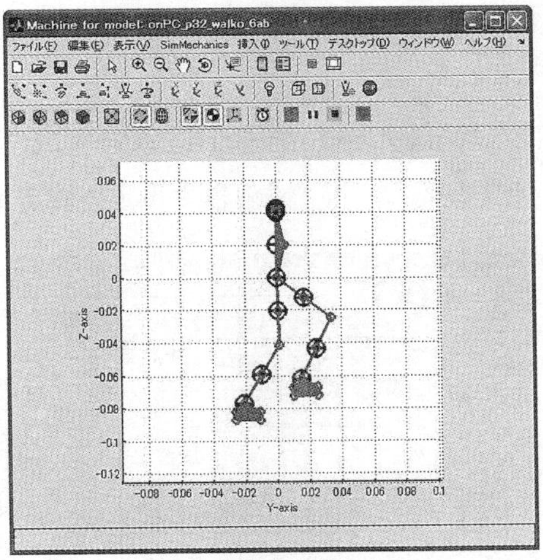

图4.27 脚的动作

图4.28用脚的坐标x、y、z显示步行模式。从上往下是右脚的x坐标、左脚的x坐标的变化。再往下显示的是y、z坐标。

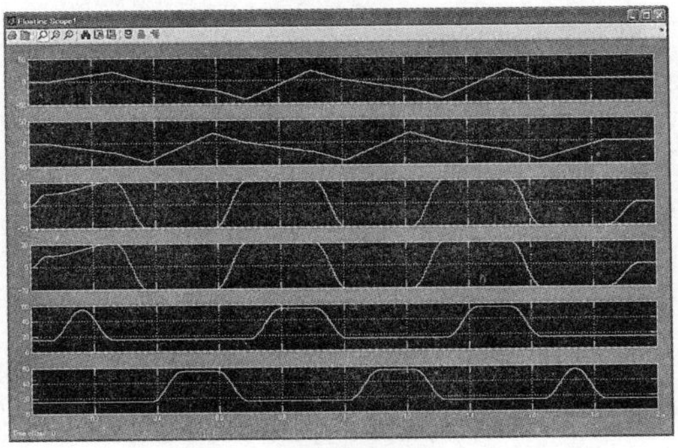

图4.28 步行模式

图4.29显示了机器人步行时伺服系统的角度。自上而下，按照脚的伺服电机的上下顺序予以显示。

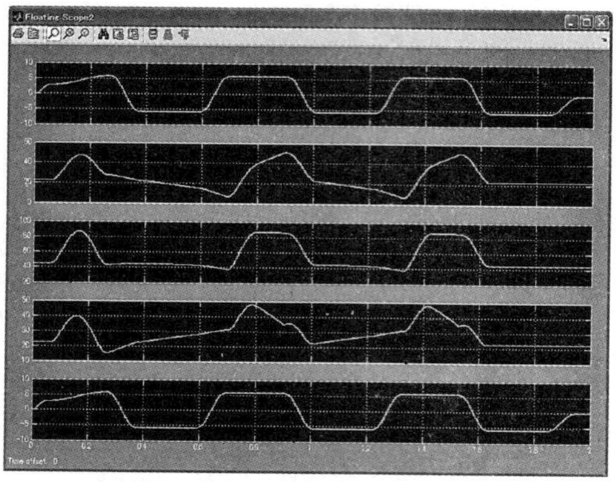

图4.29 步行时伺服系统的角度

第3个伺服电机（膝关节）的角度，相对其他伺服电机要多动两倍，所以，速度也必须是其他伺服电机的两倍。因此，给膝关节安装两个伺服电机的机器人也为数不少。

4.3.4 生成C语言代码

本小节介绍使用RealTime Workshop Embedded Coder生成C语言代码的步骤。

首先，从“仿真”到“配置参数”，将“求解器”设定为固定步长及离散形式（图4.30）。

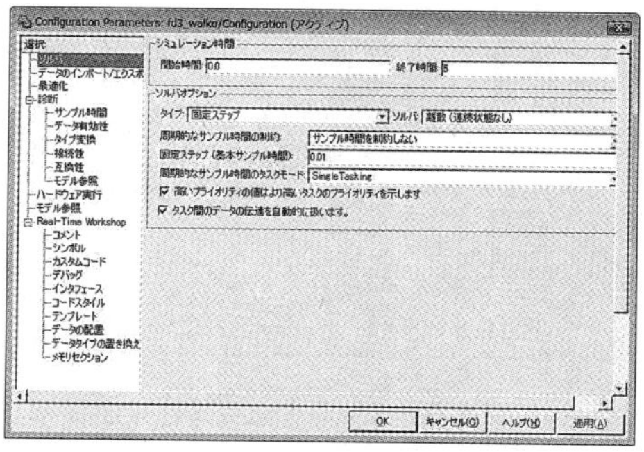

图4.30 求解器的设定

其次，选择“RealTime Workshop”，将“系统目标文件”设定为ert.tlc（图4.31）。

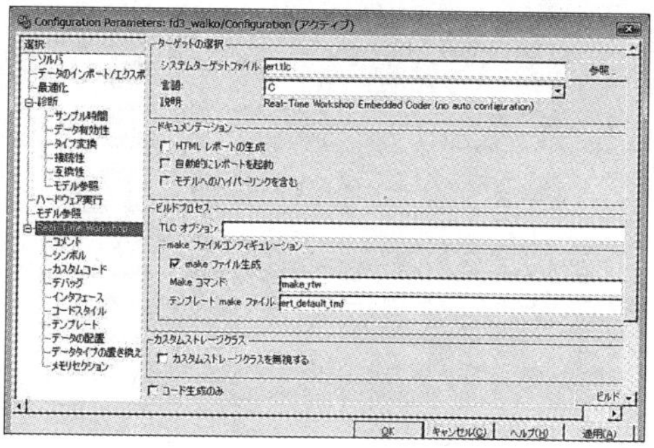

图4.31 RealTime Workshop的设定

接着，右键单击要转为C语言代码的模型方框，选择“RealTime Workshop”→“子系统的建立”，建立WS的子系统。

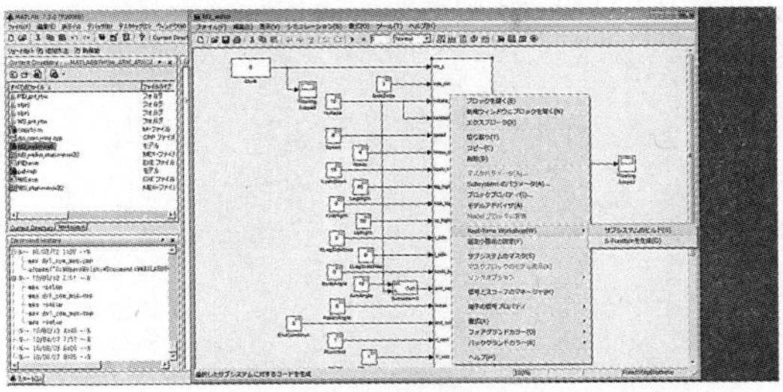

图4.32 代码生成

图4.33所示的画面出现时，点击“建立”，就可以在文件夹生成文件，如图4.34所示。

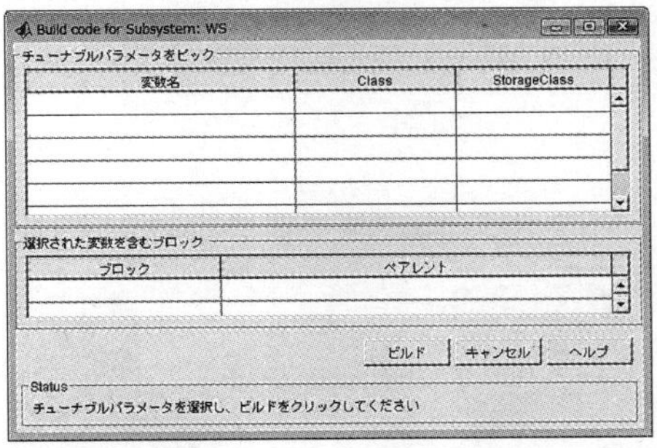

图4.33 建立文件

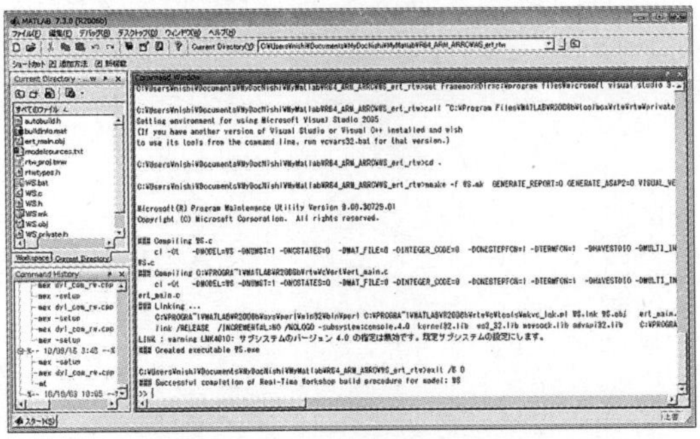

图4.34 C语言代码生成的结束画面

当前目录里就生成了名为WS_srt_rtw（模型名称）+ert_rtw的文件夹。

在上述文件夹里生成了图4.35所示的文件。其中，如图4.36所示，将传递程序写成m文件，再将必要的文件传送到用GCC Developer Lite生成的程序所在同一个文件夹中。

将这些文件加载到GCC Developer Lite环境进行链接。需要说明的是，前提是在FDIII-HC基板[2]上执行。

GCC Developer Lite的使用方法请参照第3章。这里与4.1节一样将编译选项设定为“FREEDOM jr.III library for FDIII-HC”。

C语言的编码首先要设定嵌入文件。

图4.35 C代码文件夹

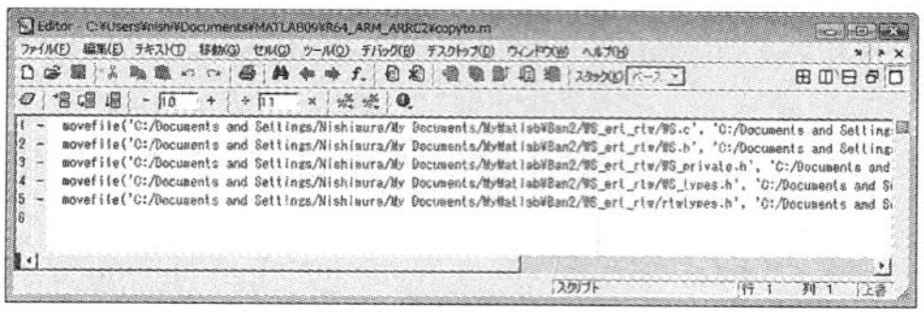

图4.36 传送m文件

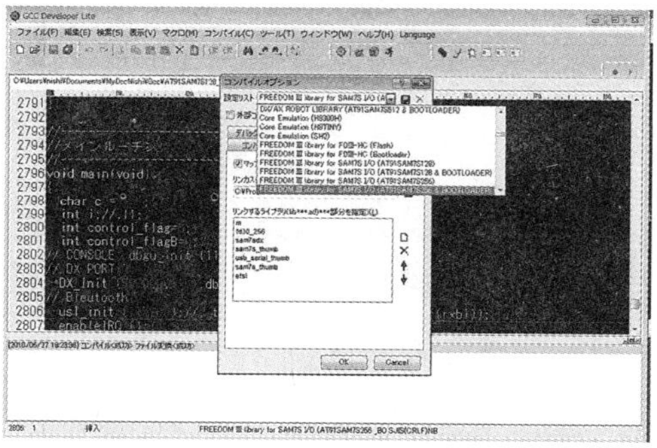

图4.37 GCC Developer Lite

```
#include "WS.h"
```

是Simulink model的头文件，而

```
#include "WS.c"
```

是Simulink model的C语言程序文件。

另外，还要进行FDIII-HC基板相关固件的初始化。在编译选项中设定“FREEDOM jr.III library for FDIII-HC”，基本上，初始化就完成了。

接着需要设定中断程序。此处的中断处理设定5ms时间段的计时器作为给模型计时器的增量。

```
void timerint (void)
{ WS_U.tim_c = WS_U.tim_c + tim_inc;}
```

5ms是Simulink的仿真刻度。WS_U.tim_c是给模型的时间变量。

Main程序表述的是中断程序的初始化、模型的初始化以及模型的调用。

```
WS_step();
```

调用上面的函数，返回与中断时间吻合的各个关节的数据，将每个关节的角度发送给伺服电机，就能输出按照模型生成的步行模式。

调整步行速度、步幅等，机器人就能动起来。此时，重要的是要设定好伺服电机的旋转方向和初始值。另一个重要的问题是将角度数据修正到伺服电机的数据。

4.3.5　结　语

本节介绍了通过活用MATLAB Simulink的模型库开发和RealTime Workshop Embedded Coder，可以简单地完成建立模型、仿真确认、编制控制程序等一连串的开发工作。

参考文献

[1] MathWorks：http://www.mathworks.co.jp/

[2] 株式会社ベストテクノロジー：http://www.besttechnology.co.jp/index.php

第5章

无线通信

5.1 概 述

ROBO-ONE机器人竞技大赛追求独有的无线通信方式已经成为往事。如果不使用符合已有无线通信标准的装置的话，机器人能做的恐怕只剩下眼神、旗语和心灵感应了。言归正传，下面按照用途，列举几个PC用常见无线通信器件的术语。

① Wi-Fi。用于访问局域网或互联网。将有线LAN无线化，电波到达的距离在某种程度上可以扩大。

② WWAN。用于访问使用电话线路的网络。只要没有特殊要求，在一般场合都可以接入网络。

③ 蓝牙。用于将键盘、鼠标、PDA等与PC连接，一般可用范围是大约10m距离范围。

④ 2.4GHz波段。用于将键盘、鼠标与PC连接，一般可用范围是大约10m。

本章介绍在ROBO-ONE的竞赛机器人系统中如何使用这些器件。另外，一般无线电控制用的电波只用于无线电控制模型，这里不作介绍。

5.2 Wi-Fi

Wi-Fi的具体规格可以另外再做调查。一般是将其定位为有线LAN的替代物，用于大文件传输或高速通信。因为也常将其装在智能手机、便携游戏机上，所以读者应该有所了解。在室内Wi-Fi可以不受布线限制，装置的使用非常方便。通常将其接入称作无线路由器的母机（1：*N*），也可用于终端之间的连接。并不是什么数据都可以用Wi-Fi传输，一般只能处理符合TCP/IP标准的数据。此外，数据的传输是在互联网世界里进行，运行的应用系统是浏览器、电子邮件、聊天工具等。

室外使用Wi-Fi时虽有禁止的频率波段，但是能见度好的话，传到数十米开外也没有任何问题。据说有的装置甚至可以传到数公里远的地方。

市面销售的PC机产品就可以满足任何需求，所以设计起来不费周折。如果PC或其同类装置能够适用于机器人的话，在ROBO-ONE大赛也许能够看到用于遥控目的的机器人。当然，如果无法经由网络编程的话，数据传递和接收都很困难。至于微处理器，由于速度、存储器容量的限制，能搭载协议、无线装置的微处理器目前还是相当有限。另外，PC的无线环境在某种程度已经优化，所以将与其同等的环境纳入小型集成系统，还是有难度的。

话虽如此，IEEE 802.11b的产品还是存在的。不过，微处理器并不能借助这些产品直接操作TCP/IP，大多数系统是通过自行改造将来自微处理器的信号封装在TCP/IP，实现无线化。作为例子，摘录LANTRONIX公司的WiPort（图5.1）的部分规格进行说明，见表5.1。

图5.1 WiPort
（日本LANTRONIX株式会社提供）

表5.1 WiPort规格（摘录）

架　构	规　格
CPU	DnTri-EX (16 bit, 88MHz)
SRAM	256 kByte
Flash ROM	2 MByte
串口I/F	
串口I/F	COMS，起止同步式
传送速度	300~921b/s
奇偶性	偶数、奇数、无
位长	7、8位，1、2停位
控制信号	RTS、CTS、DTR、DCD
流量控制	软件/硬件流量
网络I/F	
I/F协议	IEEE802.11b/g、10/100BASE-TTCP/IP、UDP/IP、ARP、ICMP、SNMP、TFTP、Telnet、DHCP、BOOTP、AutoIP、HTTP、SMPT

http://www.co-nss.co.jp/products/network/lantronix/wiport/wiport-top.html

网络I/F部分是Wi-Fi，搭载的CPU可以完成包括协议处理在内的所有事情。将WiPort的串口I/F接到微处理器的串口通信端口，基本就能实现微处理器和Wi-Fi之间的数据往来，其实，只要阅读操作手册，就会知道并非那么简单。查阅各种资料，最方便的还是，用串口线连接WiPort和PC，完成各种设定后，再接到目标装置上加以利用。虽然困难，一旦连上就能享受无线的好处。

其次，Wi-Fi支持的协议很多，究竟哪个协议能够用于哪种情况？与微处理器进行邮件通信该怎么办？向微处理器发送文件怎么办？让微处理器浏览网页怎么办？远程登录微处理器能做些什么？总之，以互联网为前提的应用找到符合协议的用途相对容易，而要想简单地在装置间按自己的想法传递数据的话，一般还是使用TCP/IP或UDP/IP。但是，没有相当的技能的话，什么也干不成。WiPort提供借助Wi-Fi实现PC和微处理器间通信的例子，有兴趣的话，可以参照下面的文档。具体的设定方法和工作实例其中也有介绍。http://www.co-nss.co.jp/download/datasheet/ltrx_cmpdata.pdf

目前还没有简单方便的节电模块，大多数装置间的无线通信采用Wi-Fi就足够了。

5.3 WWAN

对于PC而言，采用WWAN与采用Wi-Fi没有什么两样。无论身在何处，只要接上互联网，出差在外也能收发电子邮件或聊天，或者接入公司内部网络。

已有内置或安装在PC上的WWAN模块。给微处理器装上WWAN模块所能做的，与给微处理器装上Wi-Fi的情况非常相似，具体参照5.2节。

如果没有上面介绍的模块，但又希望拥有与互联网直接连接的环境，可以考虑利用移动Wi-Fi路由器，即借助于Wi-Fi的WWAN连接方式。

5.4 蓝　牙

说到内置蓝牙的PC，人们关心的是有多少蓝牙模块即使不使用也在浪费电。蓝牙与Wi-Fi容易发生电波干涉，又没有具体的用途，基本就成了无用的东西。涉及蓝牙的上述问题已经是几年前的事情了。不过，遗憾的是，时至今日，仍然没有什么变化。但是，拜道路交通法所赐，发掘出了手机蓝牙耳机功能。

虽有遗憾，但还是存在一项称为SPP（Serial Port Profile）的有用的标准。正如名字所示，这是借助蓝牙将以前的有线串口通信无线化的标准。与几年前标准解释也会因不同的人而有所区别的情况不同，最近，Windows也配制了标准蓝牙控制程序，模块生产厂商之间的差异也减少了（也存在竞购的因素）。虽然对于PC而言SPP不是特别有用的标准，但是仅仅因为能使遗留设备无线化这一特点，对用户而言，就能够方便地将以前利用串口通信的程序直接无线化。

图5.2　ZEAL-C01 蓝牙模块（由ADCtechnology株式会社提供）

当然，微处理器也需要基于蓝牙的无线适配器，但与上述无线标准不同的是，已有相当数量生产此类无线适配器的厂商，所以有更多选择。第3章介绍的机器人控制器FDIII-HC也载有蓝牙模块，PC和FDIII-HC之间不用USB线，而是用蓝牙实现无线通信。所采用的是5日元硬币大小的ZEAL-C01模块（图5.2）。

http://www.musenka.com/bluetooth/c01.html

同样，蓝牙也有着复杂的设定要求，如果不了解蓝牙的话，毫无疑问根本无法使用它。如果在FDIII-HC的引导程序上完成若干设定，就可以选择想要的连接环境。一般情况下，最好将其装在控制器上加以利用。

另外，安装ZEAL-C01模块从连接器的形状来看还是很困难的。不光这一模块，能简单布线的替代蓝牙的产品也不多。开始尝试的时候，可能会想到在模拟板或通用板上布局。但一般情况下，厂商都备有将特殊连接器变换成2.5mm间距引脚的基板可供试验使用。ZEAL-C01按连接方式分为以下两种。

■ ZEAL无线适配器（图5.3）

图5.3　ZEAL无线适配器

ZEAL无线适配器为了能直接连接PC的COM端口，将ZEAL-C01的信号线改成RS232C的芯片，其并不是由PC操作系统管理的蓝牙模块。只要是使用COM端口实现PC之间串口通信的程序，只需在各PC上安装本产品，就能实现无线通信。ZEAL-C01的部分规格参数见表5.2。

http://www.besttechnology.co.jp/modules/knoledge/?%E7%84%A1%E7%B7%9A%E6%A9%9F%E5%99%A8

表5.2 ZEAL-C01规格选摘

蓝牙I/F	认证	Bluetooth Ver2.0 + EDR标准(Class2) 日本国内“电波法”（施工设计认证）
	频率	2400~2483.5MHz
	用户配置文件	SPP，DUN
	调制方式	FHSS/GFSK 1Mb/s，π/4DPSK，8DPSK
	扩散方式	频率跳动
	通道间隔	1 MHz
	通道数	79ch
	传送速度	约3Mb/s（不对称的最大值）※无线最大值
	接收灵敏度	−70dBm（MAX）
	发送功率	+4dbm（MAX）：Bluetooth TX power class2
UART I/F	协议	起止同步式串口通信（需要硬件流通控制※RTS/CTS有效）
	信号电平	电源电压
	波特率	默认值9.6kb/s
	连接器	30引脚
电源	电压	3.3V ± 10%DC（单一电源）
外形	尺寸	L20.0mm×W15.0mm×H4.7mm
	重量	约1g

■ ZEAL间距变换模块

如图5.4所示，ZEAL间距变换模块是在电工用的2.5mm间距的8引脚中配置ZEAL-C01电源和信号端子。并不是所有端子都接上，只接上串口通信所需最小数目的端子即可。

http://www.besttechnology.co.jp/modules/knoledge/?BTX047%20ZEAL%E3%83%94%E3%83%83%E3%83%81%E5%A4%89%E6%8F%9B%E3%83%A2%E3%82%B8%E3%83%A5%E3%83%BC%E3%83%AB

图5.4 ZEAL 间距变换模块

ZEAL间距变换模块也是装在要无线化的装置上的变换基板，这里不介绍详细的设定。蓝牙的连接方式有两种，一是等待外部蓝牙器件接入的自动等待模式，二是接到已知外部蓝牙器件上的自动连接模式。除此之外，利用特殊命令也可以改变连接模式，这种蓝牙的使用请参照公开的技术文档。

此处介绍一下FDIII-HC的一个有趣的功能。FDIII-HC装有ZEAL-C01，一般利用SPP从PC机等的蓝牙接入，实现原来用USB进行的鼠标操作的无线化。FDIII-HC能够与PlayStation3用的无线控制器DUALSHOCK3进行无线连接，就是因为有引导程序命令。

http://www.besttechnology.co.jp/modules/knoledge/?BTE083%20FDIII-HC#d60dee0f

查查相关资料就可以知道，DUALSHOCK3采用蓝牙作为无线通信设备，可以支持作为键盘、鼠标等输入设备的HID（人机接口设备）。也就是说，ZEAL-C01除了具备

SPP还具备与HID游戏控制器连接的功能。如果只考虑控制机器人的话，使用熟悉的游戏控制器也是一个不错的选择。

今后更能吸引人的应该是Wi-Fi，但是，现在最合理的选择是价格便宜的无线遥控设备。

5.5 2.4GHz波段无线设备

就频率而言，微波炉、Wi-Fi、蓝牙、Zigbee都在无线设备这个范围之内，也可用于无线电话等设备。无线设备究竟是什么暂无定论，只要输出在10mW以下的产品，都不需要特别的生产许可，所以产品五花八门。虽然各种无线设备各有各的长短，但毕竟都是延续下来的标准，所以这里也就不再论述无线标准的原理或特征。通过列举几个例子，简单介绍一下ZigBee。

在电子产品展览会等各种场合，经常能看到宣扬ZigBee省电的标语。其实，无论何种无线标准，不发出较长时间电波的话，基本上都不费电。ZigBee的耗电情况也与使用情况有关。如果像游戏控制器那样一直要追随操作者的控制的话，当然就没有停止无线通信的空闲，自然也就耗电。提高通信速度，长时间传送大量数据的话，情况也一样。所谓有电池就可以不必考虑这些情况的话都是不可信的，需注意。

图5.5 Zig-100B无线模块

ZigBee的网络拓扑结构与其他的无线标准不同，它可在同一环境下使用相当数量的装置。不管现在是否需要这样的机器人，“蜜蜂”机器人相互联系组成网络还是可能的。让蜂巢里的母蜂王担当协调人，工蜂们最后成为端点（星型）。采蜜时，根据各自的信息收集能力和行动范围，让工蜂具备路由器功能，将有蜂蜜的信息通过八字形舞蹈方式传递给同伴，过程大概就是这样。

目前，完全采用ZigBee规定的产品并不多。一般都是利用ZigBee的部分标准，实现通信。ZigBee标准对于在家电等普通电子产品的生产厂商之间实现互换性，意义较大。不过，相比之下，现在还是应该先提出能够实现个人需要功能的规格要求，例如图5.5所示的模块。

http://www.besttechnology.co.jp/modules/knoledge/?BTX025%20ZIG-100B

Zig-100B是1对1或多对多的串口通信无线化模块，是连ZigBee标志都没有的无线设备，但其使用的芯片是ZigBee专用的。实际用一下就会知道，发送的数据在到达时已有丢失，实效通过量只有100kb/s左右，与前面的ZEAL-C01比相当差。但是其设定非常简单，可以用作单纯传递消息而且即使中途传达不到也可以通过再次发送的方式予以恢复的环境。Zig-100B的部分规格参数见表5.3。

表5.3 Zig-100B规格选摘

最大通过量	250 kb/s (2.4 GHz波段ZigBee 0的理论值)
额定电压范围	DC 3.3V ± 10%
最大消耗电流	32mA
主机间I/F	TTL级UART (8bit data, Non Parity, 1stop bit)
主机间波特率	9600~230 400b/s
频率	2.4 GHz波段(2405~2480MHz, 5MHz间隔16波)
天线增益	2.2dBi
天线功率	0.05mW/MHz
调制方式	O-QPSK (Offset-Quadrature Phase Shift Keying)
扩散方式	DSSS(Direct Sequence Spread Spectrum)
占有频率带宽	2.906MHz
扩散带宽	1.703MHz
频谱扩散率	27.254
外形尺寸	*L*26.5mm×*W*19mm×*H*6(除去引脚管座)mm
重量	约5g

5.6 结 语

Wi-Fi是未来的发展方向。想想就连便携式游戏机都已经装有Wi-Fi和网络游戏普及的情形，给游戏机长出手脚便称之为智能机器人似乎也不过分。当然，仅靠无线通信并不能让机器人具有自律性，还需要认识外界的传感器。即使将它们集成起来，但自己拥有的资源如果不够的话，毫无疑问还得从外部获取信息、传递信息。考虑到人类利用PC完成机器人操作和情形，自然而然地就会想到利用Wi-Fi或类似的无线环境。

另外，无线并不能保证对人类和动物无害（并不是说数据丢失、数据安全）。千万不能听说符合法规就认为人眼看不见的东西是安全的。当然，这是以使用符合日本“电波法”最低标准的无线装置为前提，不过还是应该记住研究仍在推进阶段。

另外，目前ROBO-ONE大赛无线部分的发展趋势是，除了业余爱好者的无线电控制所采用的无线标准，蓝牙和ZigBee也多被采用。关于使用时的连接情况参加者也是各有说辞，因此，失控的状况并不少见。也许在一个安静的环境里没有任何问题，一到会场结果什么也完成不了，这实在是再难过不过的事了。如果不是单纯的操作失误的话，几乎都是因为电波干涉导致连接失常。无论哪种无线标准，电场强度都是有限的。连接条件也一样，除了要注意电源稳定性和天线配置，最好还要事先确认是否能够承受实际的环境。

第6章

人机界面

光子力研究所 所长：菅　敬介；研究员：但马　龙介，研究员：小仓　崇。第3届ROBO-ONE大赛携Majinger Z的“魔神”参赛。从第4届大赛开始以主从控制方式操纵机器人，在第9届大赛获得冠军。首届ROBO-ONE GP冠军。

6.1 机器人的控制方法

6.1.1 控制终端的种类与特点

■ 机器人的控制方法

机器人的控制方法包括以下几类：

① 机器人用控制器。

② 无线控制专用系统。

③ 游戏控制器。

④ PC操作。

⑤ 主从控制。

⑥ 遥控器。

⑦ 手机。

⑧ 自主控制。

■ 机器人用控制器

图6.1 近藤科学的KRC-2AD
（照片提供：近藤科学株式会社）

市面上出售的机器人用控制器（图6.1、图6.2、图6.3）是游戏控制器和无线控制专用系统的组合体。利用按钮的组合，给机器人发送信号，使其执行相应的动作。如果与市场上出售的控制板成套使用的话，因为附带软件，新手容易掌握，对熟悉它的人而言也够用。再使用模拟输入控制器，与混合功能组合，也能使机器人完成主从控制式的动作。

其他的机器人用控制器也差不多，因为没有统一规格，需要认真选择适合自己机器人的控制器。

图6.2 SANWA的ProboRP-101

图6.3 Vstone的VS-C1

■ 无线控制专用系统

在机器人用控制器像现在一样大量销售之前，使用无线控制专用系统的人也很多，可以进行模拟量输入。

■ 游戏控制器

游戏控制器种类很多，包括PlayStation用控制器和Wii控制器等。游戏控制器带有按钮和控制杆（模拟值输入），操作性优良，也是非常适合机器人操纵的控制方法。因为很容易买到与控制器板连接的零部件，所以能够方便地利用PalyStation2用无线控制器（图6.4）。因其价格便宜，所以很多开发者都在使用。

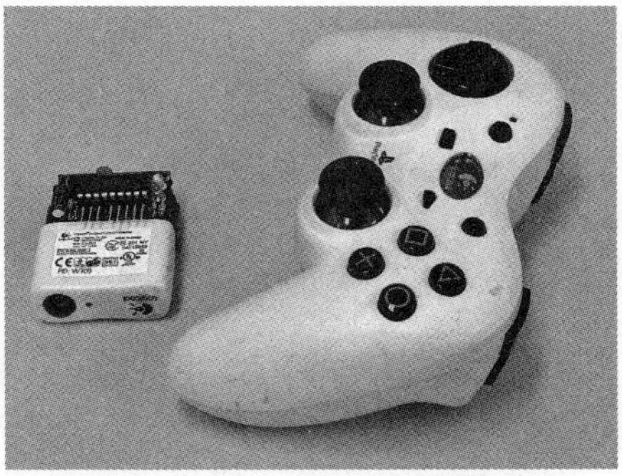

图6.4 PlayStation2用无线控制器

与PC连接的话，还可以使用有线控制器，有脚踏式、分担式、单手操作式等。

■ PC操作

PC操作是利用笔记本电脑完成机器人操作的方法，如图6.5所示。最简单的是使用机器人附带软件的方法，如KHR系列附带有RCB命令，没有购买控制器预算的人也能方便使用。另外，利用开源软件的GUI工具（后面介绍）等，还可以进行自由构建，从而实现轨道生成、主从控制等，不仅仅是运动执行，还能完成更高级的控制。

■ 主从控制

按钮操作只是执行基本上已确定的动作，无法让机器人实现随机应变的动作。主从控制是指顺应主人（操作者）的动作，从者（机器人）完成同样动作，如图6.6所示。通过主从控制，能够让机器人根据环境状况自由动作。下一节将作进一步详细说明。

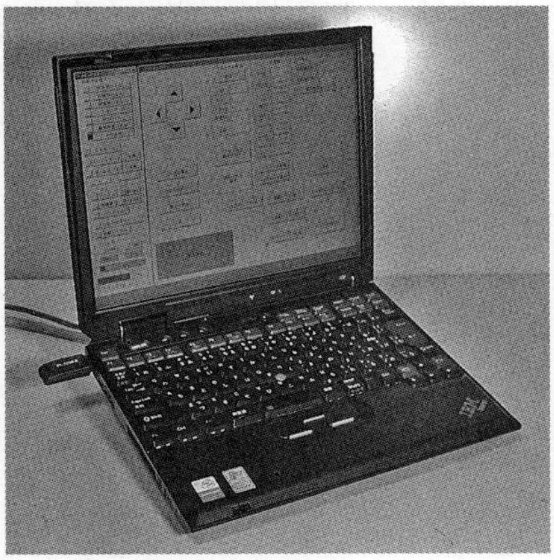

图6.5 PC操作

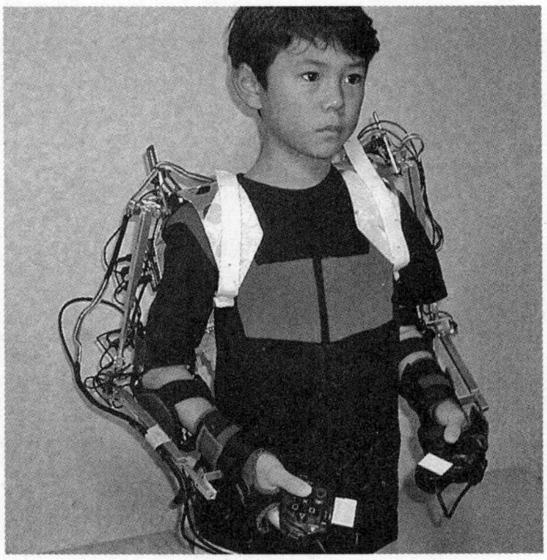

图6.6 主从控制

■ 遥控器

遥控器因为有很多按钮，所以适用于每个按钮分配一个动作的场合。不过，容易按错按钮，所以，不一定适合竞技比赛。Hitec Multiplex公司的ROBONOVA-I就采用遥控器方式进行控制。

■ 手 机

与其他控制不同，手机控制无需专门准备控制器。而且，iPhone等高端手机还可以完成运动编制（后面介绍），是一种超越以往控制器的方法。

■ 自主控制

自主控制也是一种机器人控制方法。从结构上讲，比如根据传感器的值执行运动等，即使不是完全的自主控制，在格斗中也能根据对手的位置施展攻击技法，这也称得上是完全自主控制。而根据传感器的值，能够完成按照正确的距离执行正确的运动等由人难以完成的事情。

6.1.2 机器人指令的内容

机器人交互界面必须考虑的一件事情是正在开发的系统要将什么指令发送给机器人。下面介绍几个常见的发送给机器人的指令值。

■ 发送命令，执行注册过的动作

执行事先编译好的运动程序时，发送动作的命令是最普通的机器人操作方法。事先可以充分地确认动作，适用于格斗、足球等各种情形。虽然需要事先逐一编译应对各种状况的运动程序，但是，只要准备充分，就能够完成稳定的动作。

■ 串联基本动作，执行应对各种状况的动作

使用带有分支、循环等功能的控制板时，可以根据状况连续地进行动作的变换。特别是步行动作，可以从前进连续地变换至旋转动作，从而快速到达目的地。格斗时抢占有利位置，足球比赛时则可以快速到达足球所在位置。

■ 为基本动作设置模拟控制值，应对变化

使用带模拟输入的控制器，可以完成连续动作。能够随心所欲地出拳，或者自由自在地控制踢球的方向。

■ 随机应变，临场编制动作

主要是指主从控制方式、完全自主控制方式等，事先并不编译运动程序，临场自由操纵机器人的运动。

动作考虑了多种状况，虽然让机器人完成一些大胆的动作仍有困难，但是可以发挥独创的想法。

6.1.3 机器人操控的基础

■ 利用机器人用控制器执行运动

机器人用控制器的基本形状与无线控制专用系统相似。例如，近藤科学的KRC-2AD，控制器的正面装有右手用和左手用的各8个按钮（共16个）。由此，可以操控16个运动。不过，这些按钮都被设计成用拇指按的。上方有4个切换用按钮，这些按钮用食指或中指按下。按住切换按钮时可以同时用拇指按面板上的按钮。这样可以执行16 ×（4+1）=80个动作（图6.7）。

基本的移动动作不用切换按钮，用切换按钮1执行攻击动作，用切换按钮2执行足球动作等，使用切换按钮可以完成有某种程度直接感受的动作。此外，切换按钮也常用作起身专用等特殊动作的按钮。有了一定数量的运动，就可以制作出反映各个按钮动作分配的一览表。有了这张一览表，无需过多改动就能取得减少操作失误的效果。

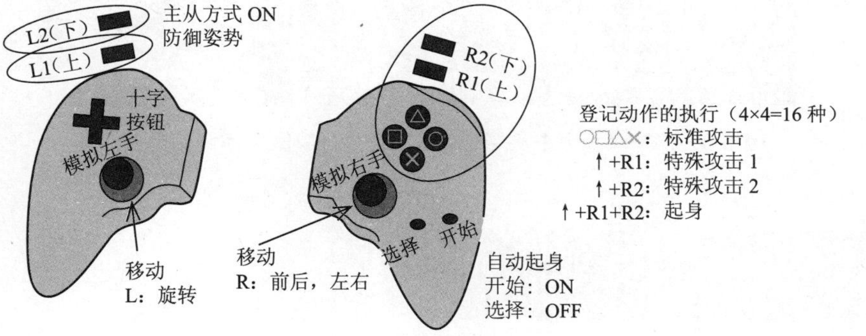

图6.7 控制器的运动分配

6.1.4 应对ROBO-ONE竞技大赛的操作方法

■ ROBO-ONE预赛（展示）

ROBO-ONE预赛不认可来自外部的机器人控制，所以，执行事先登记过的动作是基本要求。一部分增加了使用传感器的自主控制功能的机器人可以另外进行展示。

■ ROBO-ONE决赛（格斗）

格斗是将机器人的移动与攻击技法相结合，寻找对手的空当实施攻击。因此，边看手上的控制器边进行操作的话，根本无法取胜。重要的是，有效利用切换按钮，分配易记不易错的运动。

另外，机器人倒下时如果执行了错误的运动，且超过计数10的话，就会被判负。所以，需特别注意切勿错误操作起身按钮。即使是对操作比较熟悉的人，操作失误也是难免的。

还有，机器人格斗时，面向控制者（照面）的情况比较多，此时，机器人和控制者的左右正好相反。如果慌张地执行了左右相反的运动，往往会贻误战机。也有人在机器人的肩上贴上左右不同的标记，以避免视觉混乱。

■ 混 战

混战是指数台机器人在台上的竞技。因为不限于一对一的格斗，经常会发生不可预测的情况。对于这样的竞技，自由度高的主从控制方式等控制方法更为有利（图6.8）。

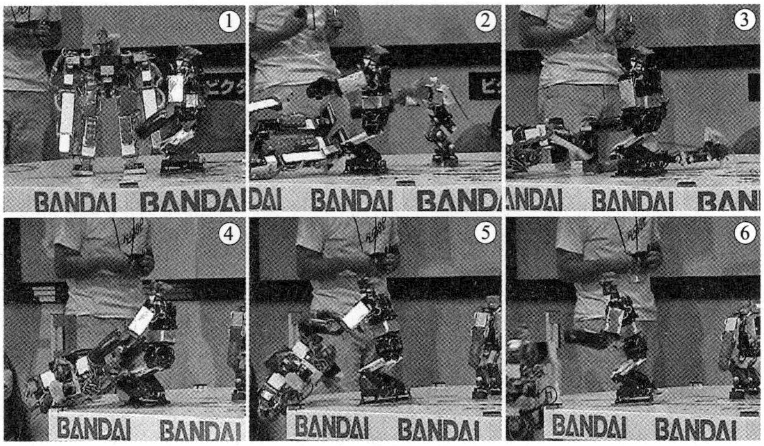

图6.8 格斗时利用主从控制方式的情形（将敌手摔倒并扔下台）

6.2 主从控制

6.2.1 主从控制的特点

■ 主从控制概述

主从控制是指机器人响应操作者的动作，实现运动的控制方式，是一种远程控制。主从控制可以分为两种方法，一是控制者只向机器人发送单向指令的方法；二是将机器人的反应返回给控制者，能够实现更精细操作的双向控制方法。双向控制方法通常需要大型设备，可用于手术机器人等的高级作业。ROBO-ONE大赛相比机器人的精密动作更重视响应、运动范围等，因此，双向控制方法目前暂不考虑。

■ 主从控制的优点

主从控制的优点是临场应对的动作具有较高自由度。ROBO-ONE大赛中的机器人是以对对手机器人实施攻击将其击倒为目的，但是，由于对手机器人尺寸（如非常小的机器人）等因素，事先编译的运动程序无法起作用的情况也出现过。而主从控制方式则能够使机器人根据当时的状况，与控制者的动作保持一致地完成动作，所以能够取得最佳攻击效果。此外，实施抛、投等技巧时，根据对手的尺寸、形状，需要改变机器人抓握的位置。此时，采取主从控制方式能够实现最佳抓握。在其他类似“仿人型帮手项目”的竞技中，机器人要在商店里购物，但是，由于没法事先编译针对购物的所有动作，因此，需要自由驱动机器人的功能。

此外，有时在婚礼宴席上来宾会要求来个节目。有了机器人，就可以让新郎穿戴好主从控制装置来驱动机器人进行表演。宴会一定会因此充满惊奇，气氛会非常热闹。如图6.9所示。

图6.9 利用主从控制方式助兴的情形

■ 主从控制的缺点

主从控制最大的缺点是组成零部件多，制作麻烦。虽然分穿戴型和简易型两种，制作起来都需要下点工夫。但是对于强调独创性的人而言，有时这也可能成为优点。

第二个缺点是，由于主要对机器人上半身进行主从控制，难以实施全身的有威力的攻击。这些年以来，ROBO-ONE大赛还没有实现机器人下半身主从控制的先例。原因是双足很难完成稳定的自由动作。虽然可以完成自由运动，一般的攻击技法无法与事先按照机器人体型编成的动作相吻合。因此，主从控制方式有自己独特的格斗技法。

■ ROBO-ONE大赛引入主从控制的历史

在ROBO-ONE大赛的历史上，涌现出了许多由参赛者开发的具有上述特点的主从控制式机器人。

最初在ROBO-ONE大赛上完成主从控制方式的是第3届大赛的参赛者津藤先生的“刚王丸”（图6.10）和滝沢先生的“Adamant-3rd”（图6.11）。

如图6.10所示，“刚王丸”是半穿戴方式，主要控制机器人的手指。把手部分是参赛者自行研制的，将游戏控制器分成两半加以利用。在《双足步行机器人制作指南》一书中的机器人制作案例部分作了详细介绍，请参照该书。

“Adamant-3rd”在那次大会上，显示了重量级机器人和主从控制方式的组合效果，成功获得了大赛的第3名（图6.11）。便当型的控制器里，与“刚王丸”一样，装有半穿戴式的主从控制装置（图6.12）。

图6.10 控制“刚王丸”的津藤先生

图6.11 控制“Adamant-3rd”的滝沢先生

在第4届ROBO-ONE大赛上，图6.12所示的“魔神”（本书作者等人）和图6.13所示的“伙伴2”（小南先生）都采用主从控制方式一同进入淘汰制的决赛。“伙伴2”的控制方法是具有机器人形态的牵线木偶，由父子两人一同控制（图6.13）。牵线木偶形式的特点是，机器人和控制器有相同的构成（自由度、可动范围等），没有任何不方便的感觉，可以随心所欲地控制机器人。不过，由于需要两人共同控制，所以，两位控制者如果不合拍的话，也无法让机器人顺利完成动作。

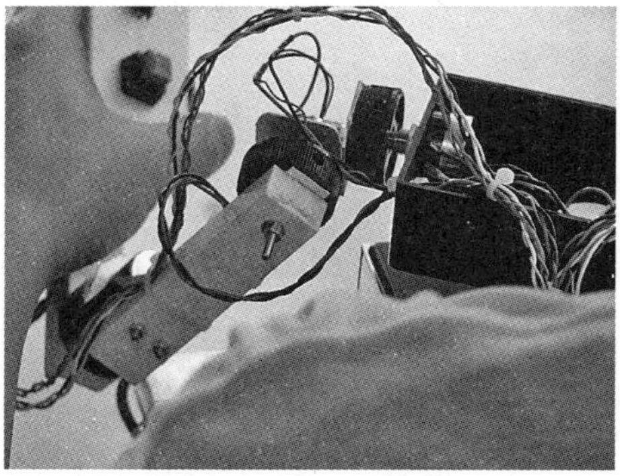

图6.12 “Adamant-3rd”的控制器

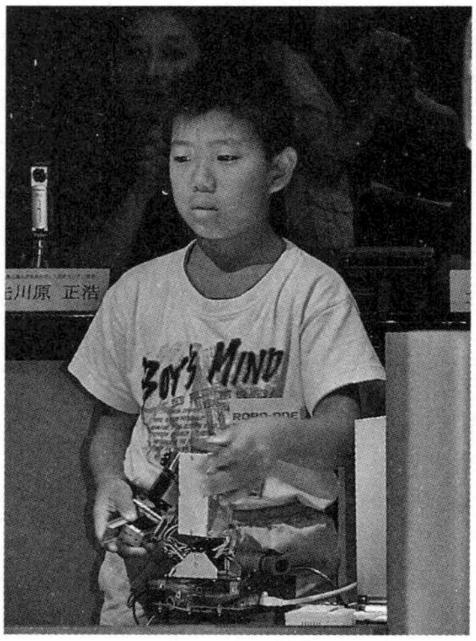

图6.13 控制“伙伴2”的小南先生
（森山和道氏提供）

本书作者共同制作的“魔神”尝试了完全穿戴式的控制装置。其特点是机器人与人的一体感。人的动作直接变成机器人的动作，取得了超出想象的效果。后来，还有几个机器人也以这种形式参加大赛（图6.14）。一直到现在，活跃在ROBO-ONE大赛上的“凯撒王”（MARU Family）在肘的部位加了弯曲传感器，实现了简单结构的主从控制（图6.15）。

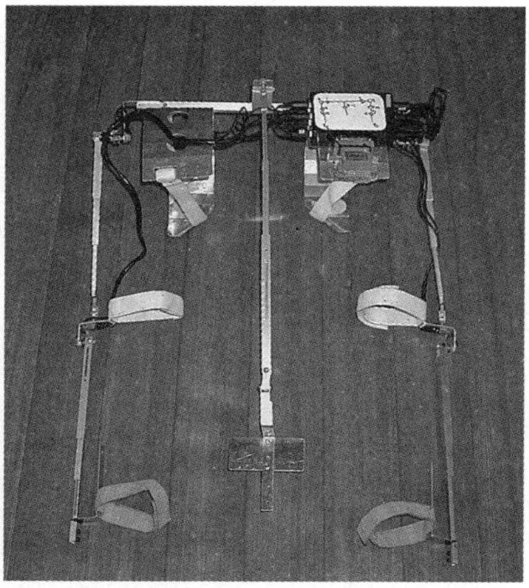

图6.14 第4届大会上使用的主从控制装置

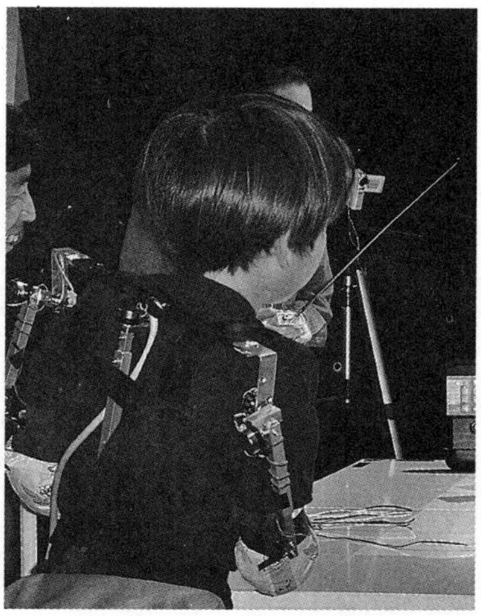

图6.15 控制“凯撒王”的MARU一家

6.2.2 主从控制装置的制作

■ 操作系统的构成

主从控制装置的构成如下（图6.16）：

① 主人套装。

② 控制器。

③ 控制PC。

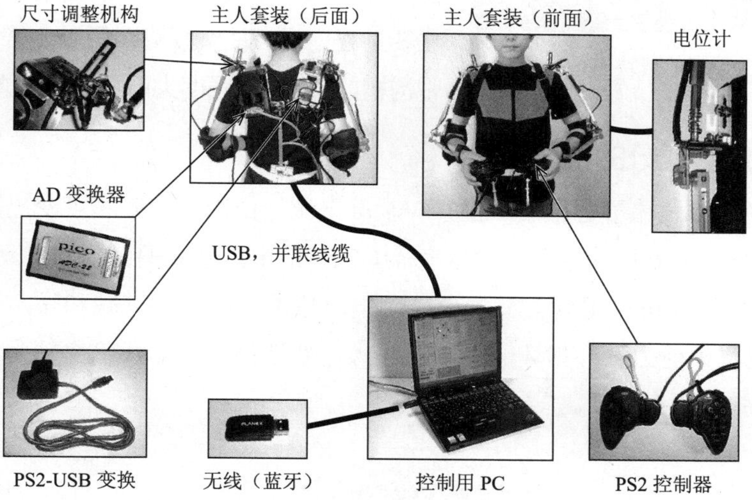

图6.16 主从控制装置的整体构成

主人套装是读取控制方动作的部分，是主从控制装置最重要的组成部分。其中的电位计和A/D转换器用来读取角度，控制器用于执行主从控制操作的ON/OFF、移动以及登记过的技法等。控制PC处理上述指示，向机器人发出指令。下面从“魔神”作为具体例子，详细说明其构成。

■ 主从控制装置的机械结构

主人套装的自由度共计为9，具体是：

① 肩3轴×左右。

② 肘1轴×左右。

③ 腰1轴（上下轴转动）。

在制作主从控制装置时，主人套装与机器人同轴配置进行制作，各关节与机器人的伺服电机一一对应。

主人套装穿着者的动作与主人套装的动作产生偏差的话，控制者的动作与机器人的动作就会不合拍，也就无法实现期望的控制效果。为了消除偏差，需要注意采取以下措施：

① 肩和肘的位置可作微调。

② 各杆件制成3段方管的伸缩结构（图6.17），肘部靠弹簧圈吸收和扭曲。

③ 利用支撑架、保持架等市面上销售的产品改善主人套装的穿着性和再现性。

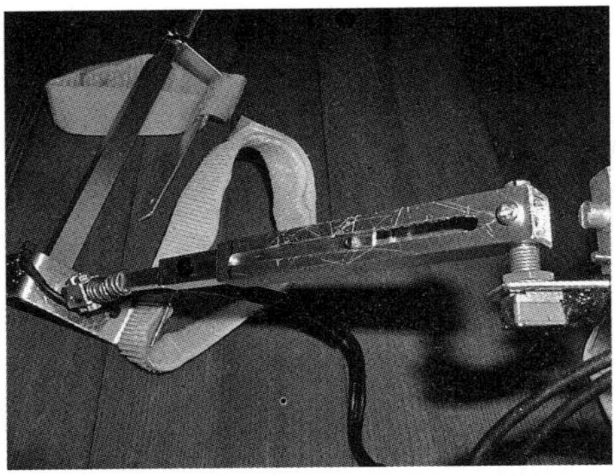

图6.17　连杆的滑块机构

④ 较重的控制部分采取肩背式改善稳定性。

肘的部分，因为人的关节轴与套装的关节轴可以对应在一起，所以没有什么问题。困难的是如何顺利获取肩部的3轴动作。重要的是，做成尽可能接近肩部关节中心的可调整机构。

不过，穿上主人套装后动作时，肩部等处会承受额外的力。如果是铝板那样容易弯曲的零件，在比赛过程中有可能会损坏，所以，需要采用铁质的带沟槽的“L”形强度大的零件，如图6.17所示。

■ 读取角度部分的电气构成

如图6.18所示，3端子稳压器产生3.3V基准电压，由固定电阻和可变电阻（电位计）进行分压，这样，随着摆动主臂时的角度，0~2.5V的电压就会输出到端口。用A/D转换器读取该输出电压，就可以得到关节的角度。电阻值考虑电池的衰减和噪声干扰，大概设为数十kΩ。电位计受力意外损坏的可能性较大，要选择结实的，输出轴为铝材结构，这样加工容易，强度也有保证。

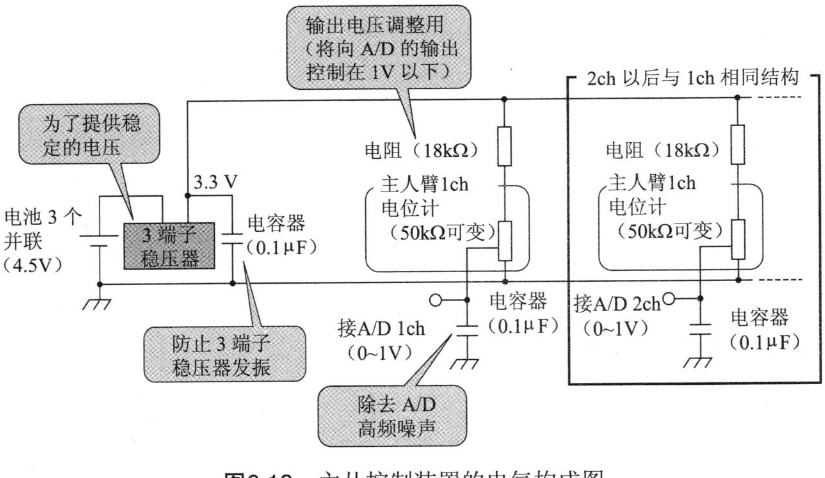

图6.18　主从控制装置的电气构成图

如图6.19所示，转轴部分用M3螺栓拧紧固定且强度足够。A/D转换器由PicoTechnology等若干厂商提供。通道数量不同，价格也不同。考虑未来的扩充性，为自己的机器人选择合适通道数。图6.20所示为主从控制装置的电路部分。

■ 套装的调整方法

机械与电气结构的完成意味着可以获取套装的角度。接着，还要将电位计的角度与机器人的角度调整对应。首先，套装需要调整以下两点（图6.21）：

① 穿着主人套装后，为每个关节点设定零点。零点的设定通过读取基准姿势时各个电位计的电压来完成。

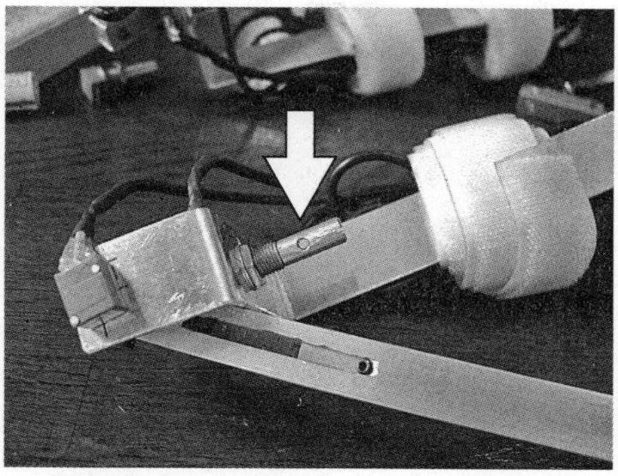

图6.19 电位计部位的加工示例

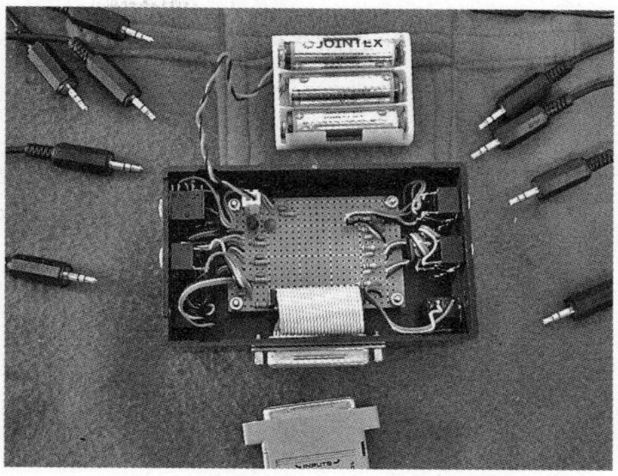

图6.20 主从控制装置的电路部分

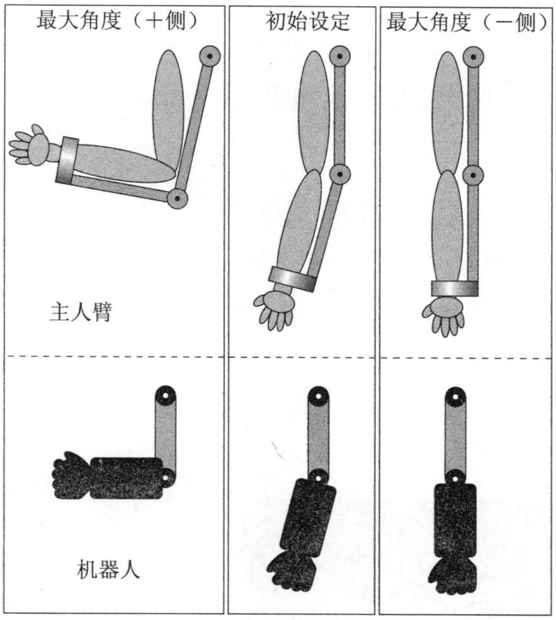

图6.21 套装的角度调整

② 记载两侧（弯曲侧和伸展侧）的最大活动范围。实际做弯曲伸展活动，读取此时的最大和最小电压。

将上面得到的值与机器人的角度进行直线对应，就可以清除人与机器人的活动范围的差异。再用其他直线对应弯曲侧和伸展侧，就可以实现更自然的动作。该方法可以在短时间内完成各个时刻穿着状态的校准，适合在竞技大赛等场合的运用。尤其在有多个体型不同的控制者（父子共用等场合）时，特别有效。机器人各关节的动作范围设定成与人相近，与实际机器人的动作范围不同，通过另外设定主从控制用的动作范围（更靠近人），就可以实现更自然的控制。

反过来，将电位计的角度与机器人的角度对应起来是更简单的方法。首先测得电位计的特性值（针对关节角度变化的输出电压），对所有关节进行相同的设定，以零点的姿势作为套装单体的状态，每次穿着就不需要进行调整了。但是，考虑到套装或系统制作费时费力，还是希望通过努力让机器人更自然地动起来。

■ 控制器

主从控制装置采用的控制器应该是单手便可操作的东西。双手拿着控制器的话，机器人也要摆出拿着控制器的姿势，那就无法进行攻击了。以前，将PlayStation2用的控制器一分为二的产品由HORI公司生产销售。笔者们利用Sknet生产的被称作SMART JOYPAD 3plusN的PlayStation2控制器USB连接单元，将HORI公司的产品变换成USB，接入PC机。SMART JOYPAD 3plusN能够同时接上两个PlayStation2控制器，所以可以尝试各种控制方式（事实上，借助该功能，后面介绍的脚踏式垫子与手持控制器的联动才得以实现）。PlayStation2控制器既有一分为二两手各持一端的类型也有单手即可操作的类型，有很多独特的控制器，而且很便宜就能买到。

PlayStation2控制器的USB连接单元在Windows的DirectX系统上可以使用。后面将要介绍的WideStudio附带的编译器MinGW可以利用DirectX。

■ 下半身的操作

穿着主人套装可以自由地操作机器人的上半身，而下半身的操作则需要别的方法。笔者们在第5届ROBO-ONE大赛上，利用“DanceDanceRevolution”用的脚踏式控制器（图6.22）进行了机器人的步行控制，如图6.23所示。主意非常棒，但实际上搬运太困难，对战时还得先确认脚下，容易消耗控制者的体力，结果只试了一次便放弃了。但是，表演效果非常好，值得一试。特别重要的是可以多尝试一些有趣的机器人。

图6.22 脚踏式控制器

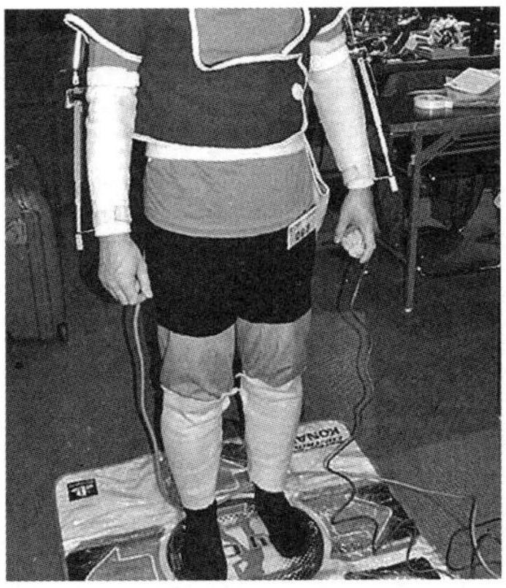

图6.23 下半身的控制方法

■ 控制软件的构成

软件的构成也有各种各样的考虑。作为例子，介绍一下本书笔者采用的方法。

① 操作PC方。从A/D转换器读取主人套装当前的角度，将其转换为提供给机器人的指令值。

② 操作PC方。通过无线通信将指令值发送给机器人。

③ 机器人一方。接收指令值，向各伺服电机发送指令值。

以一定的周期（50ms左右）重复①~③，就可以实现主从控制。该周期如果延迟，机器人动作就会咔嗒咔嗒作响。

除了上述动作，机器人还要一边进行自动起身的判定一边接收控制用PC发来的命令。为了实现这些功能，采用定时器和中断操作即可，但是，细微的设定非常麻烦。如果使用实时操作系统，就更容易实现。“魔神”采用了HOS（Hyper Operating System）系统，如图6.24所示。

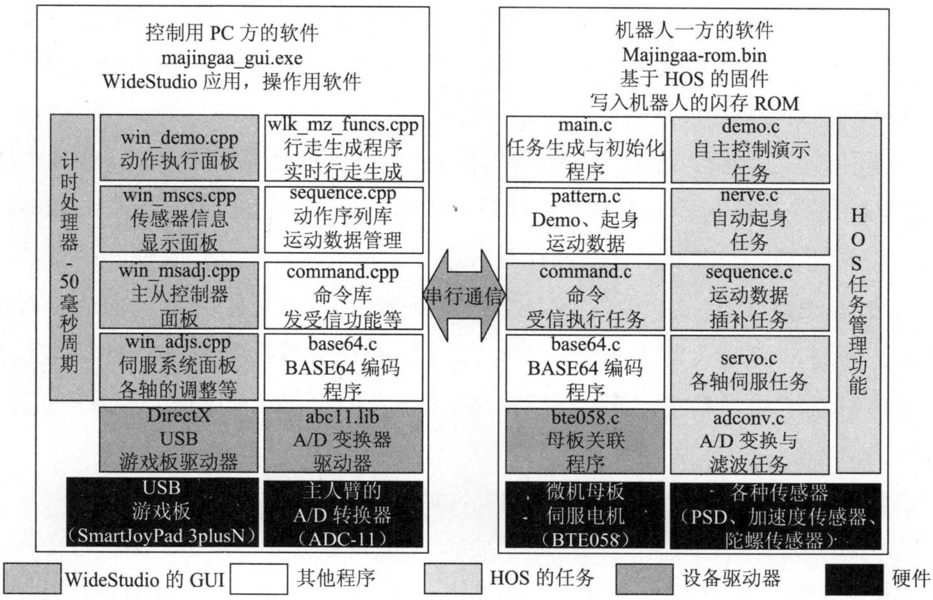

图6.24　“魔神”的软件结构

HOS是基于μITRON4.0的开源操作系统，具备实时操作系统的基本功能。该操作系统可以将机器人的动作分解成多项任务，使其独立完成动作。来自PC的命令使得命令ID和可变长度的变量能够被接收。例如，电机的ON/OFF命令采取“命令ID+电机号”的形式，而电机角度的指令则采取“命令ID+电机号+电机角度”的形式。

命令和变量以称作BASE64的编码方式打成包，成为可变长度的命令。经由无线通信传输有可能导致命令包损坏。给包上添加检查信息以便检查错误命令，以此可以预防错误的指令值。

【HOS的主页】　http://sourceforge.jp/project/hos/

6.3　其他控制方法

6.3.1　PC控制（GUI）

在ROBO-ONE大赛上，除了机器人内置的微处理器以外，也有很多采用笔记本电脑进行控制。制作者使用控制用PC可以在会场进行机器人动作确认、初始姿势调整、程序修改、调程序等操作。如果在控制用PC上有GUI（Graphical User Interface）的话，利用PC画面上的按钮或滚动条，就可以方便地进行电机的开关、初始角度调整等操作，建议使用。

市场上销售的机器人工具包基本上都带有用于调整、运动生成的GUI工具。如果读者希望使用自己开发的控制程序或控制器的话，就必须自己开发GUI。

GUI的开发环境有很多。操作系统有Windows、Linux，语言有C、C++、Basic，处理系统有Microsoft Visual Studio、gcc等，各种各样的组合更是令人眼花缭乱。虽然无论哪个开发环境都可用，但ROBO-ONE大赛要求的条件必须满足，包括硬件便于操作、在竞技会场容易修改调整程序、便宜、不拘泥于外观等。

① 可选用串口、并行端口、USB、蓝牙等各种各样的通信设备。但是如果想使用市面上不常见的特殊的控制器，设备驱动器只有Windows，所以，尽可能选Windows作为操作系统。另外，最好选择C或C++那样在某种程度上也可以直接操作硬件的语言。

② 控制方法对于参加ROBO-ONE大赛的人来说特别重要。笔者们就曾经有过在比赛即将开始时，机器人发生故障，结果陷入3min必须修改好程序的困境里这样的经历。如果那时采用的是功能过多、启动和编译要花几分钟时间的处理系统的话，恐怕就真的要哭泣了。

③ 机器人制作需要花钱，尽可能使用开源软件。

④ 因为GUI只有自己使用，因此，只要有最低限度的功能就行。参加ROBO-ONE大赛要做的事情太多，如机器人制作、电路制作、微处理器编程等，GUI只是其中一部分（当然，制作超漂亮的GUI以享受快乐的开发者也存在）。

考虑到这些条件，笔者们喜欢使用称作“WideStudio”的GUI开发环境。

■ WideStudio

WideStudio是平林俊一开发的、用于构建GUI应用软件的集成开发环境[4]。

WideStudio的特点是：

① 可以在Windows、Linux、MacOS X等系统平台上运行。

② 有设计GUI的应用建模工具。

③ 包括日语等多种语言，多语种不成问题。

④ 启动、编译快。

⑤ 开源软件。

在WideStudio上，只要懂得C或C++语言，即使对处理系统、操作系统不太了解，也能开发出GUI。下面介绍编译简单机器人用的示例程序的步骤。

■ 安 装

从主页下载并运行安装工具，就能简单地完成安装。Windows版的WideStudio将MinGW（gcc）作为编译器，一同安装。

推荐安装不是最新版本（3.97-4），但最新版本WideStudio制作GUI的画面显小，不太适合小屏幕笔记本电脑上的开发。

WideStudio的具体操作请参照主页或相关书籍[1~3]。这里介绍制作驱动机器人伺服电机运动的基本应用“sample”的步骤。

■ 示例应用程序

图6.25显示了GUI示例应用“sample”。使用该应用，就能利用GUI的拖动条驱动接入串口的机器人伺服电机。

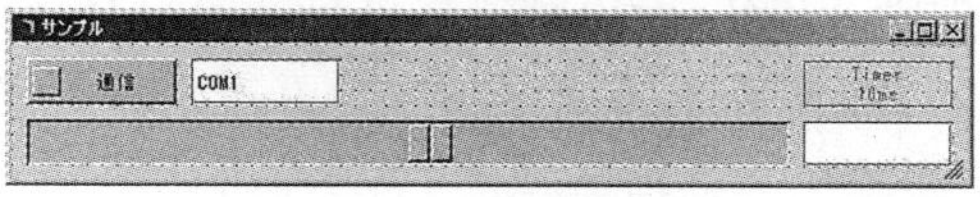

图6.25 示例应用

“sample”设有开始-结束串口通信的触发器开关、设定串口名称的输入区、指定伺服电机指令角度的拖动条以及显示指令角度的输出区。另外，虽然作为GUI没有显示出来，其实“Sample”还设有按一定周期向串口发送指令值的定时器。这些对象全部布局在主窗口上。

“sample”的对象分担两种功能。一是完成经由串口的通信功能（comm），一是管理伺服系统指令值的功能（srvo）。

那么，按顺序看看如何制作“sample”。

■ 项目生成

启动WideStudio便出现称作应用创建者的集成环境画面（图6.26）。

用“项目新建”按钮启动项目生成向导（Wizard）；将“项目名称”取为“sample”；指定适当的目录作“工作目录”；“项目类别”是“Normal Application”；“地区类别”为“日语（SJIS）”；“语言类别”就设为“C/C++”。

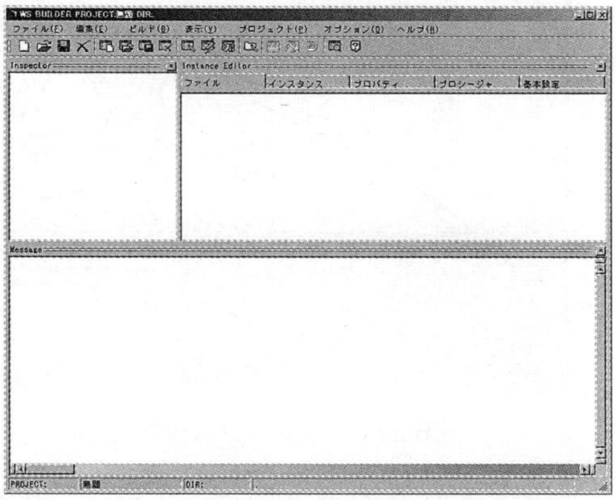

图6.26 WideStudio应用创建者

工作目录中会自动生成项目文件（sample.prj）、GUI布局等创建项目需要的文件。用户自己编写的代码也放在工作目录里。

■ 窗口制作

首先，制作主窗口。点击“窗口新建”按钮，启动窗口制作向导。“类型”选择“通常窗口”，再选择“登录到项目”。名称会自动添加，不过，因为在程序中会调用该窗口，所以建议将其改为易懂的名称。这里，取名“main_win”。“模板”为“无”。

选择制作好的窗口（main_win），再选择应用创建者的“属性”标签，就可以更改该窗口对象的宽度（WSNwidth）、高度（WSNheight）、题目文字（WSNtitleString）等属性。

■ 对象制作

① 指定网格。因为对GUI的位置是否紧凑不放心，所以，布局的时候，指定到网格上。从“选项”菜单→“环境设定”，显示项目设定窗口，设定“默认值”标签的“网格指定”在*X*、*Y*方向都为10。

② 制作触发器按钮。制作控制串口的触发器按钮（comm_tgl）。该按钮为ON时打开串口，OFF时关闭端口。点击“对象箱”打开对象箱窗口。从“Commands”标签将触发器按钮（WSCvtoggle）拖拽至main_win窗口中进行布置（图6.27）。将触发器按钮的名称改为“comm_tgl”。将其放在喜欢的地方，然后更改显示文字串（WSNlabelString），在按钮上显示名字。这里起名为“通信”。

③ 制作串口指定区。为了能够输入使用的串口的名字（COM1、COM2等），制作输入区（comm_ifd）。从对象箱窗口拖拽输入区（WSCvIfield）进行布置。这里给对象起名“comm_ifd”（图6.28）。显示文字串（WSNlabelString）设为想打开的串口的既定值（COM1等）即可。一般使用蓝牙的SPP（Serial Port Protocol）进行通信，所以，与普通的串口一样，起名为COM3、COM4等。与使用的系统对应，进行更改。

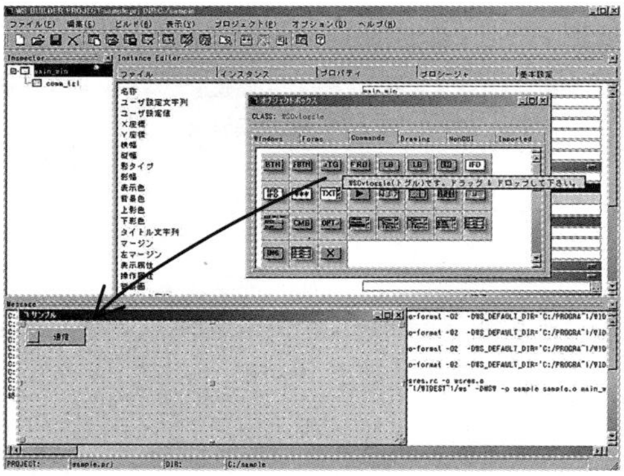

图6.27 comm_tgl对象的制作

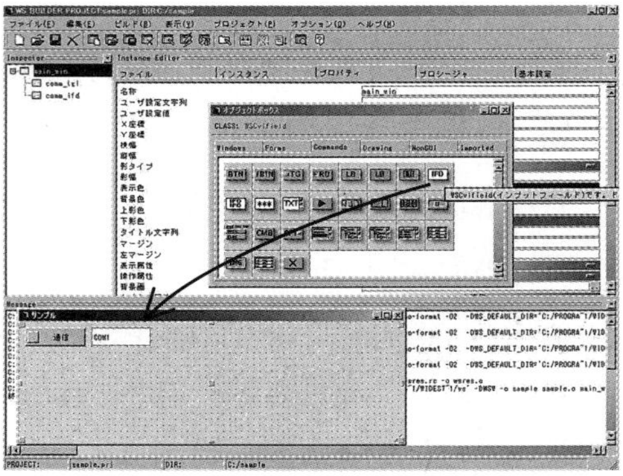

图6.28 comm_idf对象的制作

④ 制作关节角度指令拖动条。设置用于设定关节角度值的拖动条（图6.29）。从对象箱窗口拖拽拖动条（WSCvslider）进行布置。拖动条值的范围由属性设定。

⑤ 制作关节角度指令输入区。光有拖动条，无法知道具体指令值是多少。所以，从对象箱窗口设置显示伺服系统指令值的输入区（srvo_ifd）（图6.30）。显示拖动条数值的方法在后面的事件过程中实现，这里只考虑设置。

⑥ 制作定期定时器。用拖动条指定的指令值应该以怎样的周期发送给机器人？如果拖动条的值每每变化时就发送，数据量就会白白地增加。而且，为了发信，用拖动条设定的话，一个一个地按按钮，做起来还是挺费事的。因此，作为与机器人进行定期通信的措施，选择了WideStudio的周期定时器（WSCvTimer）。与前面的操作一样，从对象箱窗口将定时器（comm_tim）设置在示例应用窗口里（图6.31）。该定时器显示在应用创建者中，不过，执行的时候是看不见的。将属性中的“时间间隔（WSNinterval）”设为

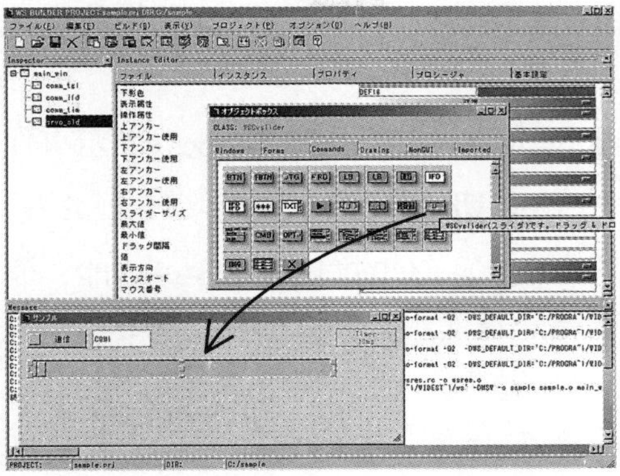

图6.29 拖动条对象（cmmsld）的制作

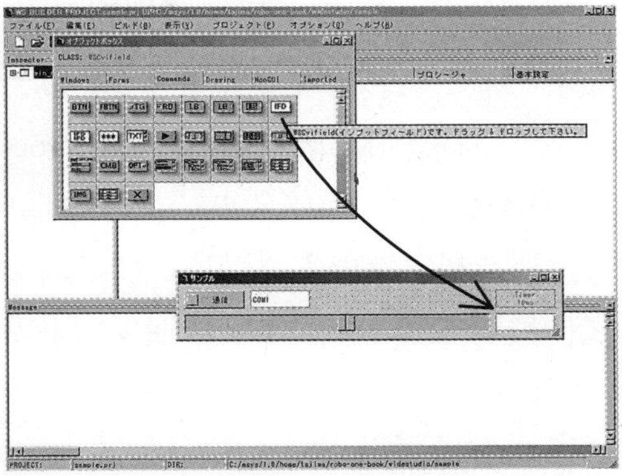

图6.30 输入区对象（srvo_ifd）的制作

10ms周期。另外，定时器最初是停止的，为了让它与程序执行同时启动，将“执行中”属性设为“ON”。

⑦ 创建与执行。所有对象设置完毕，创建并执行程序看一下。按下“创建所有”按钮，执行编译和连接，应该无错误地完成。按“执行”按钮，以“示例”为名的窗口以及先前设置的对象（定时器除外）均显示出来。但是，仅仅这样的话，按下触发器按钮（comm_tgl），或者移动拖动条（srvo_sld），都没有任何反应。

■ 事件驱动型编程

包括WideStudio在内，几乎所有的GUI编程都是“事件驱动型”的。这些编程方法会记录按钮被按下、表格里输入内容等事件发生时的动作。如果用户没有输入，程序就什么也不做，只有当事件发生时，才调出相应的处理程序。这时的“sample”应用，按下按钮，事件发生，但是没有相应动作的表述。下面制作几个对应事件的函数。WideStudio里，称事件发生时被调出的函数为“过程”。

■ 为对象设定过程

① 过程的制作。首先，对应触发器按钮（comm_tgl）的ON/OFF，设定串口的打开/关闭。选择“comm_tgl”后，再选择“过程”标签，用“过程追加”制作新的过程（图6.32）。

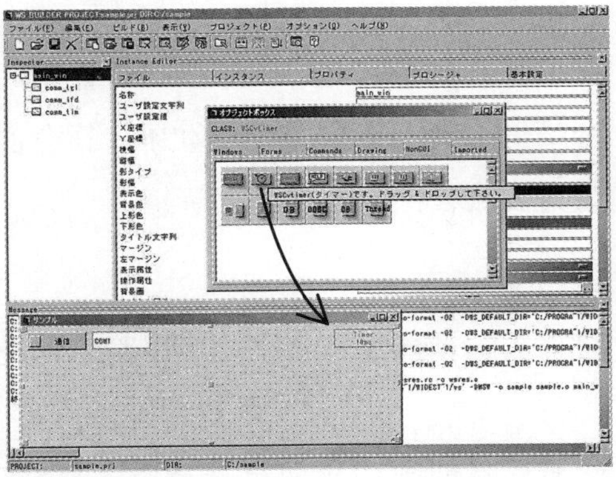

图6.31 定时器对象（comm_tim）的制作

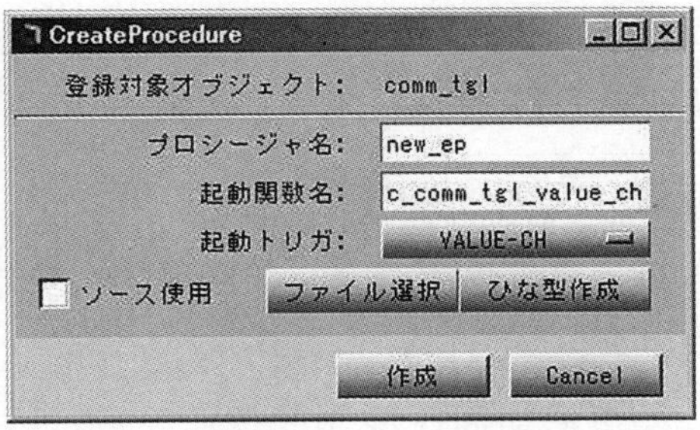

图6.32 为触发器按钮（comm_tgl）追加过程

“启动触发器”设为“VALUE_CH”。这是触发器按钮状态变化时发生的事件的种类。

另外，将“启动函数名”设为“proc_comm_tgl_value_ch”。这是proc（表示事件过程）、comm_tgl（对象的名称）、value_ch（表示对应VALUE-CH事件的函数）的组合名字。

不要选择“源程序使用”。设定完成后，名为“proc_comm_tgl_value_ch.cpp”的雏形文件自动生成，在创建时被连接，很方便。但是，这次想将串口相关的函数集中做成一个文件，所以，自己还要制作定义过程的文件进行连接。

同样，也可以设定针对定时器（comm_tim）的过程。定时器在设定的周期里产生“ACTIVATE”事件。针对“ACTIVATE”事件，制作启动函数（proc_comm_tim_activate）。

接着，设定用拖动条（srvo_sld）输入值时调出的过程。拖动条用鼠标操作，数值每次变化都会产生“VALUE-CH”事件。因此，将“启动触发器”设为“VALUE-CH”，“启动函数名”设为“proc_srvo_sld_value_ch”。同样，不要选择“源程序使用”，完成制作。

② 过程启动函数的定义。过程启动函数都记入“proc.cpp”。源代码全文可从Ohmsha社主页下载。proc_comm_tgl_value_ch函数描述触发器按钮按下时的处理过程。按钮为ON时，打开串口，按钮为OFF时，关闭端口。Comm_open、comm_close函数是串口函数。

comm_tim定时器设置成每隔10ms产生一次“ACTIVATE”事件。针对该定时器事件的过程描述将拖动条设定的伺服系统指令值发送给机器人处理。proc_comm_tim_activate函数则描述定时器启动时的处理过程。

发送给机器人的数据内容因机器人的不同而不同。这里作为例子，假设用文字串形式发送关节号码和关节角度。其实，需要根据机器人的通信标准做相应更改。

③ 追加过程定义文件（proc.cpp）。制作好了proc.cpp文件，但仅仅如此，应用创建者并不知道存在这个代码。因此，从“项目菜单”→“项目设定”显示项目设定窗口，在“编译”→“追加对象”处追加“proc.o”，这样就完成了连接。

■ 动作确认

再次重新创建启动。将“通信”按钮设为ON，串口便打开；移动拖动条，指令值就显示srvo_sld。而且，按照一定的周期，指令值数据被发送。

■ 示例的扩展

该示例仅仅驱动一个伺服系统，要想驱动机器人，功能还不够全。可以简单地进行示例扩展。

要想增加同时控制的伺服系统的数量，增加设置的拖动条即可。这时，以srvo_sld[0]、srvo_sld[1]…这样的名字制作出同类对象，可以用数组定义。这样，无论增加多少零部件，作为数组只需根据下标就可以访问到。

另外，如果将属性“用户设定值”设为与数组下标一致的话，在过程中就可以知道某个部件在数组的第几个位置，那么只要写一个程序就可以适用于数组中的所有部件。

还有，这次完全没有使用来自机器人的信息，但是，通过读取定时器内的机器人的信息，可以简单地显示机器人传感器的信息等。

再进一步，WideStudio不光有拖动条、按钮，还有其他各种部件。因此，可以参照相应的技术手册添加功能。这样，制作GUI时，需要记住的WideStudio的内容非常少，可以简单地完成GUI应用的制作。这适合机器人交互界面的制作，尚困惑于使用哪些GUI开发环境的人可以重新考虑一下。

参考文献

[1] 平林俊一，玉木　徹，末竹弘之 ほか：プログラミング WideStudio—オープンソース，マルチプラットフォーム対応統合開発環境，アスキー，2002

[2] 平林俊一 監修，玉木　徹，末竹弘之 ほか 著：WideStudio オフィシャルプログラミングガイド—C/C++で作るデスクトップアプリケーション，毎日コミュニケーションズ，2003

[3] 坂村　健 監修，平林俊一 編著，後藤　渉 ほか 著：：WideStudio 徹底ガイドブック—組込みシステム用 GUI 統合開発環境の決定版，パーソナルメディア，2004

[4] WideStudio/MWT：http://www.widestudio.org/ja/

6.3.2 使用Wii控制器的控制

■ Wii遥控器

有谁不知道“Wii”吗？这是一款2006年发售的以其独特的遥控器而被人们关注的任天堂游戏机。Wii的控制器检测动作，可以直接指着画面或摇动画面进行游戏操作。

这里介绍将Wii遥控器用于机器人操作的方法。英语里称作“WiiRemote”或者简称“Wiimote”，下面简称为Wii遥控。

Wii遥控器装有感知动作的加速度传感器和红外线照相机。其中，加速度传感器多用于获取摇摆时的节奏，并不适合获取Wii遥控器的姿势[1)]。

Wii游戏里画面光标的移动主要靠红外线照相机。将“传感器棒”放在电视上，Wii遥控器的前端指向画面，如同激光笔指向画面一样，就可以移动画面中的光标。实际上，传感器棒两端采用红外线LED发光，与名字不符，根本没有什么传感器。Wii遥控器的照相机根据前端的红外线照相机看到传感器棒发光两点的程度，知道Wii遥控器指向画面的哪个位置。

■ Wii遥控器的利用

随着进一步了解Wii遥控器的内容，越来越多的人想通过PC使用它。其中2007年还是

1) 由于有了被称作“Wii运动Plus”的陀螺仪传感器内置附件，情况正在发生变化。

CMU学生的Johnny Lee，他用Wii遥控器制作了追踪头或手指位置的交互界面，通过发在You Tube上的演示视频一举成名[1]。

这个交互界面也可以用于机器人。也就是说，给机器人安上红外线LED，将Wii遥控器指向机器人，就可以操作机器人了。

笔者们受Lee氏影响，尝试将自动清扫机器人“Roomba”改造成了用Wii遥控器操作的“Wiimba”1)[2]（图6.33）。

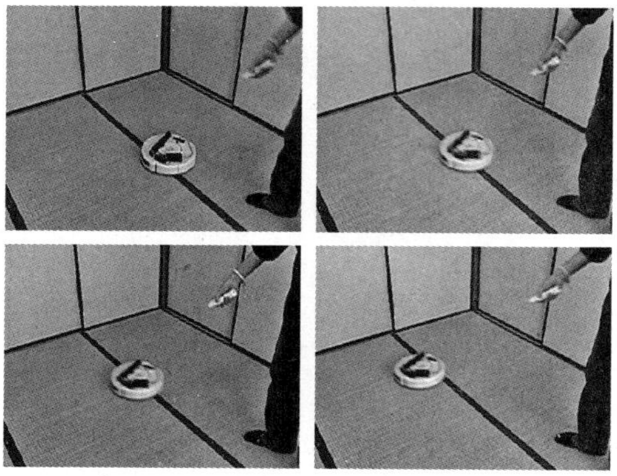

图6.33 Wiimote + Roomba = Wiimba !

另外，就在最近，《WiiRemote Programming》的书也已面世[3]。该书汇集了很多Wii遥控器相关的信息。而且，介绍了很多以媒体艺术为主的项目实例，建议一并参阅。

下面，通过简单的示例程序，介绍Wii遥控器在机器人控制方面的使用方法。

■ 硬 件

首先准备硬件。除了Wii遥控器和PC以外，还需要蓝牙适配器和传感器棒。

① 蓝牙适配器。Wii遥控器通过蓝牙与Wii本体进行通信，在PC使用Wii遥控器也需要蓝牙交互界面。如果PC没有内置蓝牙，只需数千日元就可以买到USB式蓝牙适配器。

适配器里应该附带有被称为蓝牙套件的设备驱动器，一定要安装。同时，Windows XP SP2以后的版本都有由Microsoft标配的蓝牙套件，不过用起来不方便，所以笔者并不推荐。

② 传感器棒。传感器棒是带有让Wii遥控器的红外线传感器能够看到的红外线LED的装置。只要红外线LED能够连续发光就行，所以读者自己制作也比较简单。

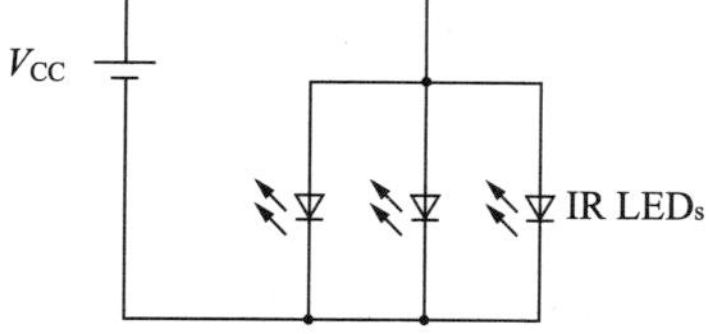

图6.34 LED 发光电路

但是，为了更好地确认动作或实验目的，最好还是购买市场上销售的传感器棒。例如，“Wii无线传感器棒”（Answer公司）[4]可以利用电池或USB的母线提供的能源加以使用，还带有防止忘关的定时器。

给机器人装上红外线LED时，可以自行设计电路。LED发光电路是基本的电路，新手也能挑战一下。

1) 事先声明，这是把高科技的自动清扫机器人特意用高科技改造成手动机器人。

如果让三个LED发光，需要图6.34所示的电路。让红外线LED发光与普通可视光LED的发光原理完全相同，必须加入限制电流的电阻R。

电阻R如何确定呢？手头掌握的LED数据表里写有正向电压（V_f）和推荐电流（I_f）。

设电源电压为V_{CC}，通过推荐电流的电阻R（Ω）则为$R=(V_{CC}-V_f)/I_f$。而且，电阻R的容量要比消耗电功率P（W）[$P=I_f(V_{CC}-V_f)$]更大。

例如，设电源电压为5V，红外线LED正向电压V_f为1.5V，推荐电流I_f为60mA时，电阻R为$R=(5.0-1.5)/0.06\approx 58.3$，取62Ω电阻就行。此时电阻的消耗电功率为$P=(3.5/62)\times 3.5\approx 0.197$W。如果希望留有两倍余地的话，则需要取额定功率为0.5W的电阻。

Wii遥控器的效果与其和红外线LED的间距有关系，相距2m、3m时，如果不采用最少3个尽可能高亮度的LED的话，Wii遥控器就无法识别。此外，LED的光具有方向性，盖上半透明的光扩散板即可。或者，为了让光漫反射，可以用锉刀将LED的圆透镜削平一点。图6.35对比了自制的传感器棒（上）和市面上出售的传感器棒（下）。用红外线拍摄模式拍摄的话，如图3.36所示，适度扩散的红外线在发光。中间的LED是指示灯。

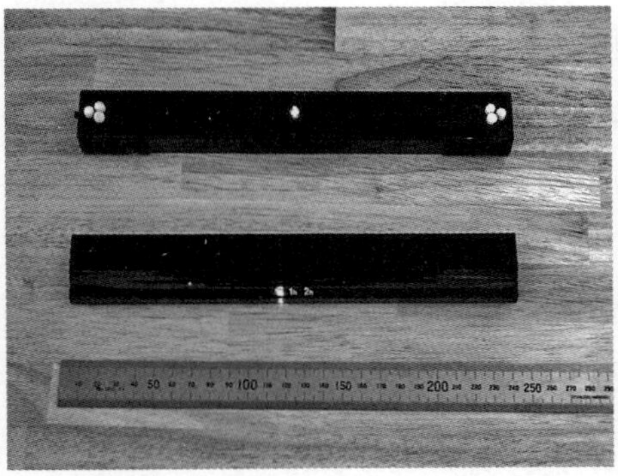

图6.35 自制传感器棒（上）和市面上出售的传感器棒（下）

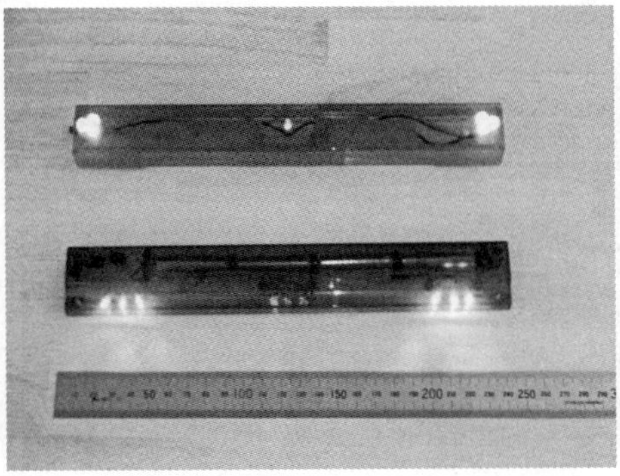

图6.36 夜间模式拍摄的结果

■ Wiiuse库

在前面介绍过的《WiiRemote编程》一书中，提到了用C#或VisualBasic语言使用Wiimote的库“WiiRemoteLib”。不过遗憾的是，笔者对“ManagedCode”、“C#”、“.NET”等并不了解。因此，这里采用Michael Laforest开发的“Wiiuse”库[5]。“Wiiuse”库是用标准的gnu风格的C语言写成的，对于只会C语言的笔者而言正合适。这也是区分开发者喜好的地方。

Wiiuse主页上有源代码和Windows二进制文件，下载最新的二进制文件和源代码。2010年6月，版本0.12是最新的。

Wiiuse的使用方法非常简单。wiiusev0.12/example/example.c里有示例，如果懂C语言的话，看这里就可以了解具体的使用方法。

基本流程如下：

① 初始化wiimote结构体。

② 搜索Wii遥控器。

③ 连接Wii遥控器。

④ 在主循环中获取Wii遥控器的信息并加以处理。

笔者在MinGW的Windows系统上的、使用gcc等GNU工具的环境中对Wiuse进行了编译[6]。但是，因为是标准C语言的库，使用Microsoft VisualStudio等，也应该能够进行编译。

必要的文件有以下三个：

① wiiuse.h。

② wiiuse.lib。

③ wiiuse.dll。

其中，wiiuse.dll与wiiuse.lib静态链接，将其和执行文件放在同一文件夹里。在MinGW中如下所示：

```
$gcc -o sample sample.c wiiuse.lib
```

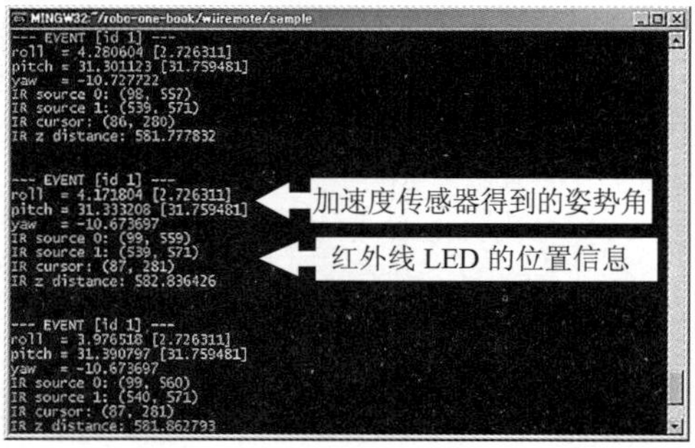

图6.37 示例执行画面

执行示例得到的画面如图6.37所示。将Wii遥控器朝向传感器棒或自制的红外线LED，标准输出中出现表示红外线LED位置的提示，说明动作正常。另外，根据作为运动传感器的重力传感器计算得到的姿势角（roll、pitch、yaw角）也一同显示了出来。除了示例代码，还能获得其他各种信息，详细请参照Wii的参考资料。

剩下的就是要编写将Wii遥控器的输入与给机器人的指令值联系起来的程序。例如，将与红外线LED中间位置的偏差当作机器人前进或后退的移动量，结果就好比要让机器人朝Wii遥控器指定的位置移动。

前面介绍过对Roomba的改造，先计算两个LED的中间位置以及两个LED相对Wii遥控器水平轴的倾角，将其转换成机器人的前进速度和旋转半径，就可以实现利用Wii遥控器的操作。

虽然，这不适合ROBO-ONE大赛那样要求机器人具有即时应答性的动作，但是，因为能够感受到细微控制，不失为一种很有乐趣的操作方式。

另外，利用加速度传感器，操作者一出拳，机器人就执行出拳运动，或者反过来，机器人翻倒时的冲击也能反馈至Wii遥控器上的振动电机或扩音器。不管怎么说，Wii控制器蕴藏着无限的可能性，读者不妨试试。

参考文献

[1] Johnny Chung Lee. WiimoteProject : http://johnnylee.net/projects/wii/

[2] Wii + Roomba = Wiimba ! : http://www.youtube.com/watch?v=NqbcfSqPnLA

[3] 白井暁彦，小坂崇之，くるくる研究室，木村秀敬 : WiiRemoteプログラミング，オーム社，2009

[4] Wii用ワイヤレスセンサバー（アンサー株式会社）: http://a-answer.co.jp/sub/wii/item_003.html

[5] Wiiuse : http://wiiuse.sourceforge.net/

[6] MinGW : http://www.mingw.org/

6.3.3 使用iPhone的控制

■ 用iPhone操作的机器人“小萝卜”

图6.38所示的是用iPhone操作的机器人“小萝卜”。这里介绍像“小萝卜”一样用iPhone操作机器人的方法。

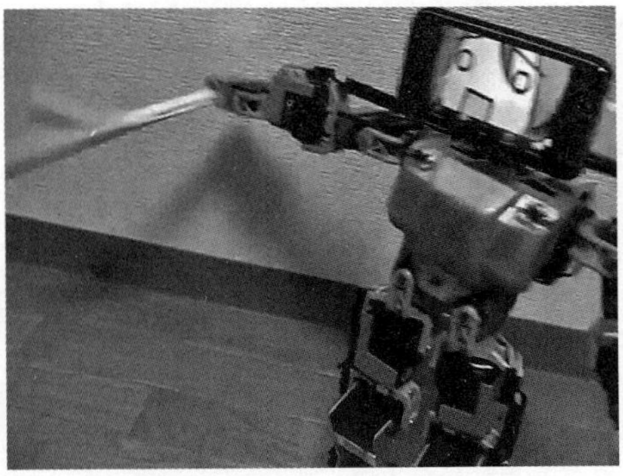

图6.38 用iPhone操作的机器人（小萝卜）

■ iPhone/iPod touch的软件开发

iPhone是苹果公司发售的被称为智能手机的高级手机。iPhone/iPod touch的用户可以开发应用程序，其专门的开发环境（iPhone SDK）是开源软件。

从下面网站登录，就可以下载。

【iPhone Dev Center】 http://developer.apple.com/iphone/

SDK带有仿真工具，只要有Mac（Intel CPU），谁都可以进行程序开发。不过，要让iPhone手机动起来的话，需要加入iPhone Developer Program（每年10 800日元）。

■ iPhone的JailBreak

iPhone具有串口通信功能，利用该功能可以与其他微处理器等进行通信。但是，由于串口通信的API一般没有公开，所以需要进行破解操作。

关于破解，这里不作详细介绍，用“iPhone Jail Break”关键字检索的话，就能得到相关信息。但是，iPhone执行了破解操作的话，就无法获得苹果公司的维护，就会暴露在病毒等威胁之下。执不执行破解操作，要由读者自己负责地作出判断。另外，需要破解的应用是不能发布到苹果商店上的。下面给出破解工具的发布地址。

【DEV-TEAM BLOG】 http://blog.iphone-dev.org/

此外，可以用作完成iPhone与机器人之间通信的交互界面还有Wi-Fi（无线LAN）、蓝牙等。利用Wi-Fi的话，机器人就得与Wi-Fi对应起来，另外，蓝牙的交互界面（串口协议：SPP）一般也公开，所以，利用这些界面的障碍较大。还有利用被称为编程猫的声音端子的通信方法，也可供参考。

■ 用iPhone创建机器人应用程序

利用被破解了的iPhone，读者可以用串行界面自己开发应用，简单地操作机器人。iPhone搭载有：

- 触觉传感器。
- 加速度传感器。
- 磁场传感器。
- 相机。
- GPS。
- 麦克。

因为有获取这些值的API，所以可以将这些值用作机器人的输入。

另外，iPhone还搭载有：

- 液晶显示器。
- 扩音器。

所以，也可以利用机器人输出信息实现丰富的功能。例如，图6.38所示的机器人“小萝卜”，一边放扩音器出来的音乐一边运动，机器人单体就可以完成跳舞动作。

另外，iPhone的GUI库、视频/音乐播放、网络、声音合成器（非正式API）等吸引人的函数库也很齐全。

■ iPhone与机器人的连接

使用iPhone操作机器人，先要用串口线将搭载在KHR-2HV上的RCB-3J与iPhone连接。硬件结构图如图6.39所示。iPhone与机器人的连接方法，也可以考虑前面介绍的几种，但这是最简单的连接方法。

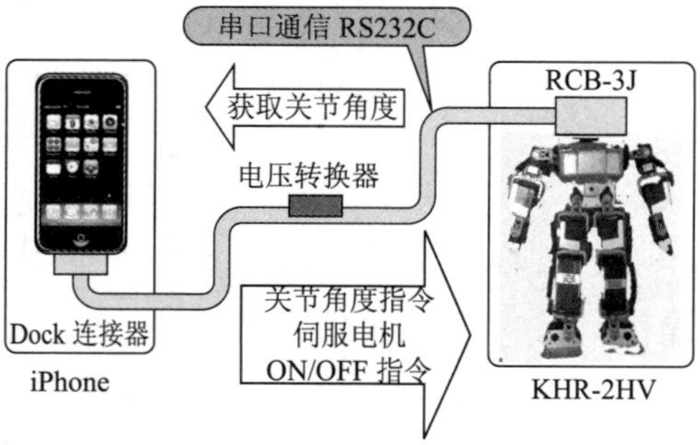

图6.39 iPhone与KHR-2HV的硬件连接

iPhone的对接连接器带有串口线。对接连接器共有30支引脚，其规格一般不予公开。据调查，与机器人通信可能有关的信息如表6.1所示。

这里使用12号引脚Tx（从iPhone向RCB-3J

表6.1 iPhone与连接器接线

编 号	作 用	备 注
1.2	GND	接地
11	GND	串口GND
12	Tx	串口发信(3.3V)
13	Rx	串口收信(3.3V)

发送数据的线）和13号引脚Rx（从RCB-3J向iPhone发送数据的线）。不过，iPhone的串口通信电压是3.3V，而RCB-3J则在5V进行串口通信。而且，RCB-3J的串口通信通常采用反转电路（应该5V时为0V，而应该0V时为5V）。因此，利用NOT电路（使信号反转的电路）将信号反转。即使输入3.3V信号，也被变换成5V，所以用图6.40所示电路图即可实现通信。

用硬件连接iPhone和RCB-3J，然后用iPhone开发环境的软件编写通信程序，就可以自由地操作KHR-2HV。iPhone的对接连接器在千石电商等处可以购得（图6.41）。利用它制成的连接器如图6.42所示。

然后，如图6.43所示，将连接器接到KHR-2HV搭载的RCB-3J上，将来自iPhone的通信线接到高速串口上，其中，电压转换器所使用的IC用电源（5V）则利用传感器端口的5V电压。

■ 制作应用

iPhone的应用基本上使用Objective-C语言编写。因为GUI库等苹果拥有的库是用Objective-C编写的，所以用户编写应用时也必须使用Objective-C。但是，不依赖该语言的独自的库（例如，机器人操作用库）也可以用C或C++语言编写。

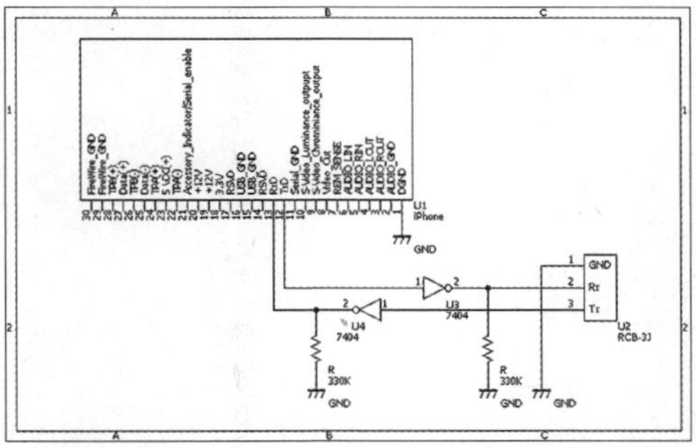

图6.40 iPhone和RCB-3J的连接电路图

图6.41 iPhone的对接连接器

图6.42 完成的iPhone/RCB-3J连接器

图6.43 与KHR-2HV的连接

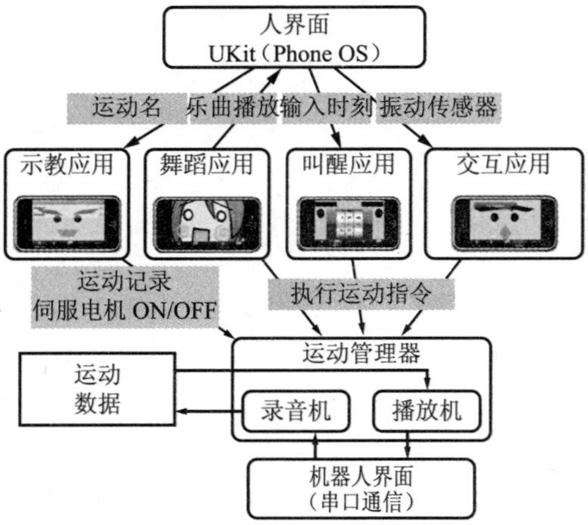

图6.44 “小萝卜”的软件结构

举例，机器人“小萝卜”的软件结构如图6.44所示。

① 机器人操作用库。首先制作机器人操作用库。这是打开串口通信，发送及接收RCB-3J用命令的库。该库可以完成的事情只有三项：

- 指定机器人全身的目标关节角度。
- 伺服电机的ON/OFF。
- 获取当前机器人全身的关节角度。

如果了解RCB-3J的命令，这三件事情都容易实现。

介绍一个利用该库和iPhone制作的应用。串口通信与Linux的串口通信有大体一样的描述。【程序清单1】是串口初始化处理的程序。关键是将设备文件名设为/dev/tty.iap，通信速度为115 200b/s。

【程序清单1】

```
//设备文件名
#define DEV_NAME    “/dev/tty.iap”
//RS232C通信波特率
#define BAUD_RATE B115200

-(void) serialInit
{
  //串口通信端口设定用结构体
    struct termios tio;
  //端口打开
    open(DEV_NAME, O_RDWR | O_NOCTTY);
  //端口设定
    memset(&tio, 0, sizeof(tio));
    tio.c_cflag = CS8 | CLOCAL | CREAD;
    tio.c_cc[VTIME] = 0;
    tio.c_cc[VMIN] = 1;
  //波特率的设定
    Cfsetispeed(&tio,BAUD_RATE);
    Cfsetospeed(&tio,BAUD_RATE);

  //设备设定
    Tcsetattr(fd,TCSANOW,&tio);
}
```

另外，RCB-3J的规格说明书可以从近藤科学的网站主页获得。根据该说明书，读者可以进行命令的发送与接收。

【控制器RCB-3J的规格说明书】

```
http://www.kondo-robot.com/pdf/RCB3CommandRef.pdf
```

② 示教与执行应用。使用iPhone的话，没有PC机也能让机器人单独完成示教与执行。首先制作示教与执行应用，然后，将利用该应用制作的运动在其他应用中加以利用。

让iPhone的Flash Rom存储器记住机器人关节角度序列，通过执行该序列实现示教。利用iPhone的GUI界面，通过给动作或姿势命名（以后再行删除）可以当场完成动作编辑。操作画面如图6.45所示。

运动的示教情景和执行情景分别如图6.46和图6.47所示。

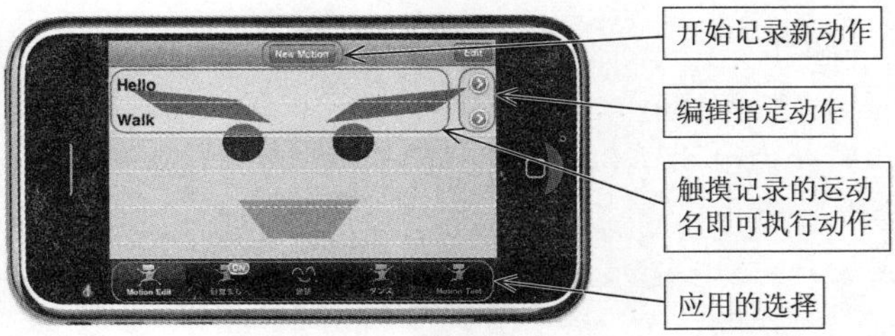

图6.45 iPhone的运动操作画面

图6.46 运动示教

图6.47 即刻执行运动

③ 利用传感器值的应用。将触觉传感器、加速度传感器用作输入，就可以更自然地完成触摸、摇晃等人与机器人之间的交互。利用iPhone获取加速度传感器值的一部分源代码如【程序清单2】所示。

【程序清单2】

```
- (void) viewDidAppear: (BOOL)animated
{
  //加速度传感器的初始化
[[UIAccelerometer sharedAccelerometer] setDelegate:self];
  //从略
 }
//加速度传感器变化时调用的回拨函数
-(void) accelerometer: (UIAccelerometer *) accelerometer didAccelerate:
```

```
 (UIAcceleration *)acceleration
{
//将加速度存在内部变量中，在应用处利用
accel [0] = [acceleration x];
accel [1] = [acceleration y];
accel [2] = [acceleration z];
}
```

④ 叫醒应用。利用iPhone的时刻设定UI库（UIDatePicker），就可以简单地制作叫醒应用。

表示UIDatePicker的源代码如【程序清单3】所示。

【程序清单3】

```
- (void) viewDidLoad
{
  //UIDatePicker初始化
UIDatePicker *pickerView = [[UIDatePicker alloc] initWithFrame:
CGRectMake (80.0f, height, 320.0f, 216 + height)];
  //设定时刻选择模式
  [pickerView setDatePickerMode:UIDatePickerModeTime];
  //登录changeddate回拨函数
  [pickerView addTarget:self action:@selector (changedDate:);
forControlEvents:UIControlEventValueChanged];
}
```

执行该应用，到了指定时刻，回拨函数（changedDate）被调用。由该函数执行起床运动的话，就可以将机器人用作叫醒闹钟。“小萝卜”在动作的基础上还增加了面部表情变化，并发出叫醒的声音（图6.48）。

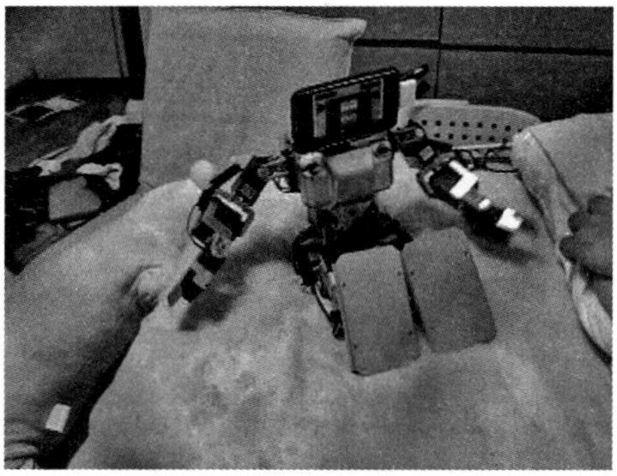

图6.48 机器人叫醒的动作

第7章

双足步行机器人制作示例

<7.1节>

森永　英一郎　电气通信大学电子工学科毕业，专业为控制工程,就职于某电气公司。从事开辟新市场的商品的开发。兴趣是制作微鼠等机器人。有20年制作机器人的经历。

<7.2节>

网野　梓　1980年7月生。九州大学硕士，就职于某综合电机公司。现在从事机器人的研究与开发。大学期间开始参加ROBO-ONE大赛，累计参加九届。以“TokoToko号”获得第8届ROBO-ONE大赛冠军。

<7.3节>

角　和树　是建筑公司的一级建筑师，业余时间制作双足步行机器人，参加ROBO-ONE大赛。梦想是用机器人自动化施工进行基础设施建设。

<7.4节>

前田　武志　1970年4月出生。经历过游戏时代、摩托车时代，现专注于制作机器人。作为游戏打分员、摩托车赛手没有创下过记录，在机器人领域，获得了第14届、第16届ROBO-ONE大赛冠军。

<7.5节>

丸　直树　东京出生。爱机“凯撒王”获得第10届、第13届ROBO-ONE大赛冠军。ROBO-ONE第一位三冠王。http://www.ne.jp/asahi/robot/kingkizer/

7.1 钢铁战士的制作

7.1.1 引 言

2002年，ROBO-ONE大赛有记录以来，随着大赛年复一年地举行，双足步行机器人也在不断进化。

“钢铁战士（Metallic Fighter）”（图7.1）机器人参加了第1届的ROBO-ONE大赛，在第2届大赛上获得冠军。它向着“成长型机器人”的目标，不断在改良技术。

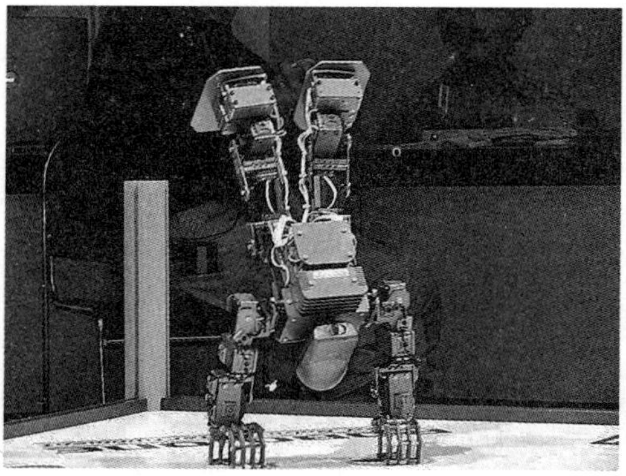

图7.1 倒立的“钢铁战士”

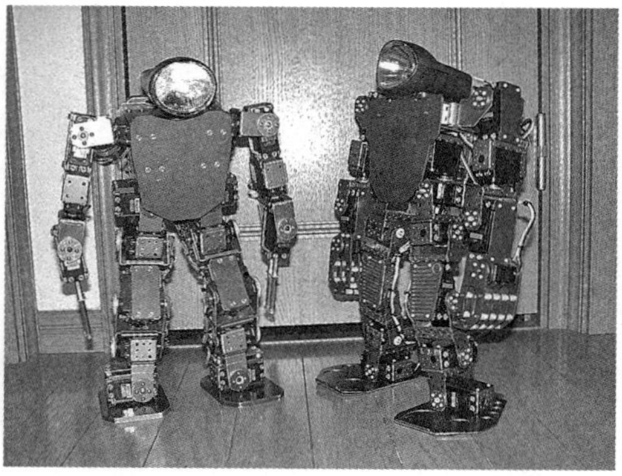

图7.2 进化的“钢铁战士”

本节介绍从“钢铁战士”的进化过程（图7.2）中获得的机器人制作经验。

7.1.2 第一步：利用市面上出售的工具包

本书的大多数读者可能都想制作或控制自己独创的机器人。但是，又不知道该从哪里开始。

这种感觉不是没有道理的，因为双足步行机器人是由很多部件构成的，很难确定该从何下手。

整理一下制作双足步行机器人应该具备的基本要素和知识，可以分为以下几类：

① 控制单元（计算机知识）。

② 执行器（伺服系统知识）。

③ 框架（部件加工知识）。

④ 电源（电池知识）。

⑤ 传感器（陀螺仪、加速度传感器知识）。

⑥ 运动（软件知识）。

这些要素全部需要读者一个一个去理解，而在制作机器人的过程中很多人都遭遇过挫折。如果读者有两至三年的时间去掌握机器人技术，那么可以选择自己完成全部制作，不过这未必就是最好的选择。

那么应该怎么办呢？最好的办法是灵活运用市面上出售的工具包。

市面上出售的工具包的优点是，能够使用户在短时间内掌握机器人制作的基础知识，同时感受到制作机器人的快乐。而且，如有用户有不懂的地方，可以咨询一下厂商，或者利用互联网收集一些信息，这些都是有利的方面。

市面上出售的工具包对于用户享受机器人足球及竞技比赛的快乐而言是足够的。另外，稳定的动作也是其特点之一。建议首先组装市面上出售的工具包（图7.3），理解机器人制作的整体概况。

图7.3 市面上出售的工具包 KHR-3HV

7.1.3 第二步：改造市面上出售的工具包

使用市面上出售的工具包能够制作出独自运动的机器人后，建议下一步从简单的地方开始实施改造。

例如，可以试着挑战：

① 将电池换成性能更好的。

② 改用自制的框架。

③ 将伺服系统换成更强力的系统。

改变框架，能让从市场上买来的机器人彰显个性，变身为独特的机器人。

另外，还可以理解专业人员设计框架构造，该经验在制作全新独创机器人时可以发挥作用。

下面介绍如何将买来的机器人改造成小型的钢铁战士（名字：Kometa，图7.4）。

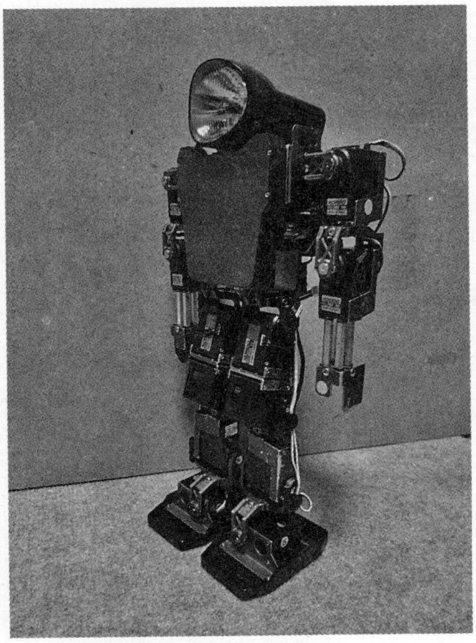
图7.4 将市面上出售的机器人改造成小型钢铁战士“Kometa”

改造的要点如下：

① 涂色。

② 换头。

③ 换胸牌。

仅仅如此，就能将其变身为一个完全不同的机器人。其中，踢球的“Kometa”如图7.5所示，发边界球的“Kometa”如图7.6所示。

图7.5 踢球的“Kometa”

图7.6 发边界球的“Kometa”

7.1.4 第三步：挑战独创的机器人

能够改造市面上出售的机器人后，接下来就该挑战制作独创机器人了。

这并没有什么难的，只要充分应用从市售机器人那里学得的经验和技术，就能够制作出充满个性的机器人（图7.7）。

下面介绍钢铁战士机器人的制作过程。

① 绘制图纸（图7.8）。

图7.7 原创机器人

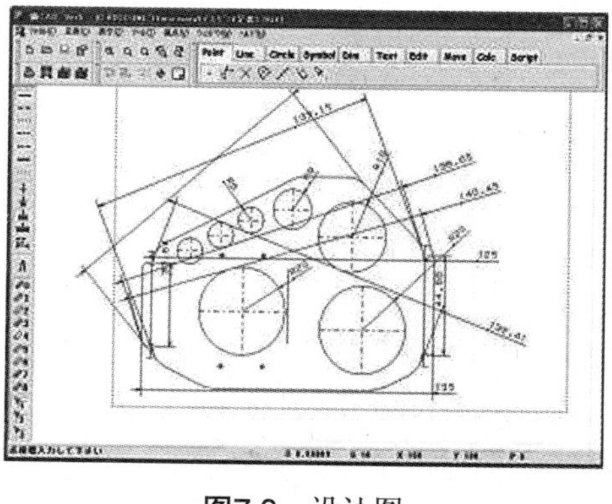

图7.8 设计图

② 准备材料（图7.9）。

③ 将材料放在加工设备上（图7.10）。

④ 开始加工（图7.11）。

⑤ 加工结束（图7.12）。

⑥ 分离切出的零件（图7.13）。

⑦ 制孔（图7.14）。

图7.9 框架材料——铝板

图7.10 在剪板机（MODELA）上加工

图7.11 加工作业

图7.12 加工完成时

图7.13 分离从板材切出的零件

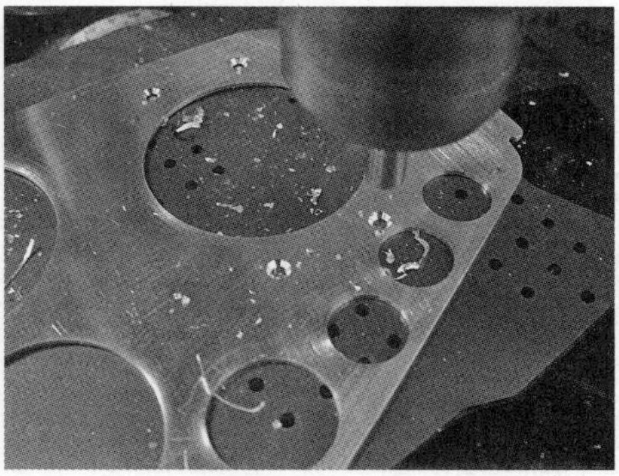

图7.14 用钻孔机开孔

⑧ 将零件装在夹具上，将一边折弯（图7.15）。

⑨ 用手折弯零件（图7.16）。

⑩ 去除零件油脂（图7.17）。

⑪ 加热干燥零件（图7.18）。

⑫ 给零件上色（图7.19）。

⑬ 零件制作完成（图7.20）。

⑭ 开始装配（图7.21）。

⑮ 上半身组装完毕（图7.22）。

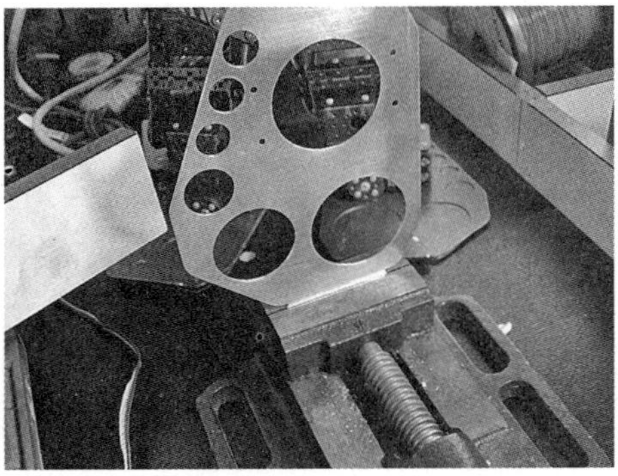

图7.15 将零件夹在夹具上，将一边折弯

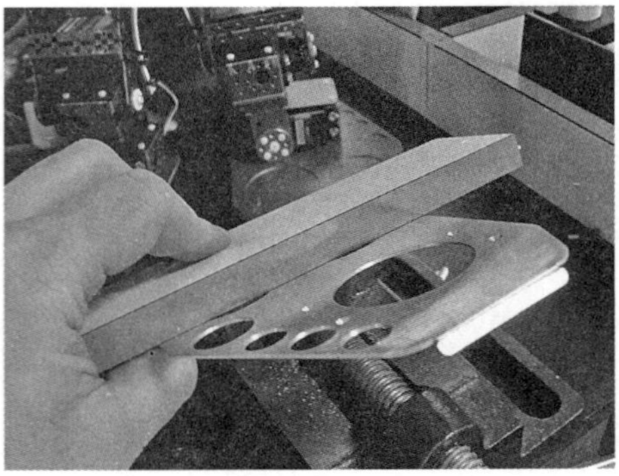

图7.16 用手折弯零件

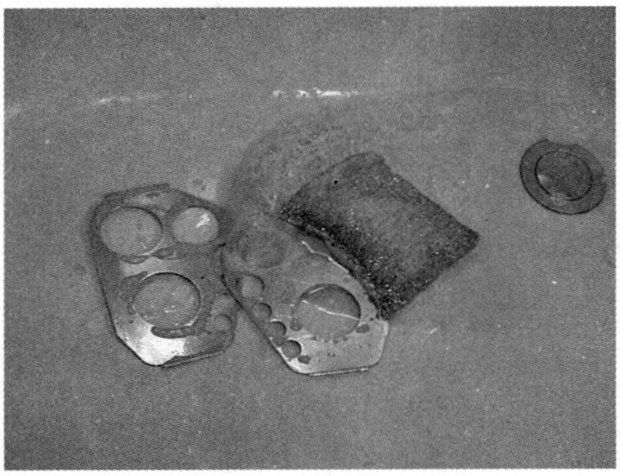

图7.17 清洗零件去除油脂

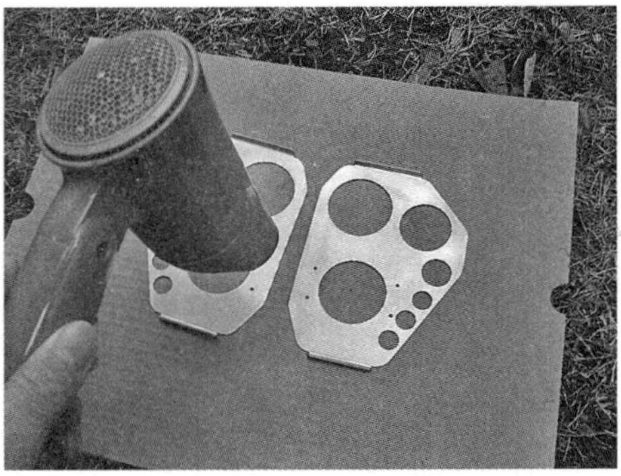

图7.18 用吹风机干燥

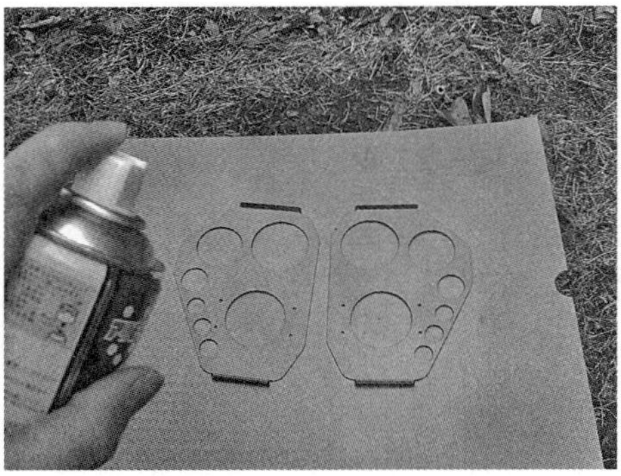

图7.19 喷漆上色

图7.20 零件制作完成

图7.21 从上半身开始装配

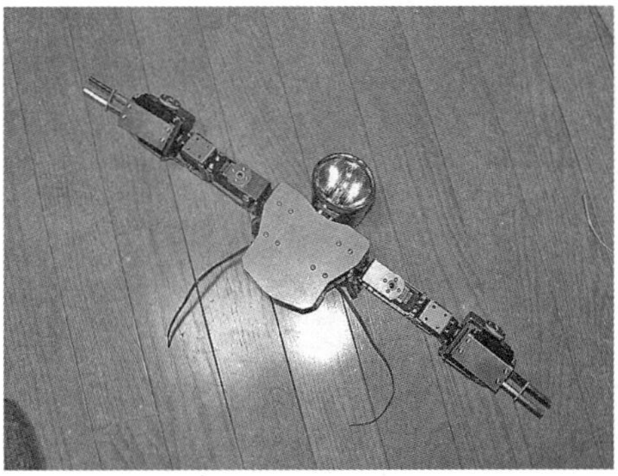

图7.22 上半身组装完毕

⑯ 下半身装配开始（图7.23）。

⑰ 完成（图7.24）。

图7.23 装 腿

图7.24 完成机器人制作

以上就是制作钢铁战士机器人的全部工序。制作双足步行机器人时需要多做几个相同的零件。诀窍就是，不要急躁，一个一个精工细作。

下面介绍具体的设计要点。

■ 确定控制板

擅长电路设计或软件开发的人，建议从一开始就制作自己的控制板。

自制控制板的优点是可以对所有控制进行编程。买来的控制板可以描述运动，但是，将其与传感器组合在一起，实现复杂的运动，则比较困难。

如果你的目标是自主控制型机器人的话，建议不选机器人专用的控制板，而是选用可直接编写软件程序的CPU板，或者自行制作控制板（图7.25，图7.26）。

图7.25 自制的控制板

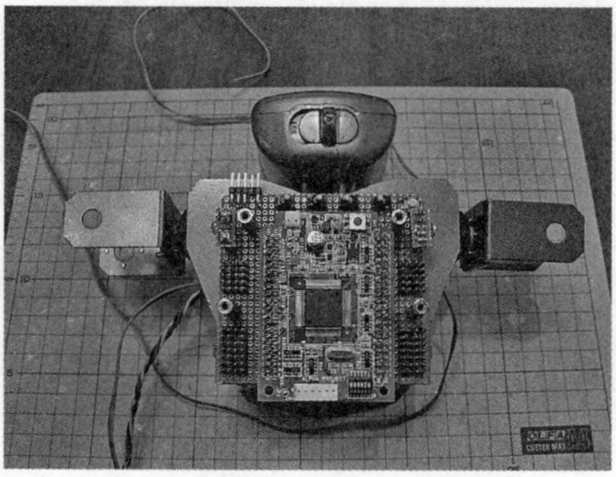

图7.26 自制控制板的尺寸

对于享受让机器人动起来的乐趣的人而言，建议采用市场上出售的机器人专用控制板。

最新的钢铁战士机器人则使用近藤科学发售的RCB-3HV控制板。

RCB-3HV可以同时控制24个伺服系统。此外，有3个传感器专用端口，可以简单地接上陀螺仪或加速度传感器。

该控制板只需接上伺服系统、传感器、接收机、电池，就能实实在在地驱动机器人。

而选择市场上出售的控制板（图7.27），最大的好处是其带有开发环境（图7.28）。

双足步行机器人需要同时控制多个伺服系统，开发环境是否顺手直接关系到运动编制的便利性。

RCB-3HV自发售以来，吸收了很多机器人开发人员的意见，已经被打造成非常容易使用的控制板，值得推荐。

图7.27 市面上出售的控制板

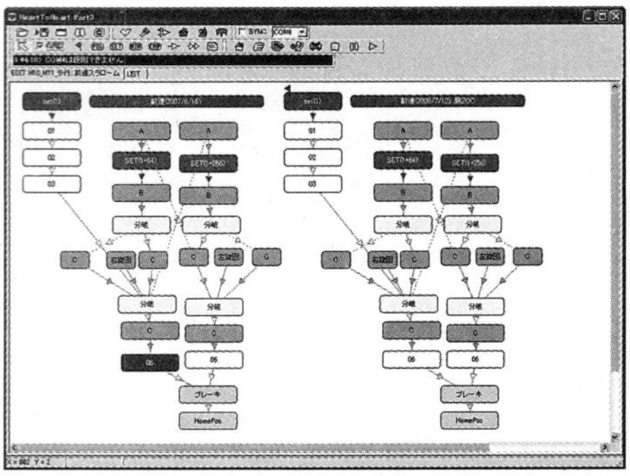

图7.28 市面上出售的控制板附带的开发工具

■ 确定电池

电池，是机器人框架结构的重要组面部件，而且需要频繁更换。

许多机器人制作者都使用锂聚合物电池（图7.29）。这种电池具有大尺寸大容量、内部电阻小、可以产生大电流的特点。

电池容量的选择原则是，尽量选大容量的、轻小的电池。大容量电池不仅能保证机器人的长时间运动，而且因为瞬间能产生大电流，因此在机器人完成有动感的动作时，也不会发生伺服系统力矩不足的情况，因此能够稳定地驱动机器人。

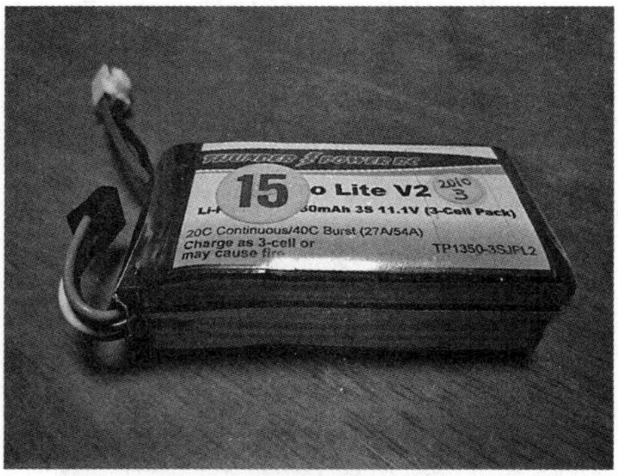

图7.29 锂聚合物电池

钢铁战士使用Sanda Power生产的锂聚合物电池（11.1V，1350mA·h）。使用该电池时，机器人可以完成时长10min左右的动作。

格斗赛时长2min，足球赛上下半场各5min，如果选用比该电池容量更大的电池，则足够用了。

■ 确定伺服电机

用作机器人关节的执行器可以使用机器人专用的伺服电机。各生产厂商提供了多种类型的伺服电机。选择伺服电机的要领是：

① 转矩大。

② 转速快。

③ 尺寸小。

④ 重量轻。

⑤ 具有示教功能。

⑥ 安装孔足够强。

选择转矩是机体重量10~20倍的伺服电机，可以制作富有动感的运动。

另外，重要的是伺服电机要具备示教功能。有无示教功能，是无线电控制伺服电机和机器人专用伺服电机的最大区别。

伺服电机在通常模式下将伺服舵盘转动到控制器指定的角度。

示教模式下，将伺服舵盘的当前位置返回给控制器。

示教模式下，伺服电机处于卸载状态，机器人的关节可以自由转动。这种状态下，让机器人摆出复杂姿势，然后，将此时伺服电机的位置返回给控制器，就能简单地制作运动型机器人。

钢铁战士机器人的下半身使用近藤科学研发的高转矩型的伺服电机KRS-4014，而上半身使用高速型的伺服电机KRS-4013，如图7.30所示。

■ 确定伺服系统

确定伺服系统是机器人制作过程中最快乐的活。

建议将实物的伺服系统摆在面前，推敲方案，或者利用开源的CAD软件进行验（图7.31）。

图7.30 KRS-4013与4014

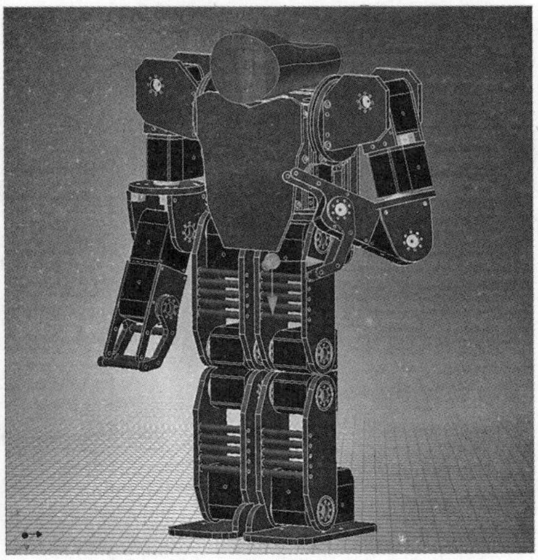

图7.31 伺服电机布置示例

最新版的钢铁战士机器人使用了20个伺服电机：头部1个，身体转轴1个，胳膊8个，腿部10个。

以前，很多机器人在一条腿上使用6个伺服电机，现在省去了偏转轴，大多数机器人在一条腿上使用5个伺服电机。

钢铁战士机器人在格斗竞技和足球赛等场合，胳膊上的伺服电机的布置会有所改变。

机器人进行格斗竞技时，其胳膊重视可动范围，采用俯仰轴（肩）→滚转轴→偏转轴→俯仰轴的结构（图7.32）。

机器人进行足球赛时，其胳膊重视投掷，采用俯仰轴（肩）→滚转轴→俯仰轴→俯仰轴的结构，将上面的偏转轴改为俯仰轴，加强前后方向的转动能力（图7.33）。

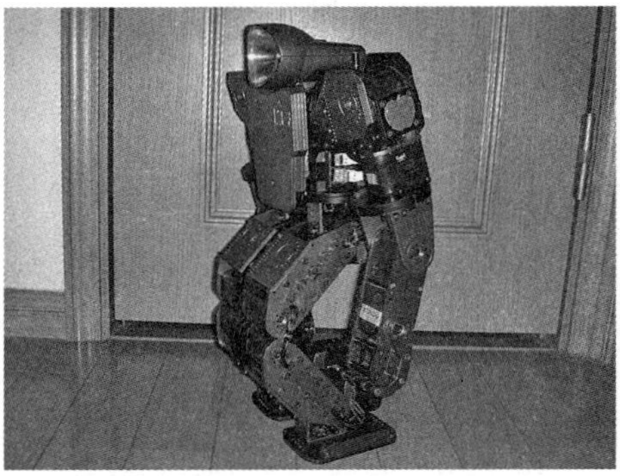

图7.32 格斗时胳膊的伺服系统布置

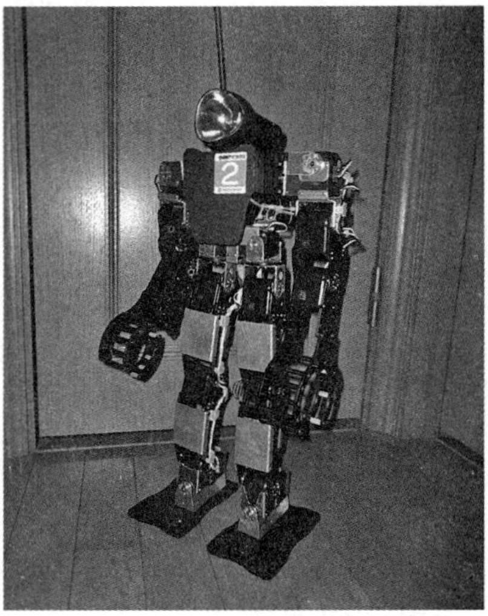

图7.33 足球赛时胳膊的伺服系统布置

■ 设计框架

框架设计的重点是腿轴间距、双足间隔以及腿长。即使采用同样的伺服系统，由于上述三个参数值的不同，机器人的性能也会有较大变化。在ROBO-ONE大赛等场合，如果有机会看到厉害的机器人，要注意观察其这三个参数。

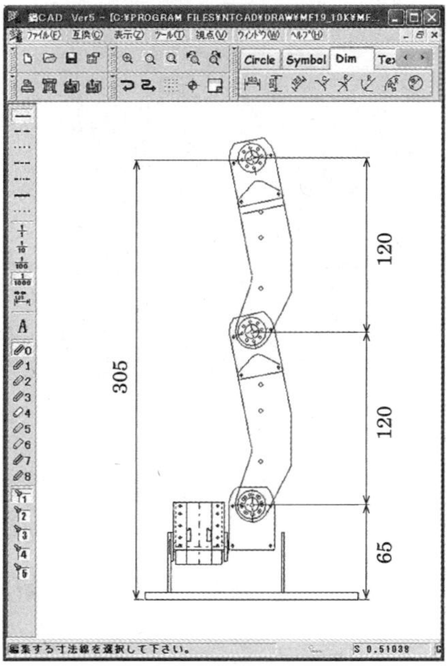

图7.34 腿轴间距和腿长

最新型的钢铁战士机器人的参数被设计成（图7.34、图7.35）：

- 腿轴间距：120mm。
- 腿长：305mm。
- 双足间隔：64mm。

机器人的框架多数是铝制品。也有采用碳纤维、角钢（duracon，共聚甲醛，一种工程塑料）材料的，不过，铝材可以进行折弯加工，所以容易设计。建议先用铝材（A5052）制作框架。

加工零件需要绘制图纸，使用开源的二维CAD绘图软件即可。

绘制折弯零件图纸的要点有以下三个：

- 绘制折弯零件的内侧图。
- 折弯部分会收缩，所以绘制图纸时应留出余量。

• 绘制折弯基准面。

① 折弯加工的补偿值。折弯加工的补偿值因板材厚度、加工方法的不同而不同，要在弯板机（图7.36）上实际加工板材，通过实测获取补偿值。

例如，加工图7.37所示零件时，需要在两处折弯。因此，绘制图纸时需要考虑折弯时产生的材料收缩量。

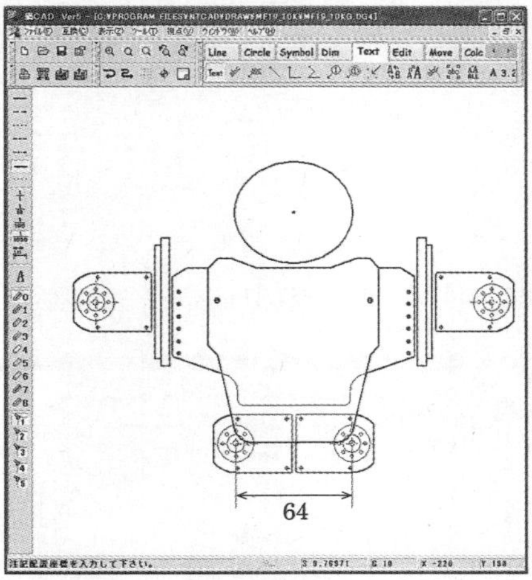

图7.35　双足间隔

图7.36　弯板机

图7.37　想制作零件示例

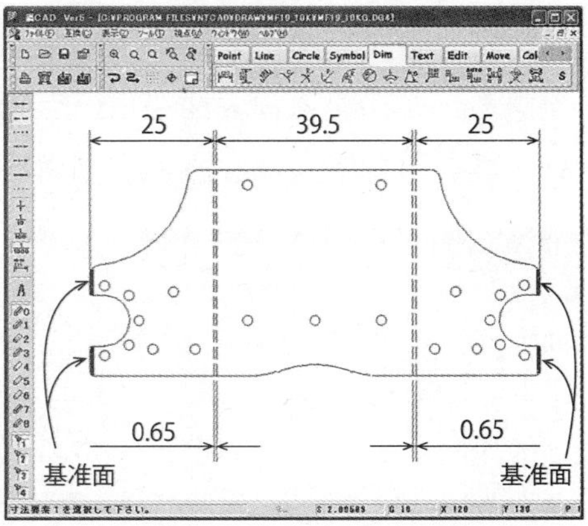

图7.38　考虑折弯补偿的图样

例如，弯曲补偿值为0.65mm时，要像图7.38一样，在折弯部分（点画线部分）追加0.65mm的折弯区域。

② 基准面。提高折弯加工精度，关键是基准面。所谓基准面就是与折弯线平行的面。加工时，将此面对准加工机后面的量具，就能正确地进行折弯加工。

■ 零件加工

绘图完成后，接着就是零件剪切。铝材的切断通过手工作业也能加工，但是，制作机器人时，需要加工出大量相同的零件，所以建议委托外加工服务。

利用委托外加工服务，可以在一块板材上切制出多个零件，绘图时要排列出尽可能多的零件。

下面是钢铁战士机器人的零件图（图7.39至图7.44）。

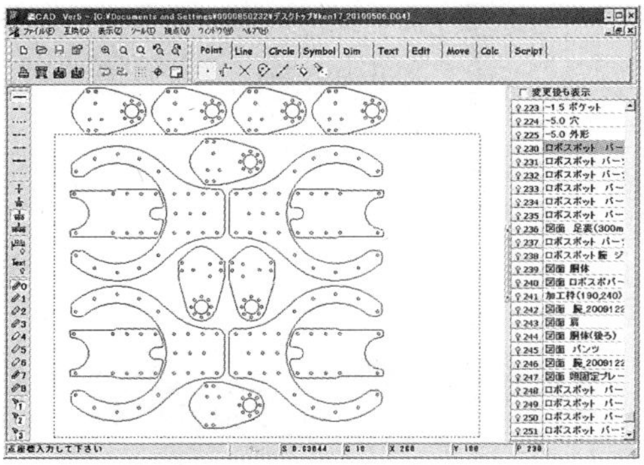

图7.39 角钢（工程塑料duracon）3mm 胳膊零件

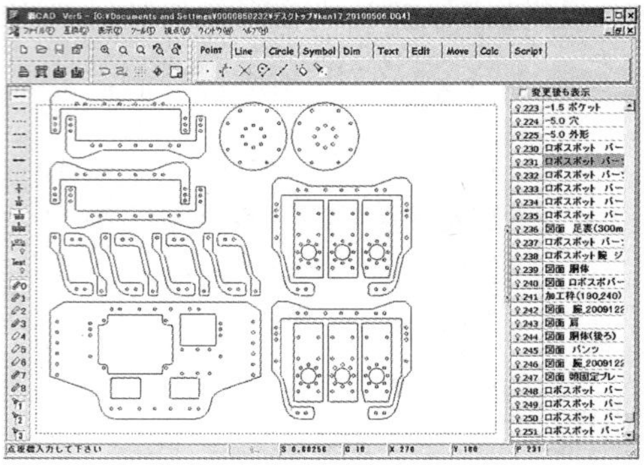

图7.40 角钢（工程塑料duracon）3mm 后背零件

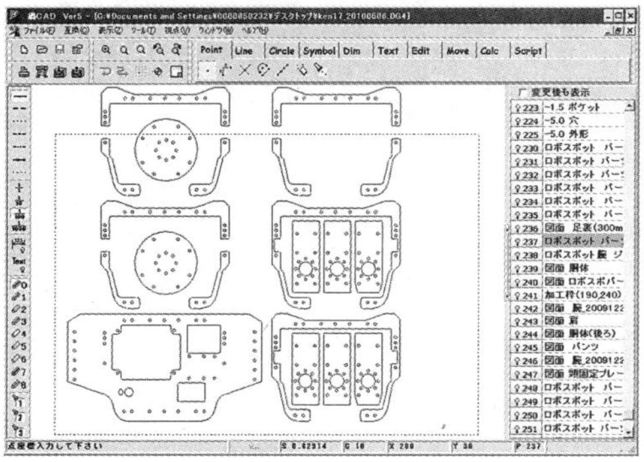

图7.41 角钢（工程塑料duracon）3mm 前胸零件

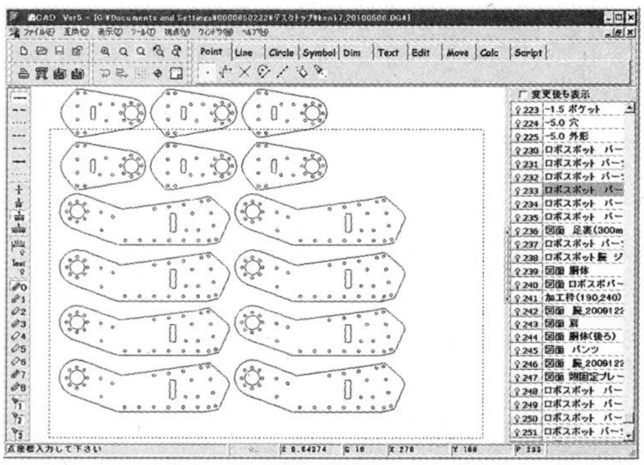

图7.42 角钢（工程塑料duracon）3mm 腿部零件

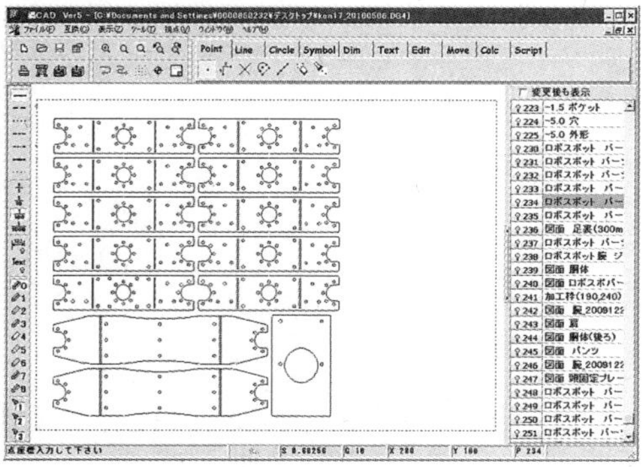

图7.43 铝材1.5mm 关节零件

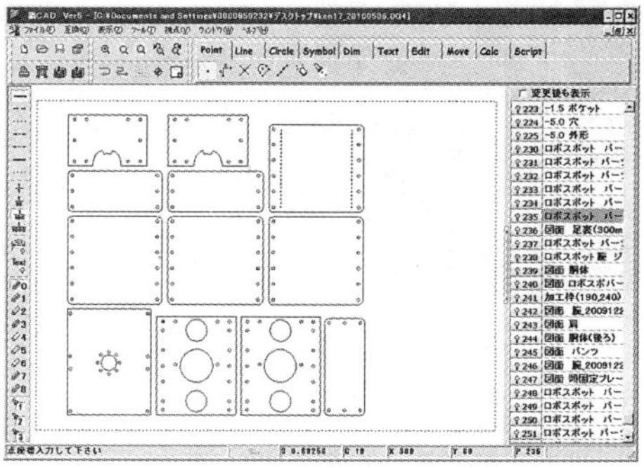

图7.44 铝材1.5mm 腰部零件

笔者经常利用ROBOSPOT（http://www.robospot.jp/）上提供的加工服务。只要准备好设计图，就能完成高精度的加工。

① 去除毛刺。零件加工过程中，最费时费力的活就是去除毛刺。

毛刺是切断板材或制孔后产生的残余材料部分。

去除毛刺的重要工具是“旋转棒”（力7.45）和“倒角刀”（图7.46）。

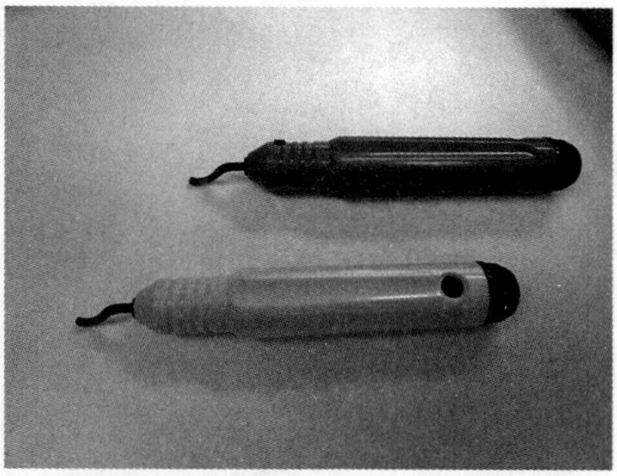

图7.45 最适合去除切断面毛刺的“旋转棒”

图7.46 最适合去除制孔毛刺的“倒角刀”

“旋转棒”和“倒角刀”能够分别有效地去除切断面的毛刺和制孔产生的毛刺。有了这些工具，工作效率能大大改善，建议自己制作零件的人备齐这两种工具。

以上是制作独创机器人的框架时的要点。期待读者多制作新颖的零件，完成充满创意的机器人。

7.1.5 第四步：制作运动部分

制作出自己的机器人后，接着就是制作运动部分。运动部分稍微有点不同就可以为机器人增添一些个性。制作运动部分是制作双足步行机器人的最大享受。

制作运动部分的要点是：

- 微调。
- 运动姿势分解。

■ 微调。制作运动部分最重要的是微调。所谓微调是指，在所有伺服电机的角度归为原点时，将机器人调整到基准姿势。

由于以下原因会导致机器人的姿势出现偏移，因此，需要定期进行微调。

- 伺服系统内部零部件劣化。
- 周围温度变化。
- 框架变形。
- 伺服系统无感知区域的影响。

不进行微调制作出来的运动部分，由于运动基准不同，会导致有好的运动部分和不好的运动部分，机器人的动作也就会变得不稳定。因此，制作运动部分之前，认真进行微调，非常重要。微调的要点有两点：

- 将陀螺仪设为OFF。
- 加大伺服系统的增益（伸展性）。

陀螺仪一直设为ON的话，制作运动时，温度偏移会导致陀螺仪基准值的偏移，有可能造成与调整误差一样的状况。因此，微调时和制作运动部分时应关闭陀螺仪。

另外，微调时，建议在机器人摆动达不到的范围内将伺服系统的增益设高。如果伺服系统增益过低，结果在偏离原来位置处实现了力的平衡，会导致伺服电机的停止位置随右转调整或是左转调整而变化。最终会导致机器人的运动再现性变差。

微调前和微调后机器人的运动部分，分别如图7.47和图7.48所示。

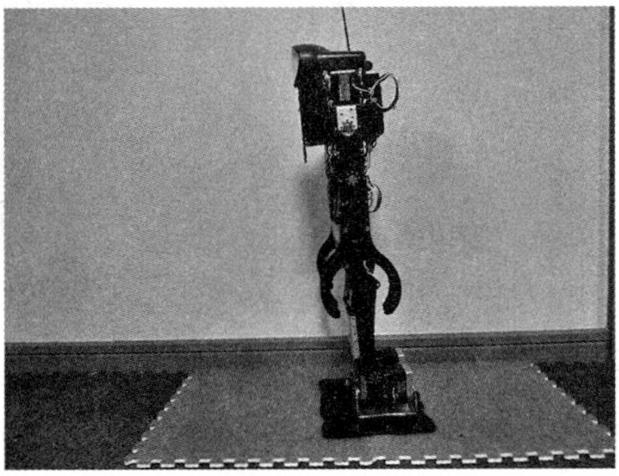

图7.47 微调前

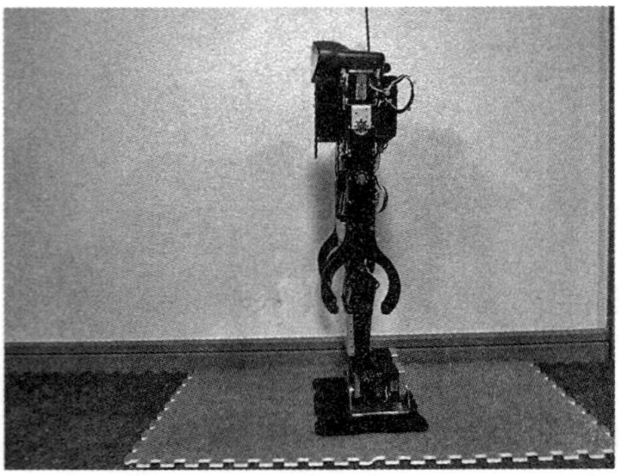

图7.48 微调后

■ 运动姿势分解。建议将踢球或抛球等运动制作成两姿势运动。例如，将射门运动分解为踢球前和踢球后两种姿势，抛球运动分解为抛球前和抛球后两种姿势。

以踢球运动为例，介绍运动的制作方法和调整方法。

① 制作踢球前的姿势（图7.49）。

② 制作踢球后的姿势（图7.50）。

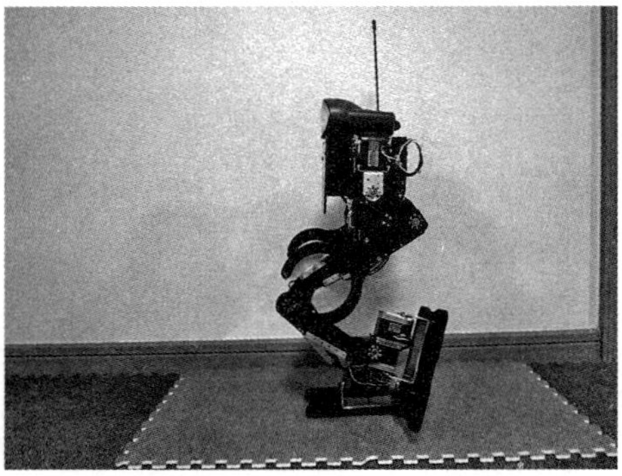

图7.49 踢球前的姿势

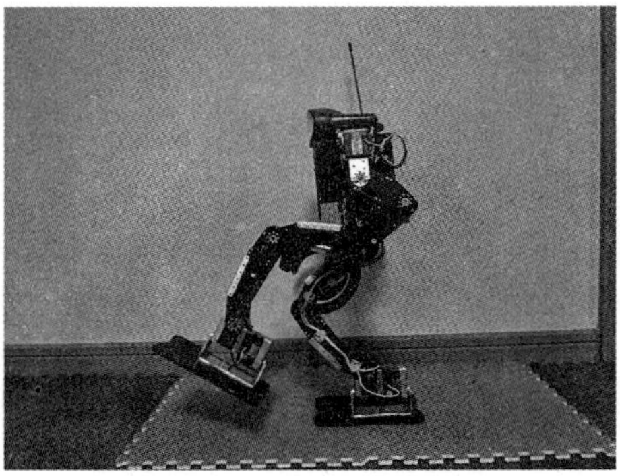

图7.50 踢球后的姿势

两种姿势的运动制作比较简单，接着进行运动调整。踢球运动，重要的是如何踢出力度。实现强力踢球运动的调整按照以下方法进行：

③ 通过实际的踢球动作，测定能踢多远。

④ 从步骤②制作的踢球后姿势中，选择一个伺服电机转动5°（如踝关节伺服电机，图7.51）。

⑤ 通过再次踢球进行测定，与步骤③的结果进行比较。

⑥ 踢球力度变弱的话，将步骤④转动的伺服电机朝反方向转动，回到步骤⑤。

⑦ 踢球力度变强的话，将步骤④转动的伺服电机朝同一方向继续转动，回到步骤⑤。

⑧ 调整到满意为止，同样再调整其他伺服电机。

上述制作过程的要点是：

• 只调整一个伺服电机。

• 通过分析进行调整。

因为这种运动制作方法和调整方法可以找到切实可行的最优运动，值得推荐。

图7.51 修正过的踢球后的姿势

7.1.6 结 语

制作双足步行机器人快乐无限。ROBO-ONE大赛自举办以来，双足步行机器人便以令人惊讶的速度快速发展。

这得益于各方面的专家通过互联网为我们积极地提供信息支持。同时，机器人开发者们对机器人制作孜孜以求，也支撑着这种发展（图7.52，图7.53）。

读者也要为成为支持机器人进化发展的一员不断努力。

图7.52 坚持不懈的“OnePointAccent”

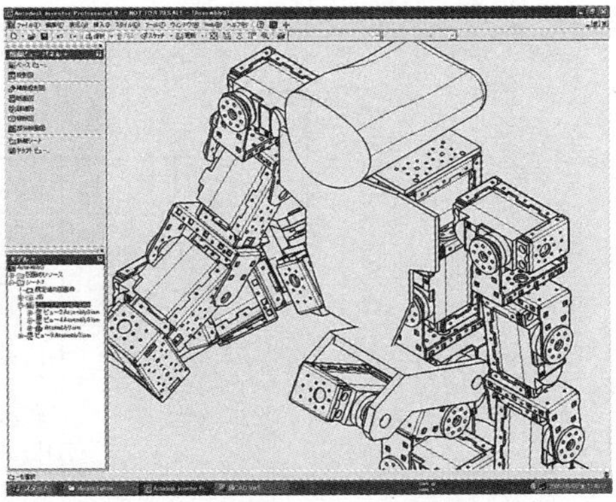

图7.53 天天向上的钢铁战士

7.2 TokoToko号的制作示例

7.2.1 TokoToko号简介

■ 概 述

ROBO-ONE大赛开办已有9个年头了。无论笔者是否参加ROBO-ONE大赛，平均每年都要制作两台左右的机器人。一直在坚持“无论开发机体是否改变都能继承的架构”的风格。现在，可以买到简单的控制器、强转矩伺服电机，制作双足步行机器人的门槛也低了许多。但是，从机器人开发整体上看，可以说双足步行机器人所占比例至今仍然最大。

这里，介绍一下笔者正在开发的机器人“TokoToko”（图7.54），以及目前与步行有关的腿机构及其运动架构。

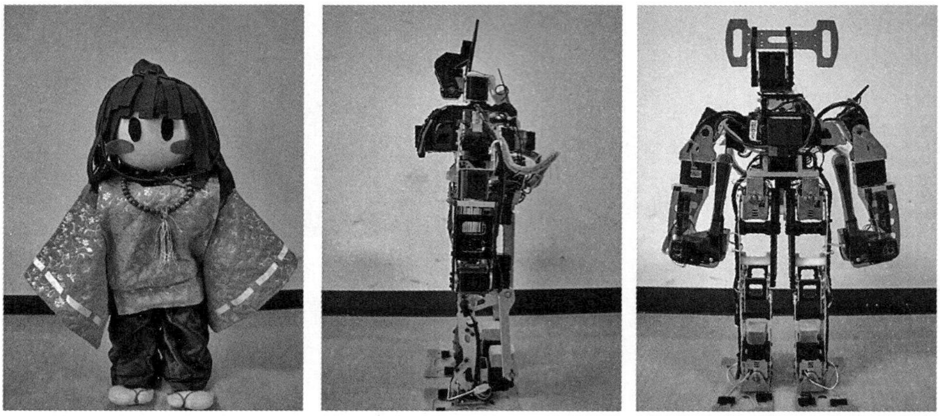

图7.54 TokoToko号机器人

■ TokoToko号系列机器人

TokoToko号机器人是以“扇子舞”为主题、穿着和服的机器人。不仅在日本国内，在海外也通过各种场合为很多人表演过（图7.55）。TokoToko号机器人的参数规格见表7.1。

表7.1 TokoToko号的规格

尺寸	*H*600（无外装520）×*W*320×*D*160mm
重量	3400g
框架材料	A5052, FRP, POM
自由度	头部2自由度 躯干3自由度 胳膊5自由度×2 腿部4自由度×2 共计23自由度
CPU	RCB-3HV
无线	KRC-1
传感器	陀螺仪×1
电池	LiPo 12V 2A•h
动作时间	20min
执行器	KRS-4014HV×19 KRS-4013HV×4

■ 设计理念与自由度

此系列机器人的设计理念是“下半身步行稳健，上半身举止优雅”。

① 步行稳健的下半身。此系列机器人的下半身机构要能够支撑为追求优雅而增加轴数的上半身，并且担负下半身的移动任务。前进、后退步行需要的自由度一般如图7.56所示，有10个（设机器人行进方向为*X*轴，横向为*Y*轴，上下方向为*Z*轴，另外，绕各轴分别为滚转、俯仰、偏转）。

图7.55 ToKoToKo在巴西公演的场面

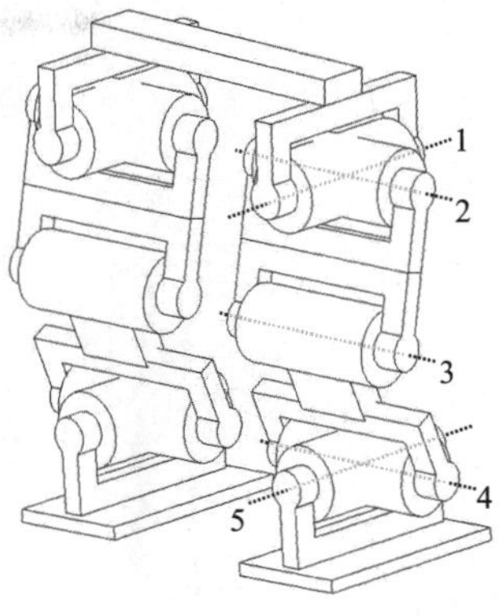

图7.56 步行需要的自由度

这里，若只考虑*XZ*平面的自由度，脚掌具有的自由度为3（图7.57）。在笔者目前已开发的步行算法中，上半身一直保持垂直姿势完成动作，所以，脚掌的动作只有直线运动的两个自由度。这次考虑让机器人腿部的机构提供自由度约束，采用了平行连杆的方式（图7.58）。平行连杆方式是利用“两组相对边长相等的平行四边形保证两组相对边互为平行”的原理，平行四边形上下叠放，构成腿部机构。采用平行连杆方式的腿的可动范围受到一定限制，机器人显得比较“僵硬”，运动范围有限，但是，根据“下半身专注移动”的思想，移动范围的问题通过给上半身增加自由度而得以解决。图7.59为机器人全身的CAD设计图。

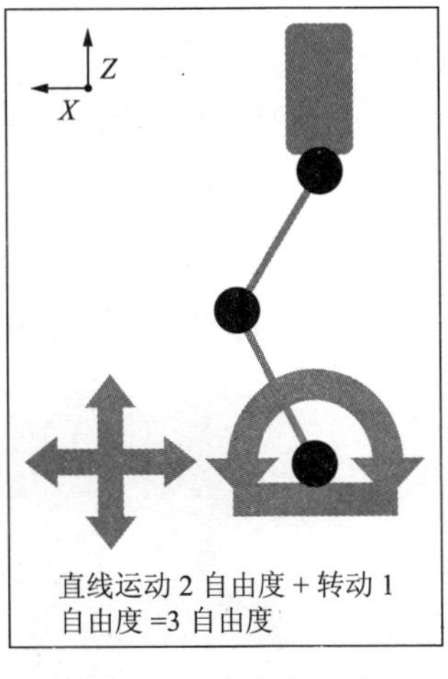

图7.57 脚掌自由度

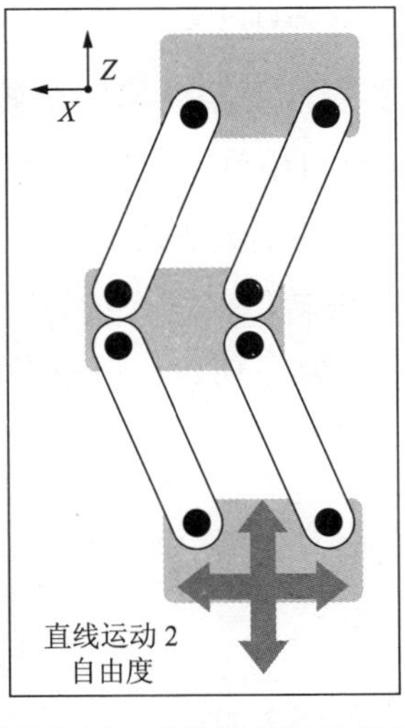

图7.58 平行连杆方式的腿部机构及脚掌自由度

② 举止优雅的上半身。以展现优雅的“扇子舞”为目标，在机器人躯干上，给腰部设置了俯仰轴和偏转轴，给锁骨处设置了偏转轴（图7.60）。锁骨偏转轴用连杆连接双肩，用一个伺服系统实现联动，完成双肩的打开和收拢（图7.61）。引入锁骨偏转轴，胳膊的可动范围扩大，诸如以扇掩面的运动也能得以实现。

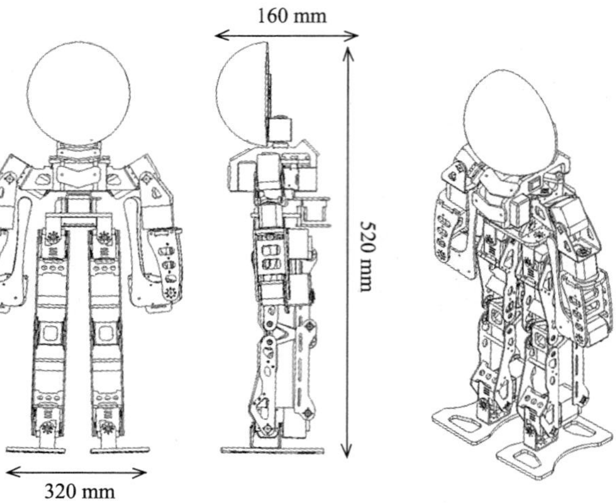

图7.59 机器人全身的CAD设计图

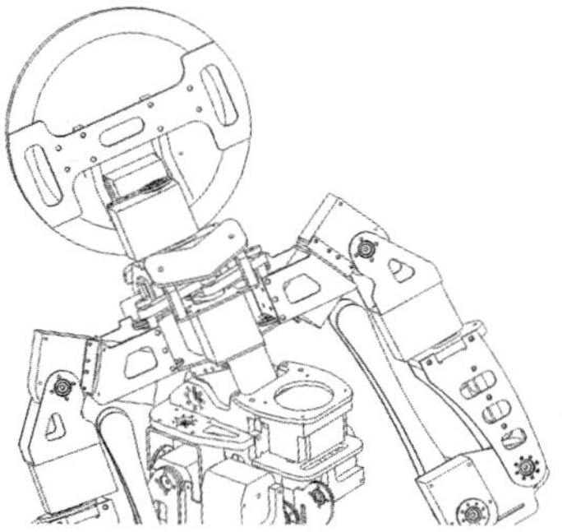

图7.60 腰部自由度

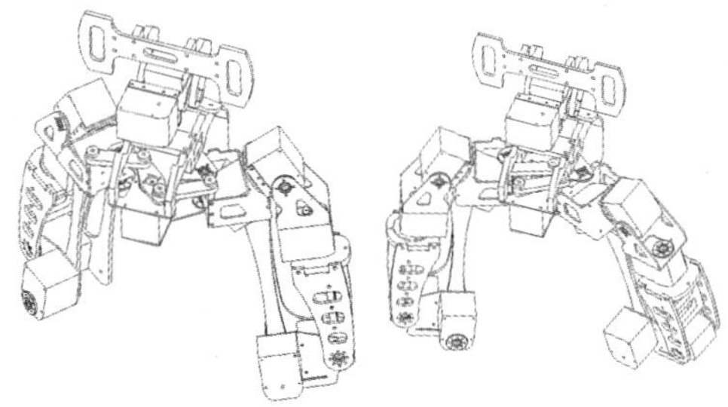

图7.61 锁骨自由度

另外，为了能够表现舞蹈动作的微妙变化，头部设置了偏转、俯仰两个自由度（图7.62）。头部增加一个自由度，人所看到的机器人的形象就会大为改观，所以，以后还会考虑增加滚转轴以提高机器人表现力。

胳膊拥有俯仰、滚转、偏转、滚转、扇子开合轴等5个自由度（图7.63）。肘之前的部分与人接触的频度较高，所以，全部采用树脂材料制成的部件，提高了安全性。

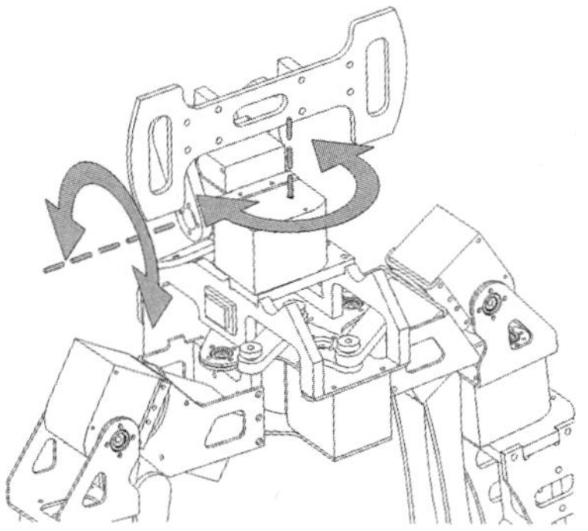

图7.62 头部自由度

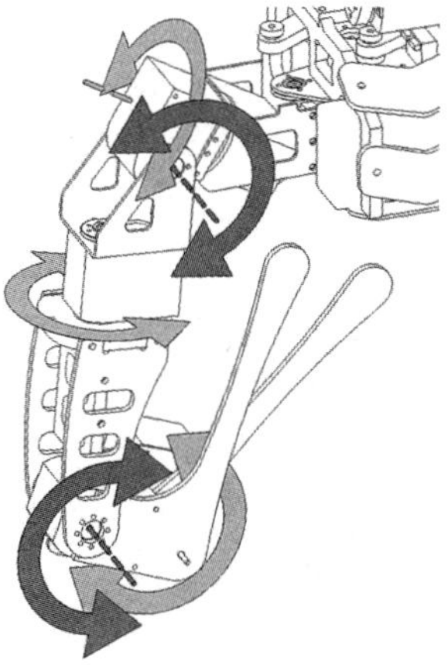

图7.63 胳膊的自由度

7.2.2 机构设计概要

■ 腿部机构的设计

设计采用平行连杆方式的腿部机构时所考虑的参数有三个（图7.64）：关节长度L、膝部连杆长度H及伺服系统。

① 关节长度。关节长度L是平行四边形的纵向边长，是与步幅、伺服系统负荷相关的参数。减小L，负荷减小，伺服系统寿命变长，但是，步幅变小，整体的腿长变短，脚板尺寸也会受到限制。这里，采用直接连接伺服系统的单驱动方式（图7.65），取已经取得实际效果的125mm作为关节长度（重量3.2kg）。

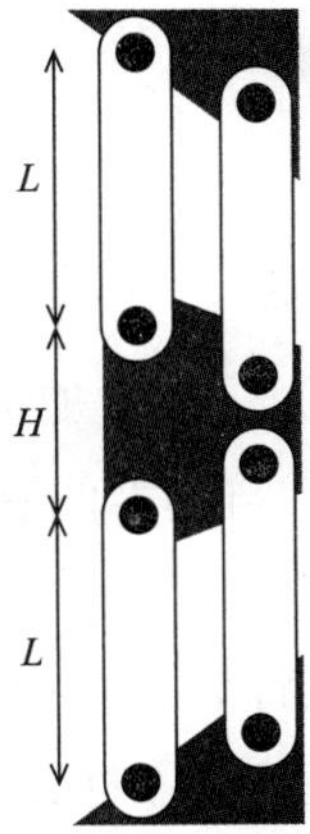

图7.64　腿部的机构参数

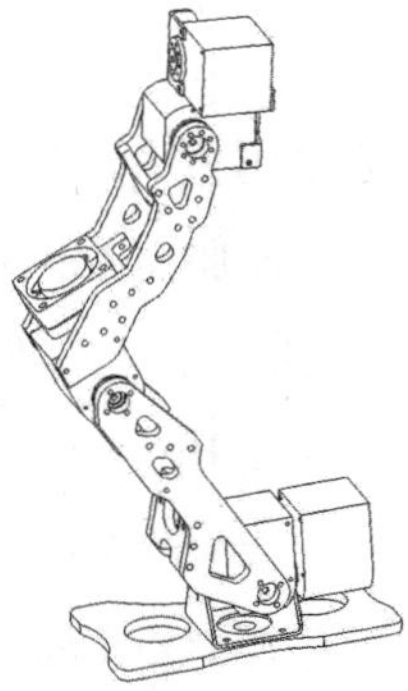

图7.65　单驱动方式的腿

② 膝部连杆长度。膝部连杆长度H是连接上下平行连杆的部分，长短不影响步幅，也不影响伺服系统的转矩。但是，为了加长整体腿长，伺服系统滚转方向的负荷会变大，所以尽量取小值。此处明确了尽量取小值的方针，具体值在实际安装时予以考虑。

另外，也要考虑一下膝部关节长度小于0的情况。该结构的腿长变短，总体结构和步幅没有变化。而且，因为腿短，给滚转轴的负担变小，惯性力矩也减小。但是，因为还没想到好的实际安装形式，尚未实际采用。

③ 伺服系统的设置。平行连杆方式可以将伺服系统布置在平行四边形的任意一个顶点处。尽量将重物设置到腿的上方，有利于减轻腿的整体惯性力矩。但是，考虑到以下两点：

- 采用上下对称构造，减少设计制作的工作量。
- 尽量减小伸展膝部和蹲下时的前后重心移动。

此次，在踝关节处设置了伺服系统。而且，参加“家务帮手型机器人项目”的TokoToko号机器人只有一个伺服系统转矩是不够的，采用了每个平行连杆安装两个伺服系统的前后驱动方式（图7.66）。

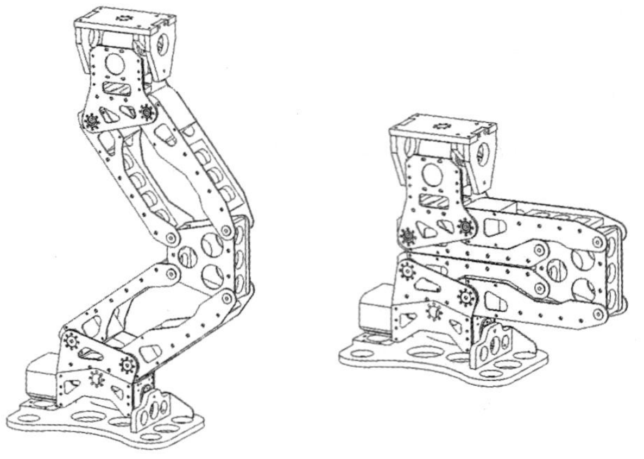

图7.66 前后驱动方式的腿

■ 机构实装

实装的基本理念是“用已有的东西，制作没有的东西”。由于有各种切削加工服务、CNC价格降低等因素，钣金加工的门槛变得相当低。不过，一次加工就能得到满意的折弯精度还是相当困难的。因此，折弯零件需专业人员帮忙，自制零件最好不用折弯加工。

踝关节和股关节使用了Itoreinetsu发售的直角形零件。滚转轴伺服系统的背面装有5mm厚的角钢板，侧面用螺钉装有自由舵盘，作为平行连杆的铰接部（图7.67）。膝部平行连杆铰接部全部使用近藤科学的自由舵盘。前面提到的膝部连杆长度H为30mm。为了获得更大的可动范围，平行连杆的上下边斜着布置，连杆就能完全折叠在一起。然后，将后侧的连杆相互错开进行布置（图7.68）。

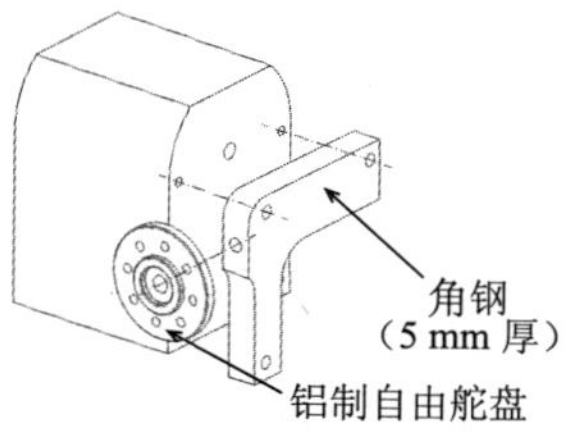

图7.67 平行连杆铰接部

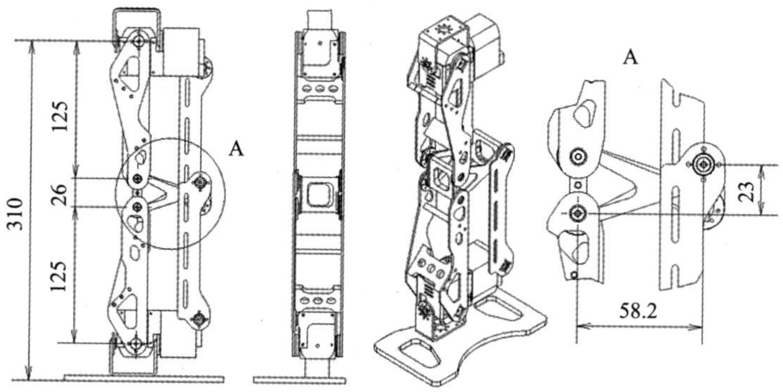

图7.68 腿部结构

7.2.3 步行运动部分

■ 步行运动部分的制作环境

机器人的步行运动部分用步行运动制作工具来制作，该工具是用Excel工具开发的。笔者到2008年为止一直在使用SH2微处理器上的自制控制器。但是，用过近藤科学的伺服控制器RCB-3HV和专用运动编辑器以及运动管理工具Heart To Heart（下面简称HtoH）之后，被其运动管理的简便性和分支定义的方便性所触动，后来就将RCB-3HV装在了自制机器人机体上。

那么，现在困惑的是，不能继续使用之前使用过的步行运动制作环境了。之前利用自制的控制器，让机体步行的同时，能够实时地检查参数，制作步行运动部分。使用RCB-3HV+HtoH的话，这些就都不可能了。

因此，为了提供能够进行实时（或者近似这时）调整的环境，将微处理器的步行运动制作环境移植到了Excel（图7.69）中。由此，基于输入到Excel中的参数，便可以用HtoH制作步行运动部分，写入实际机器人系统中，再确认其动作。

但是，将Excel的数值导入HtoH的数据表中却是件苦差事，而且，调整过几次后，放弃这个想法也不足为奇。这时，抱着试一试的态度，用文本形式打开HtoH生成的运动文件*.RCB，结果意外地用简单的脚本就写成了将Excel的数值直接变换成RCB文件的宏指令。用该宏指令制作的运动部分如图7.70所示（多说两句，因为HtoH没有运动整体再现功能，笔者也用Excel宏指令加以实现，减少了制作运动部分的时间。这就是所谓的“用已有的东西，制作没有的东西”。但是，长此以往，好像又要回到自制控制器了）。

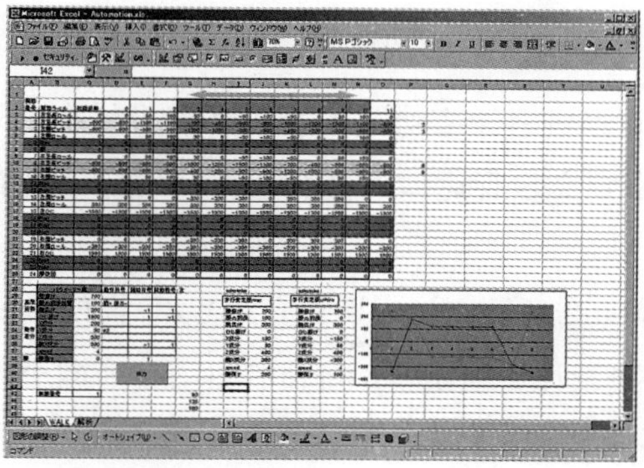

图7.69 步行运动制作环境

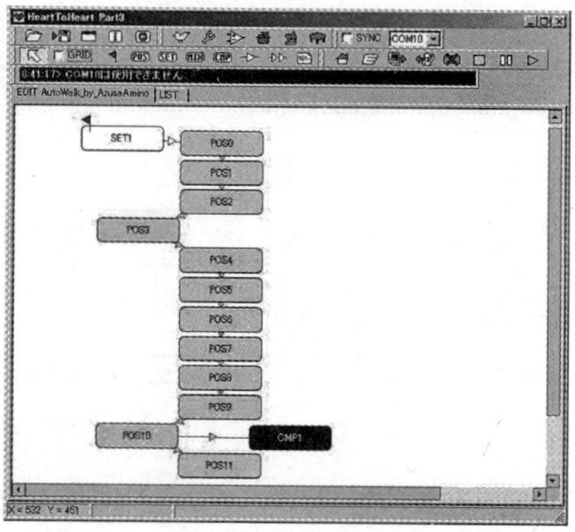

图7.70 制作的运动部分

从环境的准备开始介绍，看上去有点绕远了，但是，对细微调整反复实施作业，结果才会浪费更多时间。运动部分的制作关系到如何加快试错循环、试错多少次的问题，所以，首先要认真准备制作环境。

■ 步行运动部分的制作工具

步行运动部分的制作工具中能够确定的参数是，脚掌的*X*方向分量（步幅分量）、*Y*方向分量（横向重心移动分量）、*Z*方向分量（抬腿分量）以及各姿势之间的速度、初始姿势，即膝部弯曲角度和前后方向的重心平衡（图7.71）。下面详细介绍各个参数。

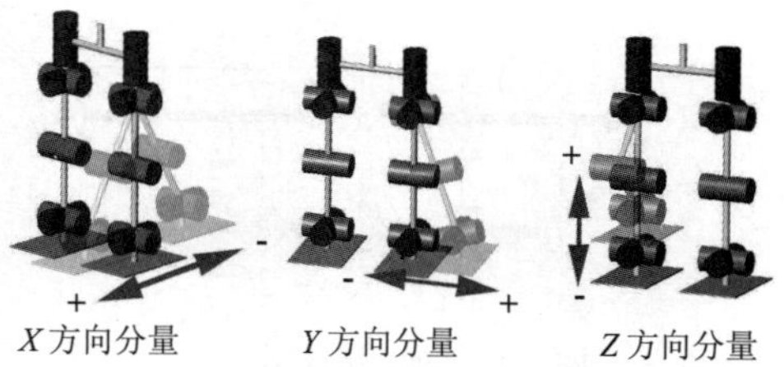

图7.71 步行的各分量

① X方向分量（步幅分量）。腿前后方向移动的分量，该参数决定步幅。X分量为0时，原地踏步。

② Y方向分量（横向重心移动分量）。腿左右方向移动的分量，该参数决定左右的重心移动。稳定步行时，需要加大该参数，而快速行进时设成非常小的值。

③ Z方向分量（抬腿分量）。决定抬腿量的分量，该参数越大，抬腿越高。笔者调整至大概抬腿15~20mm（但这不适合格斗）。

④ 各姿势之间的切换速度。用HtoH指定各姿势之间的切换速度。笔者一般设定为3~4，即1s行进 4~5.5步的速度。姿势之间切换速度越快，步行速度也就越快。但是，存在伺服系统跟不上指令值的情况，产生与后面介绍的步行轨迹产生偏差，稳定性受损等危险。所以，需要边观察机器人的实际举动边进行调整。

⑤ 初始膝部弯曲角度。这就是所谓的复位。若事先弯曲机器人膝部的话，针对相同的Z分量，抬腿距离就会变大。ROBO-ONE大赛允许的膝部弯曲角度不超过90°，所以格斗中弯曲的越深就越有利于机器人稳定性。不过，相应地，因为腿长缩短，一步能迈出的步幅会受到限制。

⑥ 前后方向的重心平衡。将重心放在脚板的前后方向中心位置的参数。尽量将重心放在脚板前后方向的中心位置，这样，稳定范围更大，能更有效地抵御外部干扰。

■ 脚掌轨迹设计

步行运动由8个姿势的重复来完成。步行运动的各个姿势又由上面介绍的参数计算得到。不要一开始就输入数值，而是要用变量来定义步行运动的姿势数据。这样，就能简单地实现加大步幅及抬腿量等操作。

这时，需要设计将各姿势连接起来所形成的脚掌轨迹（这里只介绍X-Z平面即Pitch轴的举动，严格地说，Y-Z平面的脚掌轨迹也需要设计。但是，Roll轴的驱动较为微小，可以忽略）。开发的步行运动工具可以输出以下两种脚掌轨迹模式。

• 船形轨迹模式（图7.72）。从图7.72中的①出发，沿②→③的X方向移动。在③→④区间，为了减轻地面对腿离开时的动作方向的阻力，向Z方向移动同时继续X方向移动。在腿离开地面的④→⑤→⑥区间，以接地时的3倍速度移动。⑥→⑦区间，为减小着地时的阻力，保持X方向的速度分量。该模式的缺点是，在④→⑤→⑥区间，因为X方向速度是接地时的3倍，有时伺服系统跟不上指令值，腿部无法按照设计的轨迹行进。

• 长方形轨迹模式（图7.73）。实现与船形轨迹模式几乎相同的动作，不过，腿离开地面和着地时的X方向分量被设为0。其结果是，可能会产生与地面的阻力，但是，优点是，在④→⑤→⑥区间，X方向速度分量只需接地时的两倍足矣，与船形轨迹相比，伺服系统的速度尚有余地。

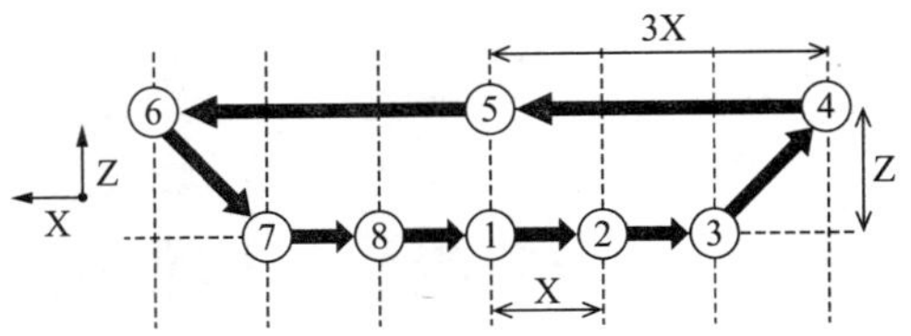

图7.72 船形轨迹模式

为了简单起见，各姿势之间的时间均设为相等。另外，双足的姿势关系，例如，右足按①→②→③…动作时，左足则按照⑤→⑥→⑦…动作。将①到⑧的姿势排成圆形状，另一条腿的姿势就正好在对面的位置。重复该循环，就能完成连续的步行。另外，说到起步与停止的衔接，从初始位置出发，右足从①，左足从⑤的状态进入循环，然后，右足在①，左足在⑤或者右足在⑤，左足在①的状态时脱离循环，回到初始位置即可（图7.74）。

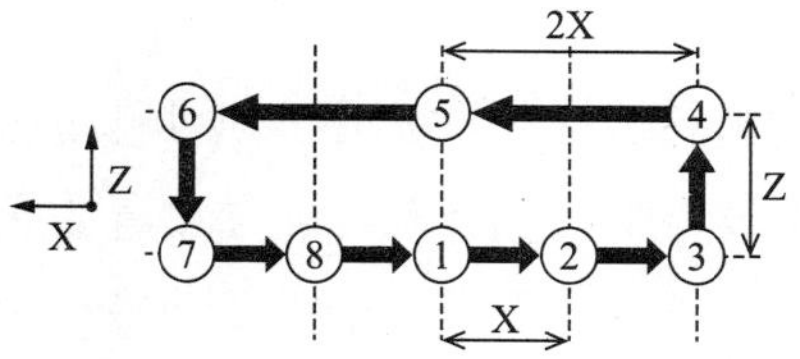

图7.73　长方形轨迹模式

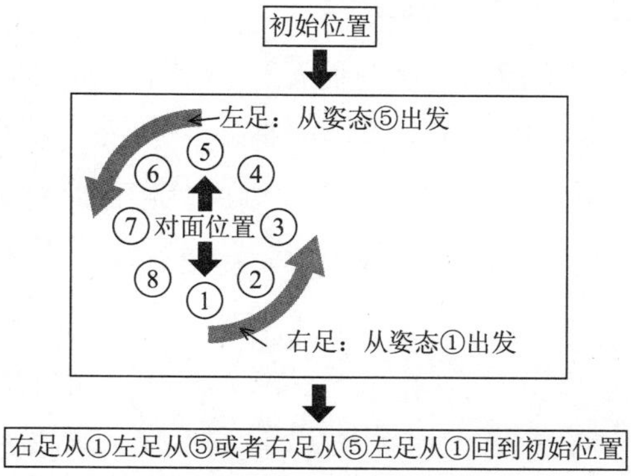

图7.74　连续步行时的姿势排列

比较两者，最后采用了步行稳定的长方形轨迹模式。顺便提一下，腿部结构不是平行连杆而是单个连杆构成机体的情况下，船形轨迹模式的步行的状况更好。

7.2.4　结　语

以上介绍了TokoToko号机器人的设计概要以及腿部机构、步行运动部分。笔者与ROBO-ONE大赛结缘已经整整8年，刚开始时并没有想到有机会写下这样的记事，可见“坚持就是力量”。

机器人技术的业余爱好者现在也在不断壮大。只有勇于挑战的人才能够打开通往另一个世界的大门。笔者也不会输给各位读者，今后快快乐乐地挑战新的机器人。

7.3　能抓握物品的手部结构（DokaHarumi）

7.3.1　双足步行机器人的手

ROBO-ONE双足步行机器人竞技大赛设有格斗竞技、足球比赛、舞蹈比赛等。机器人手部的功能不太被重视。但格斗竞技的胜负容易被胳膊的长短所左右，因此，胳膊要长要坚固。另外，起身动作也希望胳膊长些，不够坚固的手也非常不利。今后，随着双足步行机器人运动能力的进一步提高，具有表现力的手就变得越来越重要了。

笔者从初次参加第12届ROBO-ONE大赛以来就一直致力于机器人手部的开发。如果双足步行机器人的终极目标是仿人类的话，当然需要有5指的手。但是，双足步行机器人受到尺寸、重量、动力源等的限制，再搭载有用的手就显得有些难度了。

这里，作者介绍几个为双足步行机器人拥有5个手指的例子。最早的是在第12届ROBO-ONE大赛上完成捕球动作的机器人，还有参加“家务帮手机器人”项目的能够提包和握笔签字的机器人，都是根据更高的要求，不断提高手部功能的机器人。

以下说明内容使用了在10mm方格纸上拍摄的照片，可以参考相关尺寸。

7.3.2 手指的结构

人的手指从手掌向前有3个关节，靠肌肉和肌腱完成张开和收拢。制作机器人手指需要制作骨骼以及驱动骨骼的腱。

骨骼用铝、塑料或橡胶制成。铝制骨骼的加工有些费事，不过，铰接部弯曲方向以外变形较小，用于希望手部具有较好保持力的场合。

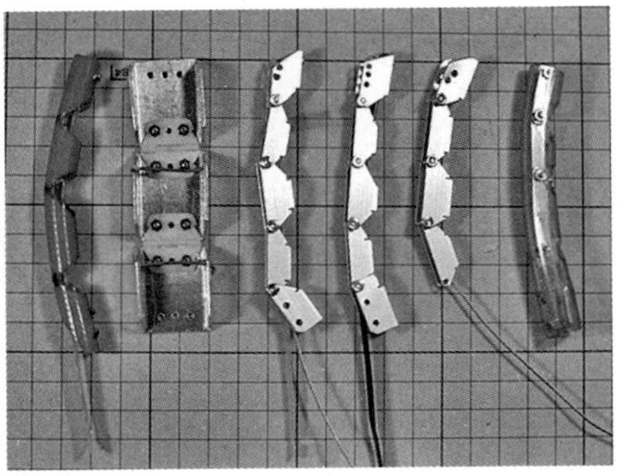

图7.75 带关节的手指

软管状的塑料或橡胶产品简单地可以用切刀等进行加工，不过，塑料变形有可能导致弯曲状态的手指无法张开，所以并不适用于需要准确动作的场合。另外，塑料制骨骼的铰接部不够坚硬，容易扭折。为了能确保手指张开，可以添加平弹簧或塑料板，或者用护套包住骨骼。

图7.75所示是材质、形状都不同的机器人手指样品。带有关节的手指需要装有从指尖到伺服电机的线状的腱。

7.3.3 能捕球的手

■ 手指的材质是橡胶管

本小节介绍参加第12届ROBO-ONE大赛预赛表演的能“捕球”的手（图7.76，图7.77）。考虑到对捕球而言，吸收冲击的柔软的手指和投掷时握紧球非常重要，所以制作了轻量的的空气软管手指。

因为装在重量3kg以下的机体上，所以一只手的重量以150g为目标。捕球动作就是需要1个伺服电机控制手的张开与收拢。

■ 使用材料（图7.78）

① 空气软管（外径13mm，内径6.5mm，壁厚3.25mm）。

② 铝制框架（$t = 2$mm）。

③ 金属线（1mm粗）。

④ 金属线头和调整接头。

■ 手指的制作

为了握住直径7cm的球，需要5~7cm长的手指。各根手指参照人手按比例确定长度。切断软管，为了让手指的关节部拢在一起，给每只手固定5根管段，然后完成切口（图7.79）。

切口用切纸刀完成，小心最深处不要切过量，有的地方使用了镊子。切口越大，弯曲的拉力就越小。所以，按第3关节<第2关节<第1关节的顺序切口逐渐增大，就能实现自然的握法。根据切口的方向，也能让手指扭曲。所用材料也会影响弯曲方式，所以事先最好试做几个确认一下（图7.80，图7.81）。

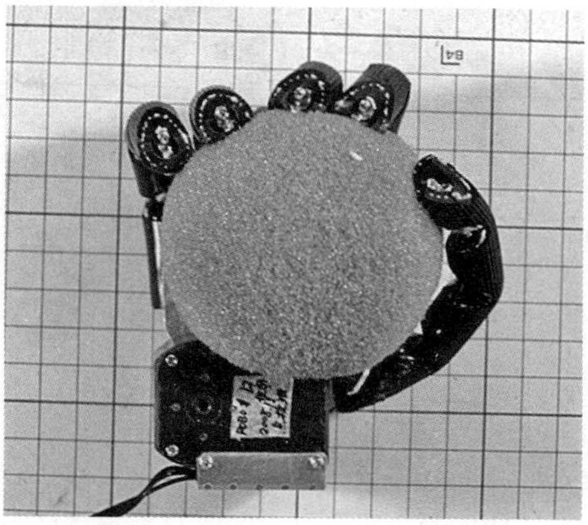

图7.76　握住海绵球的动作

图7.77　装上机器人

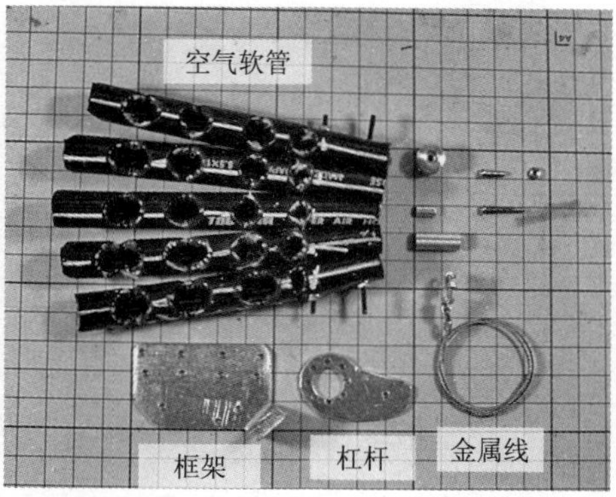

图7.78　所用零件的照片

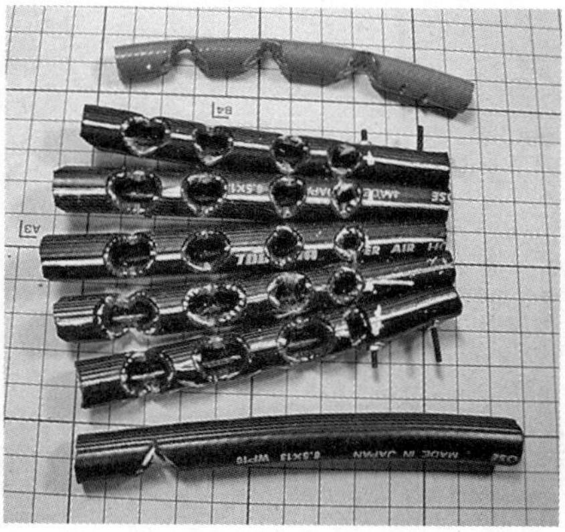

图7.79　手指制作状况的照片

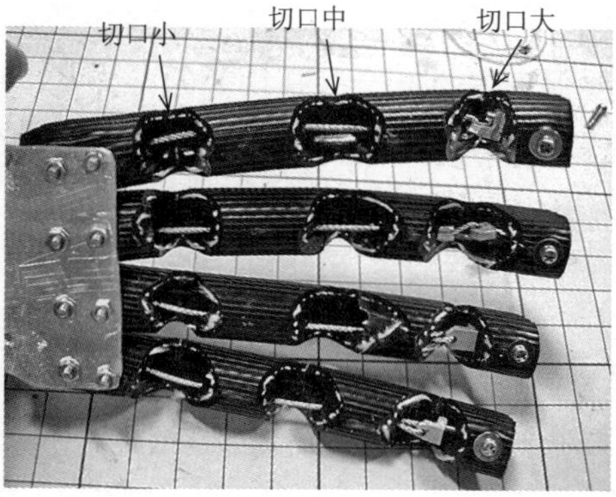

图7.80　关节的切口状况

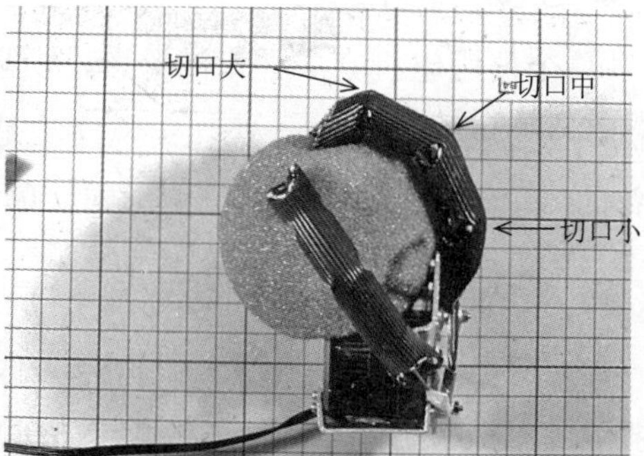

图7.81　持球状况

■ 金属线接头的制作

将金属线固定在指尖，可调整接头的长度（图7.82）。因为软管内径为6.5mm，所以，接头的大小设为5mm左右。加工2mm厚的角型材，用Φ2的螺钉来调整金属线的长度（图7.83）。

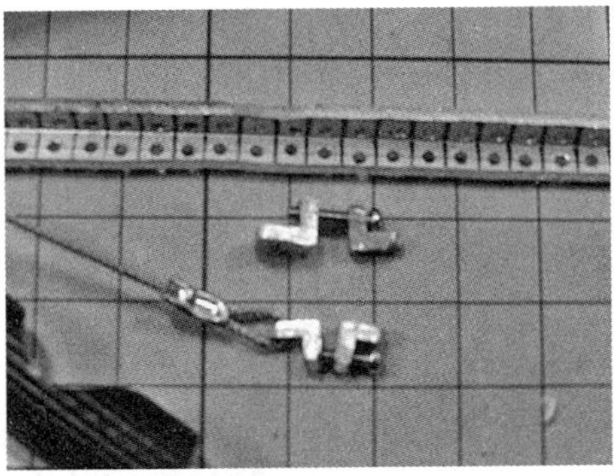

图7.82 金属线调整接头

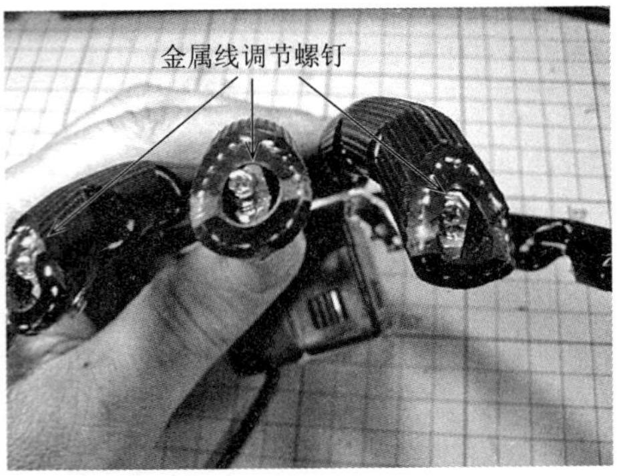

图7.83 指尖部

■ 手指的安装

各手指呈扇形用M2螺钉安装在铝制框架上（图7.84）。指间的张开程度需根据握持物（球等）而进行调整。金属线通过指管安装在杠杆件上（图7.85）。

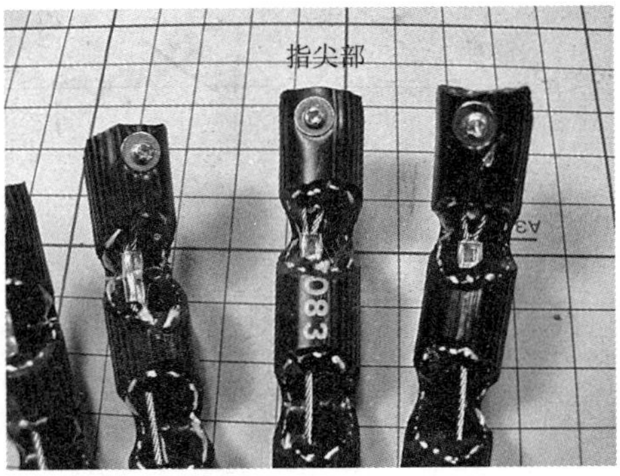

图7.84 指尖金属线安装（指尖部）

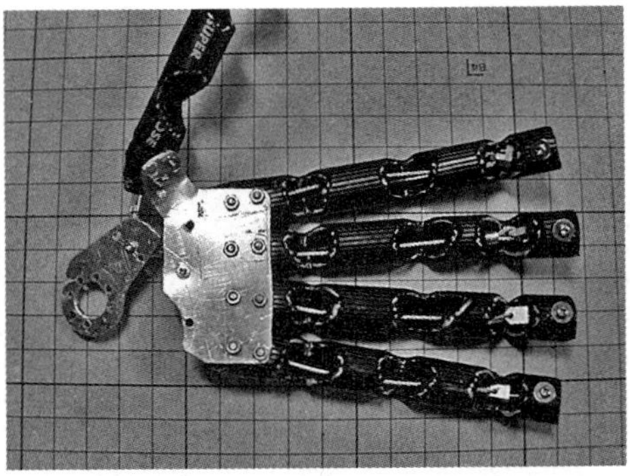

图7.85 手指的安装状况

■ 金属线的安装

用1个伺服电机完成手指的开合，所以，需要保证各指开合度是均等的。为此，必须将金属线的尾端集中在一处。实现方法是，将铝制滚轴装在框架上，使金属线能均等地被拉着。只有拇指因为安装位置不同，单独装在杠杆件上，如图7.86所示。

■ 伺服电机的安装

将伺服电机（近藤科学的产品KRS-4014HV）和支架安装在框架上，完成机器人手部的制作（图7.87）。设定伺服电机的动作范围，防止过载导致破损。

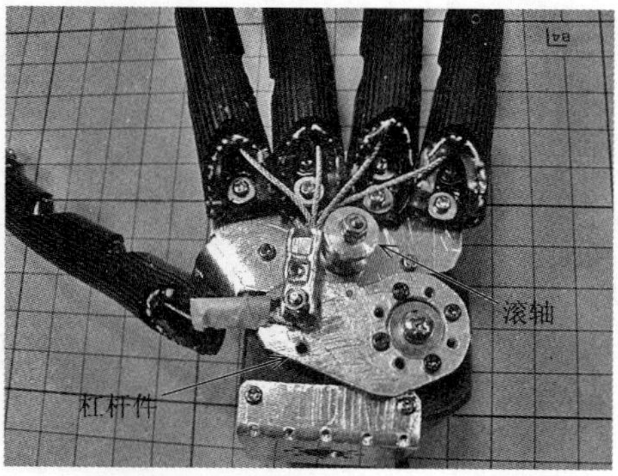

图7.86　金属线的安装

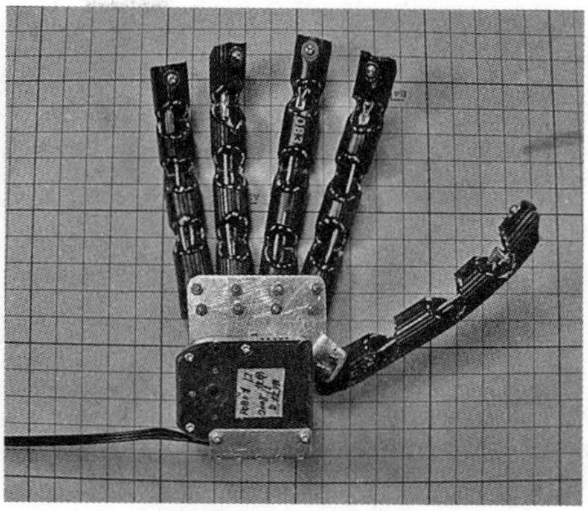

图7.87　完成品的照片

■ 调　整

为了在伺服电机动作时各手指能均等地弯曲，要用指尖的螺钉对金属线的拉伸程度进行调整。金属线的拉伸非常重要，如果没有余地的话，有可能就无法完全张开。握球时的拉力需要5kg左右，转矩达到10kgf・cm，所以，要注意长时间持球会导致电机发热和电池消耗。

这种手可以双手完成捕球，然后可以右手持球，完成投掷。因为橡胶软管的柔软特性，即使做工不精良，也能握住球，所以，容易制作机器人的运动部分。格斗竞技的攻击、起身运动则因为手部较柔软，以及手的长度而无法有效实现。至于完成握拳状态的运动，还需花些功夫。

7.3.4　拿鸡蛋的手

本小节介绍为了参加“家务帮手型机器人项目”制作的使用了3个伺服电机的手。前面所述的只有1个伺服电机的手无法实现下列功能：

① 能够抓握鸡蛋，并保持鸡蛋无损。

② 取下放在桌上的衬衫。用指头捏住小东西（1cm大小）。

③ 具有表现力。猜拳、数数、握笔。

■ 手指的结构与驱动方式

为了克服金属线驱动的缺点，本结构借助连接杆，采用伺服电机直接驱动无关节手指的方式。

用1个伺服电机拇指，食指和中指共用1个伺服电机，无名指和小指共用1个伺服电机，共计使用3个伺服电机。

拿鸡蛋的手具有以下特点：

① 因为没有关节，抓握物品时，不会产生弯曲，可以保证抓握紧实。

② 手指的刚性加强，抓握位置固定，能够确保完成动作。同时，也能确保运动的再现性。

③ 因为使用了3个伺服电机进行驱动，表现力增强。

这里，看看用较少伺服电机提高手部抓握和表现力的手指的动作。看着自己的手，关注拇指的动作。图7.88所示是抓握物品的人手。仔细观察会了解以下几点：

① 抓握物品时，用拇指与其他四指夹住。此时，拇指移至手掌中间（照片❸）。

② 小物品用拇指、食指和中指抓住。此时，拇指张开的动作很小（照片❹和照片❺）。

③ 用手表示数字时，照片❶的动作是必要的。

由此，可以判断，关注拇指动作，优先左右动作是用少数伺服电机制作具有高级功能的机器人手的条件。

■ 使用零部件（图7.89）

① 铝材框架t=2mm（掌部和指部）。

② 耐油软管（外径13mm，内径9mm）。

③ 连接杆（圆柱连接杆使用无线电遥控直升机的零件）。

④ 3个伺服电机。

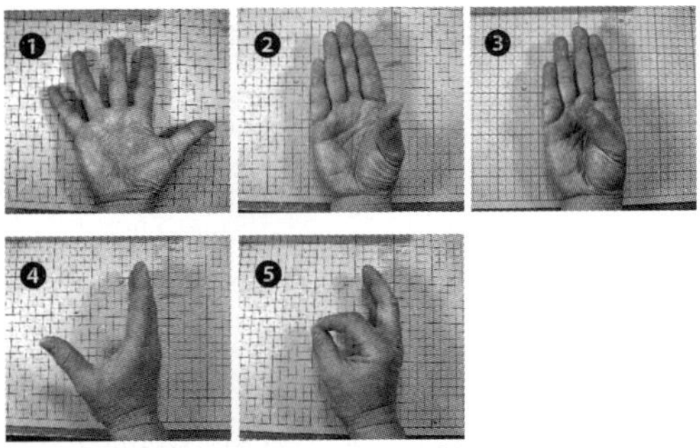

图7.88 手的动作

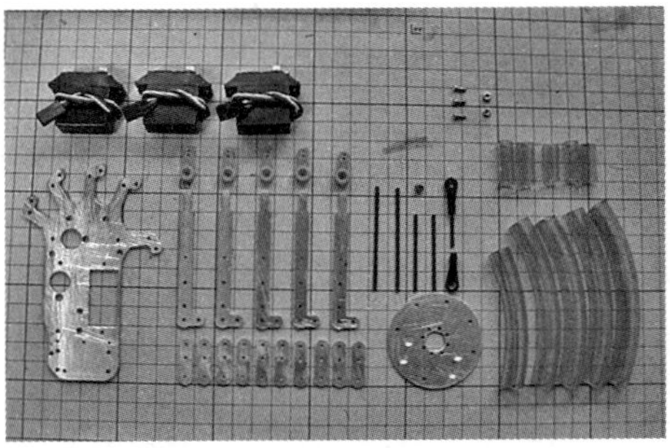

图7.89 所用零部件

■ 手指的装配

装配手指的零件要用图7.90所示的铰接加强板以2mm螺钉进行固定。铰接部不装轴承，所以要用垫片保证间隙。装配后，如图7.91所示，将铰接加强板的尾部拧转90°以便让加强板与手掌平行。

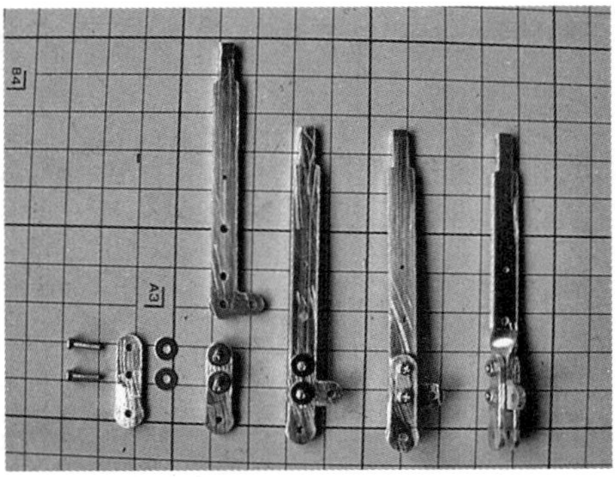

图7.90 手指的制作

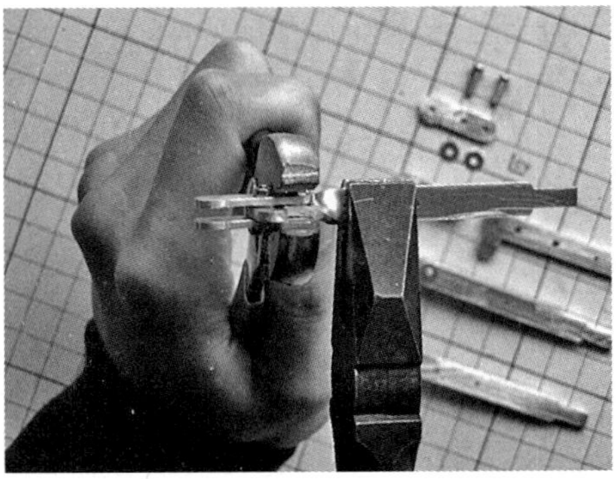

图7.91 尾部的扭曲

■ 框架的加工

框架用t=2mm的铝材（A5052）制成。最初是手工制作的，但是因为精度差，手指动作不灵，后来在CNC上完成了制作。

手指的安装部分为了使其不朝反方向移动，装上了挡头。另外，为防止连接杆的干涉，调高了1个伺服电机的高度。

手指的尾部为了轻量化，进行了图7.92所示的拧转加工。拧转加工需要10mm左右的拧转空间，过短的话就可能拧断。另外，扭转角度为90°，修正调整时，要注意多次拧转也会拧断。完成手指尾部扭曲之后如图7.93所示。

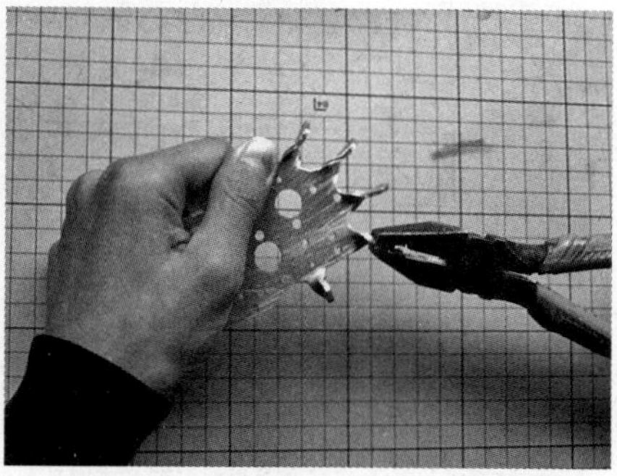

图7.92 手指尾部的扭曲

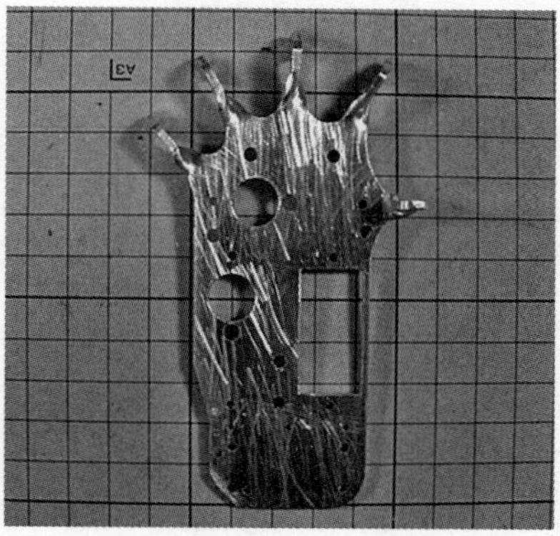

图7.93 完成手指尾部扭曲

■ 手指和伺服电机的安装

将手指部件装在框架上。在旋转部分的两侧装入垫片。使用的安装螺钉直径为2mm，长度为10mm。将螺母拧紧到手指能作轻微动作为止。反复动作以后，螺母的拧紧力会发生放松的情况，所以，可采用双螺母或尼龙螺母。使用尼龙螺母的话，拧紧程度容易调整。

将垫圈装上伺服电机，再将其用2mm螺钉安装在框架上，如图7.94所示。为了留有缓冲功能，不要拧得太紧。

■ 伺服舵盘的安装

为了让伺服舵盘具有缓冲作用，可用塑料制作伺服舵盘。需要握持力时，则使用金属制品。如图7.95所示，在离芯10mm处用2mm螺钉装上5mm直径的小球。食指、中指、无名指、小指各用两个球。

■ 连接杆的安装

用塑料杆头和2mm直径的钢制调整杆制成连接杆（图7.96~图7.99），接入各指根部的小球和伺服舵盘的小球里。要准备长度30mm的调整杆1根，60mm的调整杆4根，共计5根调整杆。

调整杆空间交错，为了使手指动作流畅，应进行适度弯折，并调整到不会发生摩擦。为了使各手指可动范围一致，可根据杆头的螺钉拧紧程度进行调整。

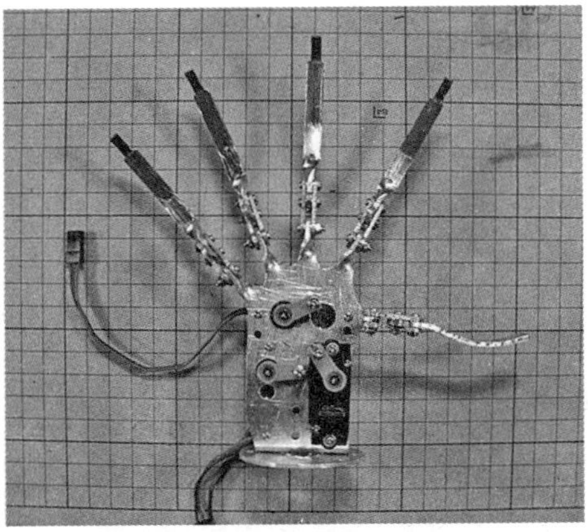

图7.94 手指和伺服电机的安装

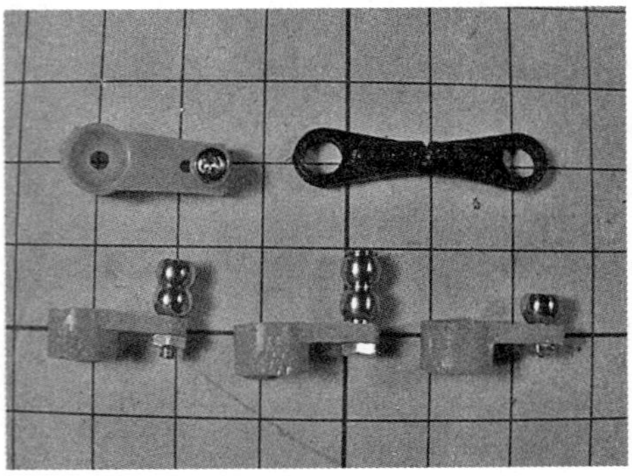

图7.95 舵盘和球面连杆

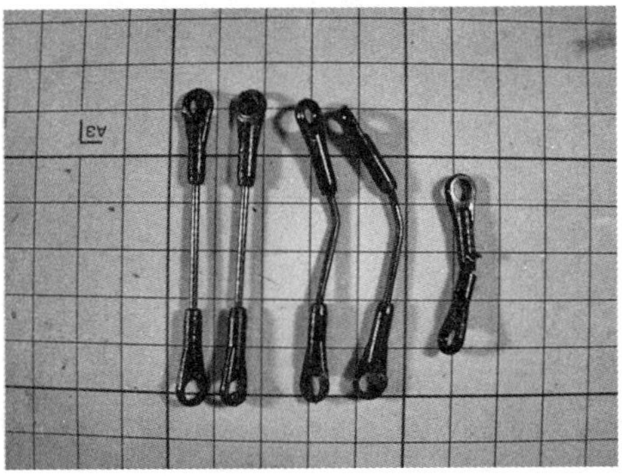

图7.96 连接杆

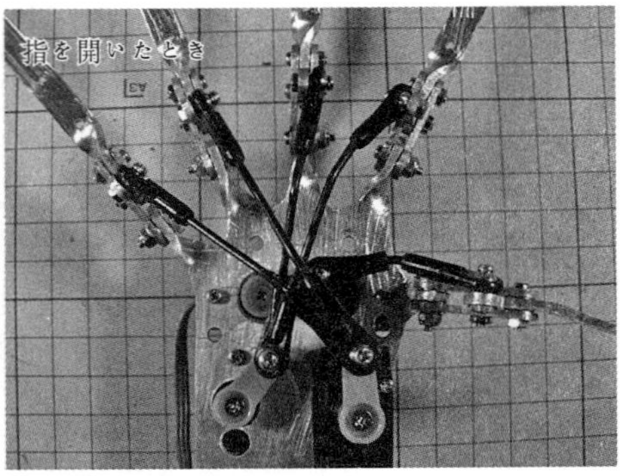

图7.97 尾部的扭曲

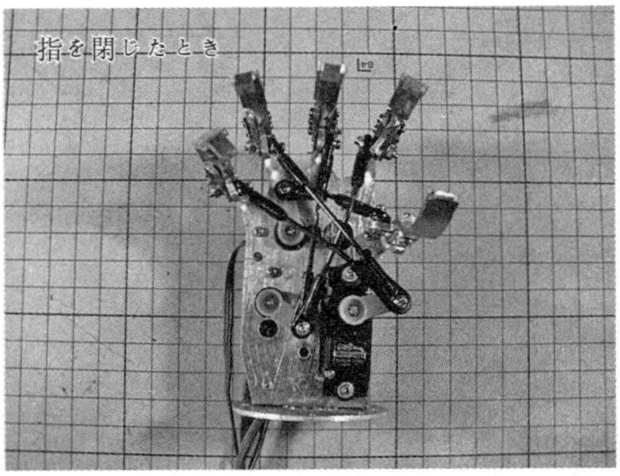

图7.98 合指状态

图7.99 从侧面看到的连接杆

■ 手指外套的安装

考虑到机器人抓持物品时，如果手部只有铝质的硬骨骼的话，物品可能会被抓破或者滑落，所以需要相当于皮肤的外套。这里采用了柔软的、表面不滑的耐油软管。将软管用螺钉固定在手指末端，在指尖加上塑料手爪。手爪是舵盘经过加工的结果，用于避免铝质骨骼直接突出指尖，起到缓冲作用（图7.100）。

为了容易抓持物品，各指稍微向内侧弯折（图7.101）。

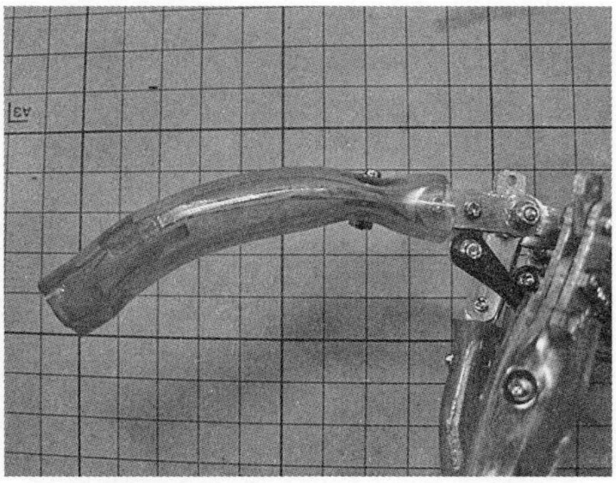

图7.100 外套与手爪的安装

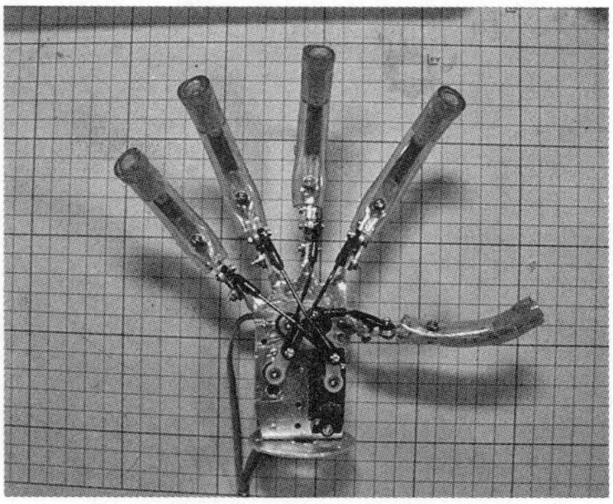

图7.101 完成机械部分

■ 手掌和盖板的安装

为了保护连接杆和伺服电机，需要借助隔离板安装铝制的手掌和盖板。图7.102~图7.104所示手的重量为211g。

机器人DokaHarumi的手臂装上手后的情景如图7.105所示。每只手臂由6轴构成，可以完成持笔写字、猜拳等动作。

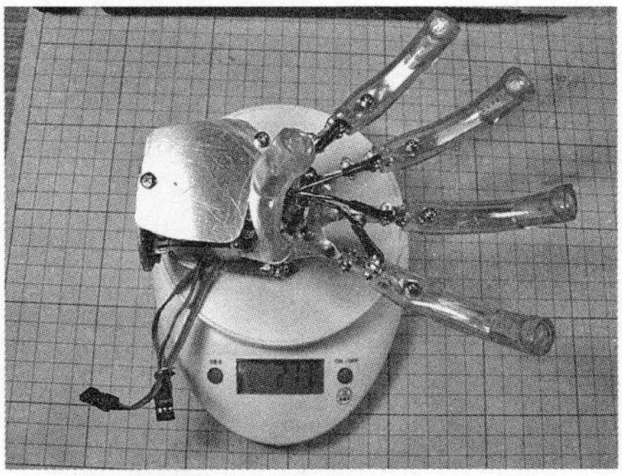

图7.102 手的完成品的照片

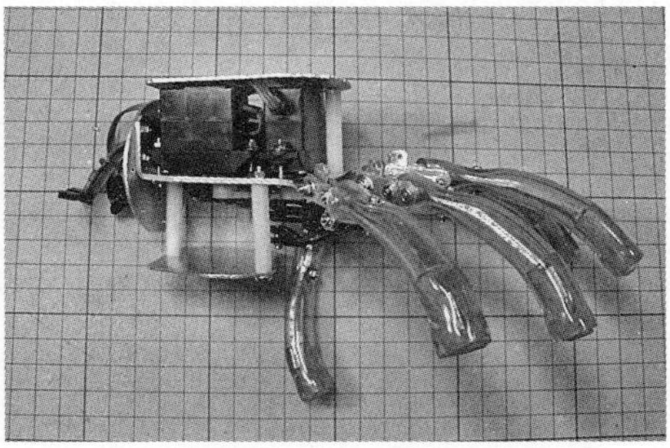

图7.103 侧面看到的手

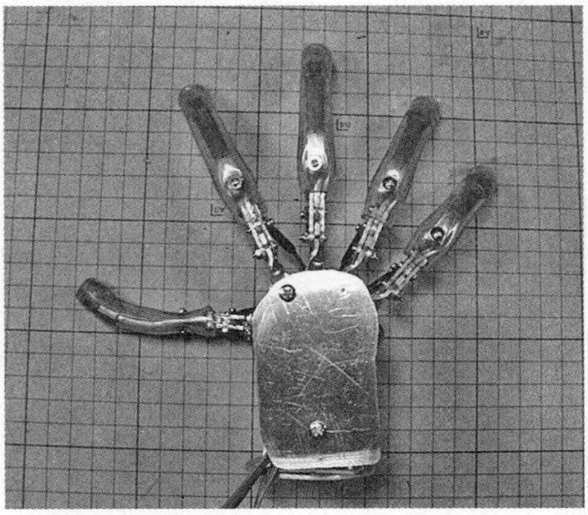

图7.104 从盖板方向看到的手

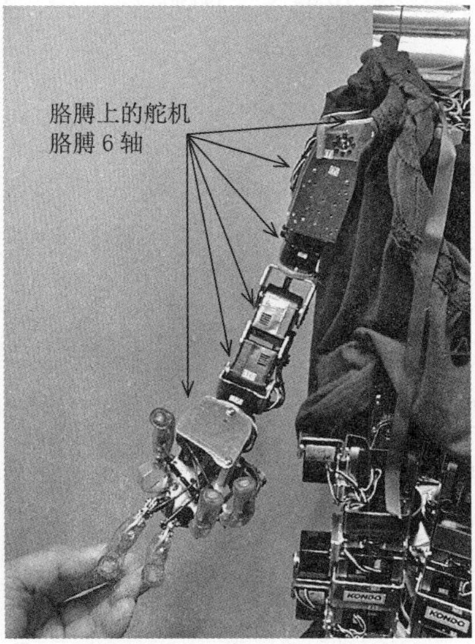

图7.105 装在机器人上的手与手臂

7.3.5 开启瓶盖的手

机器人DokaHarumi的设计理念是对人类有用的机器人，通过参加ROBO-ONE大赛，实现自身硬件和软件的成长。

能够帮助人类的机器人，其身高最少也要在130cm左右，而机器人DokaHarumi已经接近人的身高。列举一下为参加第2届ROBO-ONE大赛仿人型帮手项目（HHP2）而制作的机器人DokaHarumi的规格资料。

① 身高：155cm；体重：13kg。

② 脚板尺寸：28cm×16cm。

③ 腿长：71cm。

④ 自由度：34（腿部10，躯干3，胳膊10，手8，头部3）。

⑤ CPU。近藤科学产品，驱动用伺服电机：RCB-3HV×2（下半身和上半身）；控制用伺服电机：KCB-1×1。

⑥ 电池。驱动用电池：LiPo4000mA•h×2；控制用电池：LiPo2000mA•h×1。

⑦ 伺服电机：近藤科学产品，KRS-6003HV×31；KRS-4014HV×11；ROS-3101HV×8。

⑧ 传感器：近藤科学产品，陀螺仪传感器×2；加速度传感器×1。

⑨ 无线和照相机：Bandai产品，NetTanser×1。

以下是机器人DokaHarumi在ROBO-ONE大赛的战史：

- 2008年9月，第1届“家务帮手型机器人”项目 第6名。
- 2009年9月，第16届ROBO-ONE 大赛预赛败退。
- 2009年11月，参加ROBO-ONE GATE IN 2009国际机器人展。
- 2010年2月，第2届“仿人型帮手项目”第2名。

作为格斗机器人，DokaHarumi功能尚不充分，还必须提高其步行、姿势控制等能力。

这里介绍一下为参加HHP2而制作的带4个伺服电机的手。这是以前面介绍过的抓握鸡蛋的手为基础，目标是实现小型化、轻量化、防水性能强的手。本小节的目的是开启瓶盖，要求各指能够独立地完成细微的动作。虽然知道不需要5指都张开，但还是坚持实现了。

还有一项要求是，让食指做出1的姿势。如果机器人得了第一名，需要能够做出第一的手势（虽然一直在参加ROBO-ONE大赛，但是还没有怎么获胜过，成为第一是笔者一直的梦想）。为此，追加1个伺服电机，让食指和中指能够独立动作，变成采用4伺服电机的驱动形式。

至于手的防水措施，因为考虑到全手防水优于局部防水，用到了薄皮橡胶手套。此种手套在市场上有售，阻力小，可以按照其尺寸制作机器人的手。

强化功能方面的特点如下：

① 用食指和拇指，或者中指和拇指抓住小物品。

② 提高抓住物品时的稳定性。

③ 增加了独立动作的手指，表现力有所提高。可以用食指做出1的姿势（第一的姿势，或者按按钮等操作）。

上述改良导致机器人的重量加大，耗电增加等问题。因此，为了轻量化，将框架换成碳纤维材质（图7.106），也可以防止跌倒时冲击造成变形。也可以采用近藤科学生产的非常小型的伺服电机ROS-3101HV。这种伺服电机的重量只有17g，能够通过程序调整转矩，所以能在需要机器人进行抓持动作时才产生转矩。伺服电机通常处于待机状态，可以实现电机保护和省电。

■ 使用零部件（图7.107）

① 碳纤维框架t=2mm。

② 铝制手指t=2mm（指部），铰接零件包括铝制螺栓套件5×5×15，M2.6丝锥，碳纤维铰接片，外套耐油软管（外径13mm，内径9mm）。

③ 连接杆（无线电遥控直升机用零件）。

④ 4个伺服电机。

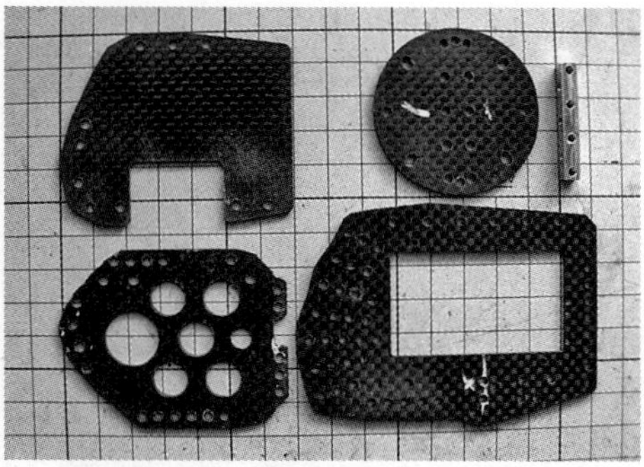

图7.106　碳纤维零件

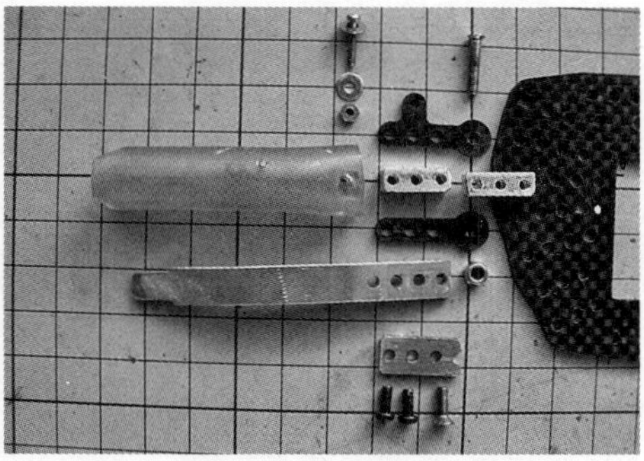

图7.107　手指零件

■ 手指的装配与安装

由于使用碳纤维框架，手指的安装采用铝制螺栓套件。5根手指的装配用铰接加强板以M2.6螺钉进行固定（图7.108）。铰接部从两侧用碳纤维板夹住，装上M2.6的螺钉。回转部分的两侧嵌入垫片。重复动作时，螺母处会出现放松情况，所以，采用双螺母或尼龙螺母。

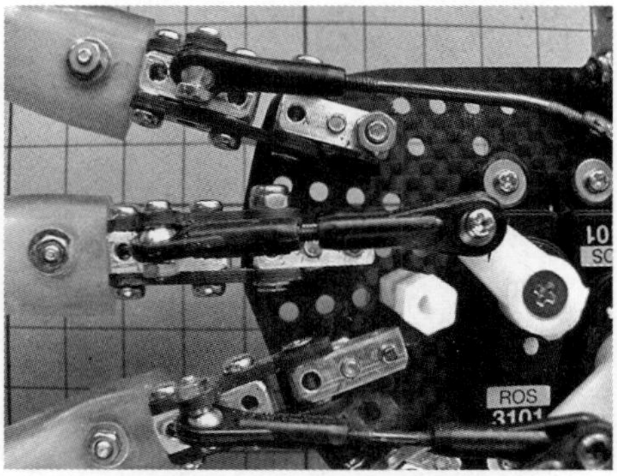

图7.108　铰接部的装配

■ 伺服电机和伺服舵盘的安装

给伺服电机装上垫圈，再用2mm螺钉将其装在框架上。为了保持缓冲作用，不要拧得过紧。

为了使伺服舵盘保持缓冲作用，使用塑料产品。不过，需要握持力时，使用金属制品。和前面提到的伺服舵盘一样，装上连杆球头。

■ 连接杆的安装

跟前面介绍的能抓握鸡蛋的机器人一样，用塑料杆头和2mm直径的钢制调整杆制成连接杆，接入各指根部的小球和伺服舵盘的小球里。为了使各指可动范围相同，通过拧紧塑料杆头进行调整（图7.109~图7.112）。

手指张开和收拢时，为避免连接杆干涉手指动作，确保手指动作流畅，要做一点折弯。

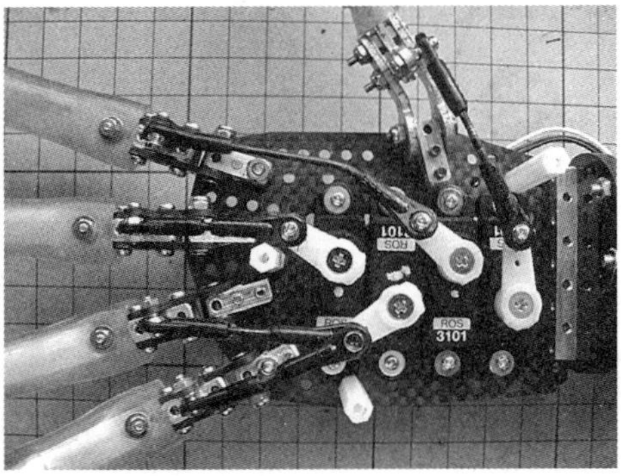

图7.109 张开时的连接杆

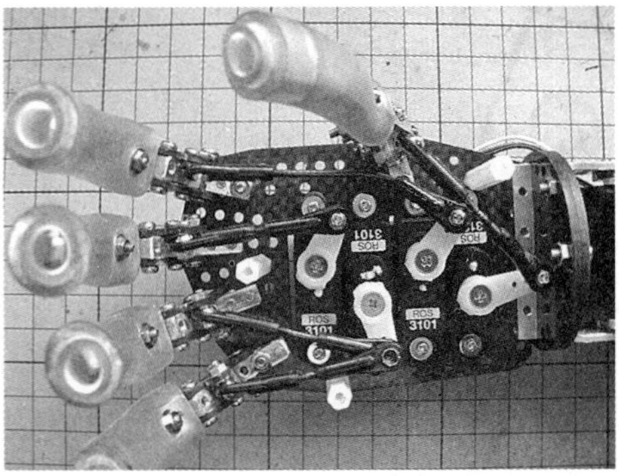

图7.110 闭合时的连接杆

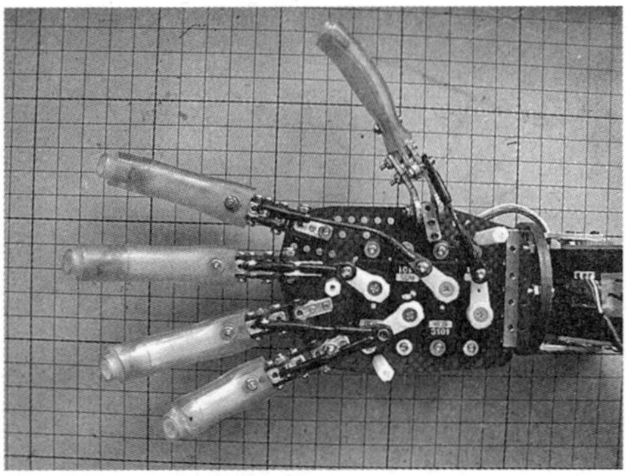

图7.111 机械部分的完成状态

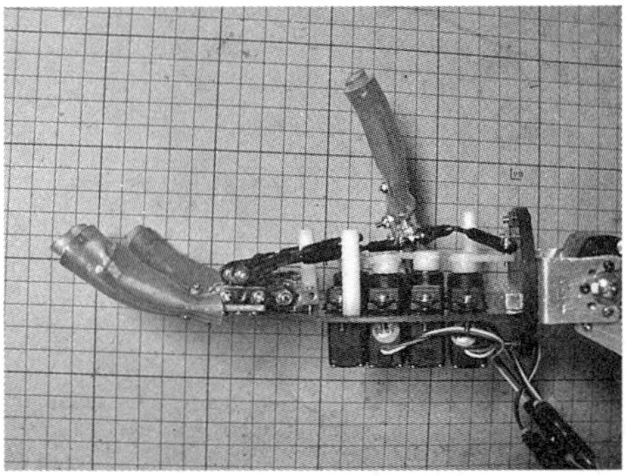

图7.112 从侧面看的状态

■ 手掌和手套的安装

为保护连接杆和伺服电机，需要借助隔离板在手掌上安装碳纤维板（图7.113）。

套上橡皮手套（图7.114），机器人的手就制作完成了。这只手的重量为170g。

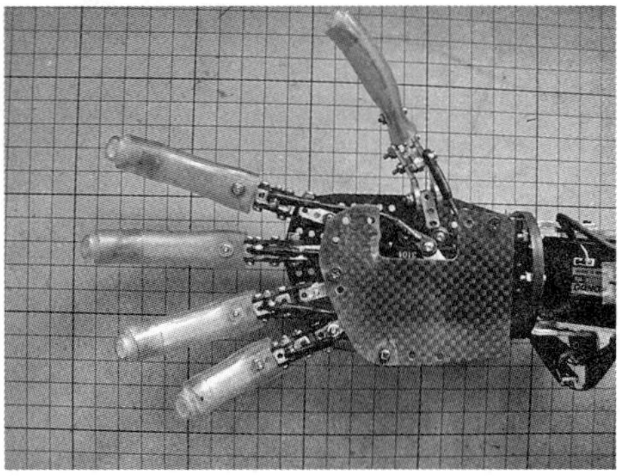

图7.113 碳纤维护板的安装

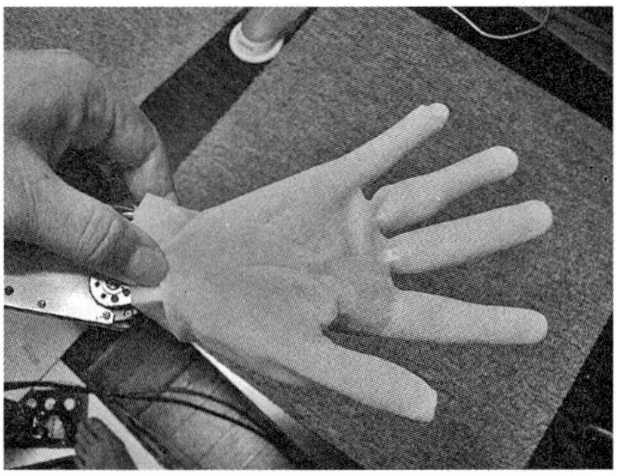

图7.114 套上手套

在比赛过程中，机器人左手拿塑料瓶，右手开启瓶盖，如图7.115所示。

这只手由RCB-3HV控制，与通常的运动部分制作过程相同。

将来的设想是，在手上装上专用CPU，通过压力传感器和温度传感器，自动调整手的握持力，从而实现智能控制。

图7.115 开启瓶盖的动作

7.3.6 结 语

本节介绍了装在双足步行机器人上的，有5根手指的手部结构与制作实例。不久的将来，将会开发出与人等身大小的、动作稳定的、对人类有用的机器人。今后也希望继续通过ROBO-ONE大赛，开发出引人注目的双足步行机器人。

7.4 大型机器人的构造（OmniZero）

7.4.1 机器人的大型化

将在桌面上运动的机器人（身高20~60cm）按比例放大，也许就能制作出身高80cm~1.6m的机器人。

这里需要注意以下几个地方：

① 伺服电机。

② 框架强度。

③ 安全性。

下面结合笔者的经验，介绍一下大型机器人的制作方法和注意事项。

■ 伺服电机

首先要面对的问题，恐怕就是伺服电机转矩不足。

即使是小型机器人，许多场合也会发出“转矩再大点的话，就…”的感叹。原因在于，一方面是没有道理地让机器人完成本来人类也不可能的动作，如劈腿状态时的起身动作等；另一方面是不管转矩应该多大，暂且动起来再看看的想法。

笔者认为，对于身高40cm、体重3kg的小型机器人来说，伺服电机的转矩在20kgf・cm左右，一般情况下就能动起来。

这里说的都是凭感觉的话，归纳起来，就如表7.2所示。按照该表进行机器人大型化改造的话，会发生什么呢？

表7.2 小型机器人（身高40cm、体重3kg）需要的转矩

伺服电机转矩	机器人动作
10kgf·cm	勉强能动起来，勉强走起来
20kgf·cm	能动起来，能走起来
40kgf·cm	精神地动起来，精神地走起来

■ 身高与体积的关系

一般说来，面积与身高的二次方成正比，而体积（=重量）与身高的三次方成正比。

如果将一个机器人的尺寸按比例放大两倍，重量就会达到原来的8倍。将身高40cm、体重3kg的小型机器人扩大到身高80cm的话，体重就将达到24kg。

进一步，伺服电机需要的转矩等于重量×臂长，所以其转矩与身高的四次方成正比。

那么，将小型机器人“能动起来”的转矩20kgf·cm扩大16倍，就需要320kgf·cm的转矩（表7.3）。

表7.3 大型机器人（身高80cm、体重24kg）需要的转矩（类推）

伺服电机转矩	机器人动作
160kgf·cm	勉强能动起来，勉强能走起来
320kgf·cm	能动起来，能走起来
640kgf·cm	精神地动起来，精神地走起来

■ 弥补转矩不足的方法

当然，如果有转矩为320kgf·cm的伺服电机，这是最简单的方法。

但是，就笔者的了解，一般能够从市面上买到的伺服电机，320kgf·cm的转矩基本就是极限，而“精神地动起来”需要的640kgf·cm左右的电机，就已无法从市场上获得。

因此，为了弥补转矩不足的问题，可以考虑以下办法：

① 机器人的轻量化。

② 将伺服电机并联使用。

③ 平行连杆腿。

④ 弹簧辅助。

⑤ 减速机构（齿轮、槽、非圆齿轮）。

上述方法各有特点，可以组合，但都不是万能的。下面详细进行说明。

① 机器人的轻量化。简单而言，就是在确保机器人运动性能的前提下，想办法减轻原来与身高三次方成正比的机器人的重量。

但是，这已是所有机器人都必须努力解决的问题，至于大型机器人，如果不能进行特别大幅度的减重的话，刚性还比小型机器人更需要得到保证，所以很难实现。

选择轻量而且刚性好的材料（CFRP），或者选择与场合匹配的最优尺寸和零件等，各种措施一起上，一定能将三次方的关系降低到2.5次方。

② 伺服电机并联使用。转矩不足时，可以用几个伺服电机驱动一个关节，以谋取两

倍或两倍以上的转矩。

一般的伺服电机，输出轴只从一侧伸出。对于一个轴，将两个伺服电机背对背装在一起，可以将转矩增大到两倍。另外，如果使用后面介绍的连杆结构，三个以上伺服电机的并联也很容易做到。

着眼于多个伺服电机并联同步的方法包括：

- 用软件实现同步。
- 共用电位计，反馈控制在各伺服电机内完成。
- 共用电位计及反馈控制，电机驱动以后的动作由各伺服电机完成。
- 共用包括电位计的伺服电机基板，实现电机与齿轮箱的并联化。

这些方法在性能、时间耗费上也是各有千秋。

但是，无论采取哪种方法，冗余性都较大，成本较高。虽然，其中一个电机不动作并不会影响整体动作，可是一个电机发生故障，原有的性能就无法发挥，而且也可能会弄不清故障何在。

③ 平行连杆方式的腿部机构。转矩不足时，可能会发生以下两种不好的情况。

- 绝对的转矩不足。从蹲下的状态无法站起来，胳膊无法举起放下等。
- 控制刚性低，保持力不足。运动的再现性差，机器人容易翻倒等。

平行连杆式的腿部机构能够改善第二种情况。

图7.116的左边不是平行连杆式结构，而是从侧面看的以前的机器人的腿部机构。控制刚性低，稍微遇到一点外部干扰，就会发生较大的重心移动。

图7.116的右边是平行连杆式腿部机构。伺服电机只负担并进分量，靠连杆的感度确保角度，所以，即使有外力，导致伺服电机产生控制误差，上体角度仍被维持，结果，重心移动量大大减小。

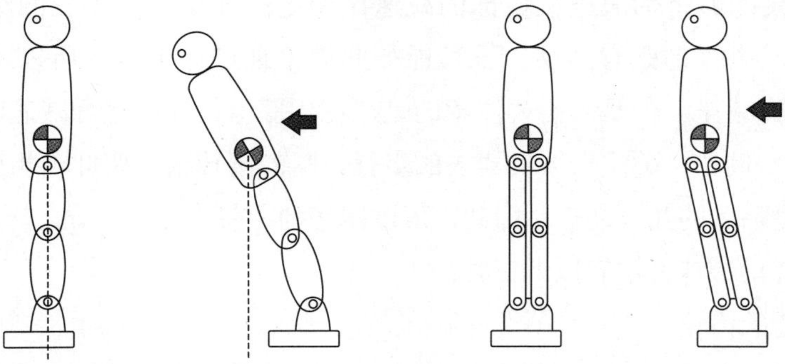

图7.116 以往的腿机构（左）和平行连杆式腿机构（右）

也就是说，即使采用了控制刚性低的伺服电机，也能够实现稳定的动作。

平行连杆方式腿部结构的缺点是结构复杂、重量增加、连杆干涉、可动范围受限等。不过，笔者认为，对于大型机器人而言，优点更为突出。

④ 弹簧辅助。转矩绝对不足的解决办法之一就是弹簧辅助。

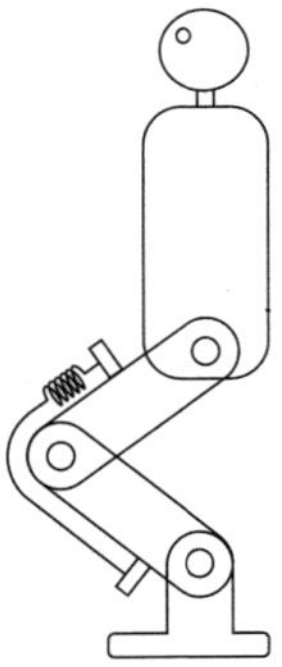
图7.117 补偿自重用的弹簧

一个典型的例子，考虑机器人从蹲着的状态直立起来。此时，需要脚部支撑起几乎机器人的所有重量。但是，通过在腿上附加抵消重量的弹簧（图7.117），就可能接近无重量状态。

换句话说，机器人蹲着的状态势能小，站着的状态势能大。这个势能差原本要从伺服电机获取。但机器人蹲着的状态给弹簧储备弹性能，可以用来减小伺服电机提供的势能差。

所用弹簧可以考虑压缩弹簧和拉伸弹簧。制作简单的是拉伸弹簧，用橡皮圈固定在关节外侧即可。压缩弹簧，为了避免被压弯，需要用筒状物进行引导，不过更为简练容易内置（后面介绍的机器人OmniZero.7就采用了压缩式弹簧机构）。

弹簧辅助的优点很明显，缺点是对于有的姿势无法正常发挥作用，甚至会妨碍机器人的动作。

弹簧辅助的目的是减轻自重，但是，加在机器人姿势上的重力方向不同，用简单的机构无法产生最佳抵消力。例如，采用图7.117所示的辅助弹簧，机器人在仰卧状态下想屈腿（摔倒后复原的必须动作）时，弹簧被拉伸，结果影响腿的动作。

正是因为存在这样的问题，不能过分地使用强力弹簧。换句话说，本来是想给无法承受自重的伺服电机装上能够百分百抵消自重的弹簧，结果，反倒没有办法在机器人卧倒（无重力）状态下战胜弹簧。

所以，对举止丰富的仿人型机器人而言，弹簧的力量只能一般，效果也只能一般，勉强有用，但是无法彻底解决问题。

⑤ 齿轮减速机构。换个思路，即使损失一点速度也要增大转矩的话，在伺服电机外侧进行减速即可。

当然，如果能够将伺服电机内部的减速比朝更高转矩方向改变的话，最简单不过了。但是，伺服电机是既有产品，不可能如此简单地进行更改。所以，这里考虑在伺服电机外侧实施减速。但是，需要注意的是，在伺服电机外侧进行减速时，速度和可动范围也会减小。 例如，关注一下机器人的步行。腿的滚转轴与俯仰轴相比，前者的速度和可动范围都是后者的几分之一。因此，可以减速到之前速度的几分之一。

笔者实现过的减速方法有以下三种：

- 利用普通的齿轮。
- 利用槽。
- 利用非圆齿轮。

其中，最一般的是利用普通齿轮的方法。

如图7.118所示，在关节轴上安装大齿轮，与装在伺服电机输出轴上的小齿轮啮合，实现减速获取转矩。

而且，图7.118是上下连动式平行连杆机构的膝部，用于上下连杆的连动的齿轮也被用作伺服电机输出的减速器。

⑥ 槽式减速机构。作为不使用齿轮的方法，图7.119是使用槽的非线性减速机构的例子。

从机构上讲，槽式减速机构属于摇动曲柄滑块，即使不是槽，使用轴和套筒等直线导管也能实现。但是，利用CAD和数控机床制作机器人时，还是使用槽加工更简单。

与使用齿轮的方法不同，减速比不恒定，会因场所而不同。例如，图7.119的场合，中心附近的减速比约为2.6，两端附近约为3.5。

这种非线性特性虽有减速比随角度变化难以控制的问题，但是，设计得当的话，可以在需要转矩的地方提高减速比，在需要速度的地方降低减速比。不过，在实际的设计中，能实现如此转换，还是很困难的，笔者还只是单纯地以减速为目的而加以利用。

⑦ 使用非圆齿轮的可变减速机构。能够更积极地实现可变减速比的是图7.120所示的

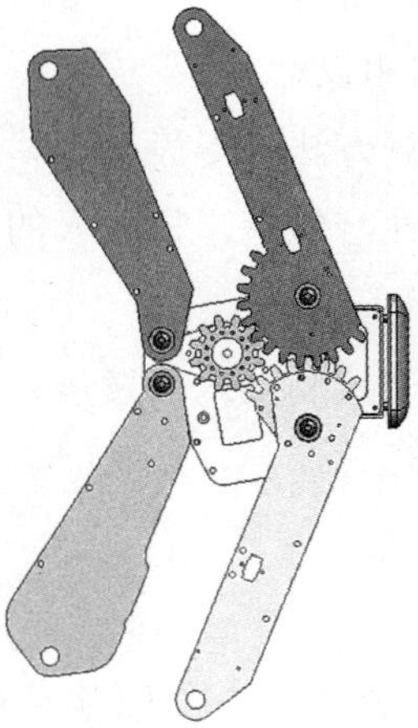

图7.118 齿轮减速机构

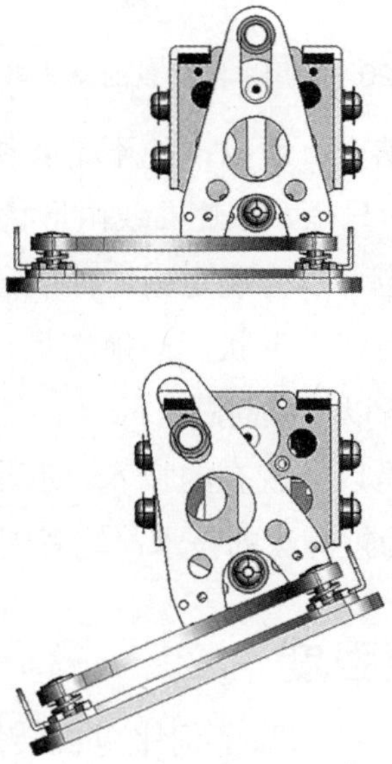

图7.119 槽式减速机构

利用非圆齿轮的减速机构。

例如，在仿人型机器人的膝关节处，从完全蹲下状态起身时，需要最大的转矩。摔倒复原时，起身动作可以缓慢完成，需要以较大的减速比确保转矩。

另一方面，机器人步行过程中，膝关节要求按照步行速度敏捷地完成动作。膝部处于伸展的状态，所以，用于支撑自重的转矩并不大。因此，希望以较小的减速比确保快速移动。

满足上述要求、实现对应角度变化减速比的机构就是利用非圆齿轮的可变减速机构。

采用图7.120所示非圆齿轮的机器人膝关节如图7.121所示。减速比最大（膝部弯曲时）为3.46，最小（膝部伸展时）为1.15，变速比为3.0。

看上去，非圆齿轮的形状（齿节曲线）好像可以随便确定的，但是，两个齿轮回转

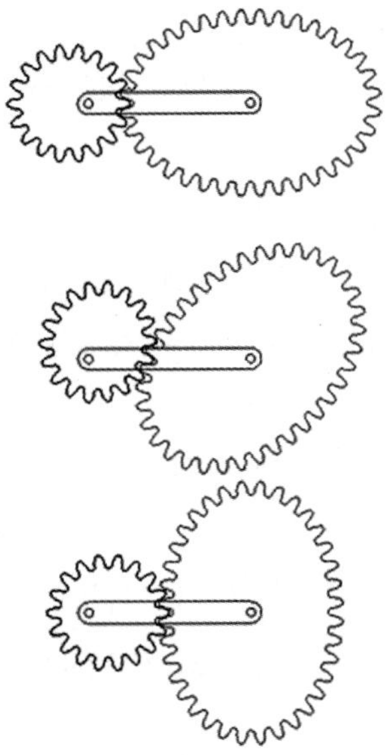

图7.120 使用非圆齿轮的减速机构

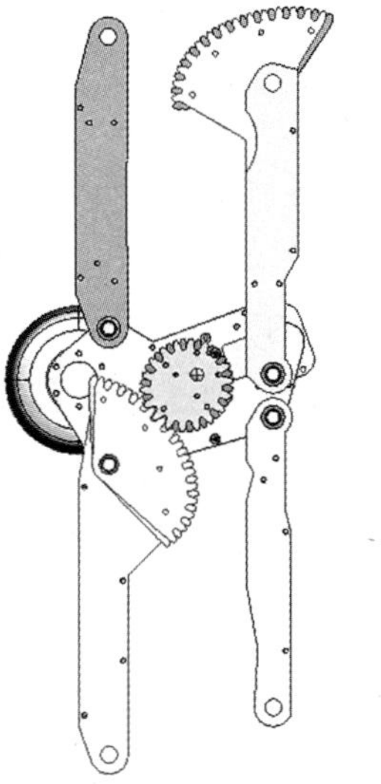

图7.121 使用非圆齿轮的膝关节

时要保持持续啮合，所以，绝不是随便就能确定的。可以用数学的方法求得非圆齿轮完整的解析形状。只是，减速曲线由形状决定，不能自由设计。

反过来，也可以先确定减速曲线，再用数值计算方法求得齿轮形状。这时，作为齿轮拥有一圈“封闭”形状，必须满足一定的约束条件。但是，机器人的关节本来并不需要转动一圈，所以不成问题。

非圆齿轮是以前就有的技术。近年来，随着电子控制技术的发展，凸轮、复杂连杆机构等正在成为被淘汰的技术，笔者则认为依然有用。

7.4.2 框架强度

机器人的大型化除了伺服电机转矩不足以外，另外一个问题就是框架强度。强度（破坏强度）和刚性都是问题，这里只讨论破坏强度。

通过对比大人和小孩骨折的容易程度，或者无论从多高处落下也没问题的昆虫与仅仅登上陆地就骨折的鲸鱼，就可以想象机器人大型化后的易损性。

大型机器人容易损坏，摔倒一下就会造成相当程度的损坏。原因就是，如前所述，重量与尺寸的三次方成正比，而强度只不过与骨骼截面积（=尺寸的二次方）成正比。

也就是说，转矩不够，可以轻量化，而强度则必须考虑更不利的条件来进行设计。下面，就是若干对策。

■ 框架保护用弹簧

考虑将坚硬的混凝土构件垒成棒状，再用水泥使其结实地黏结起来（图7.122）。将最终建成的这堵断墙推倒到坚硬的地面，恐怕一次或几次，就会以从黏结面断裂，构件完全破坏掉。

另一方面，考虑将相同数量的构件黏结起来，再用橡胶带捆绑成相同构造的断墙（图7.123）。同样条件下推倒断墙，各构件虽然有的缺了角，但是应该不会出现完全断裂的情况。这是因为，大型刚体从远端产生大变形转矩，而软性体的转矩分散在各个部位。

仿人型机器人也一样，为了发挥柔软性的作用，例如，将铝制框架全部换成橡胶。不过，这样做的话，或许不容易破损，但是刚性太低，连站立都难。

那么，使用薄CFRP板或铝板等软性材料制成的低刚性的框架又怎样呢？同样，虽然不易破损，由于刚性不足，运动的再现性难以保证。

笔者认为，最好像图7.124所示，用弹簧将坚硬的结构结合起来形成的结构体，在

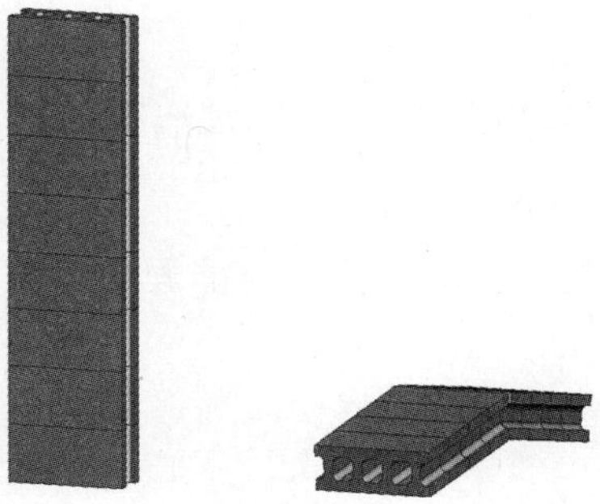

图7.122　坚硬的结构

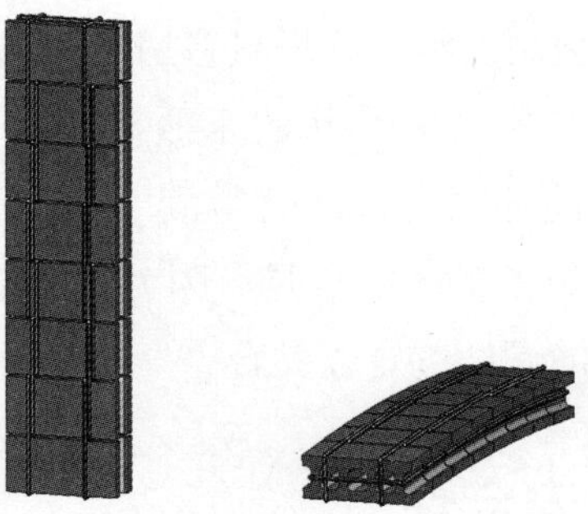

图7.123　柔软的结构

一定的力（弹簧的预紧力）的作用下，呈现刚体特性，而超出该力后，又容易实现弹性变形。

对于将弹簧结合起来形成的结构体而言，受力与变形量之间的关系表现为图表，如图7.125所示。依赖原材料柔软性的结构不可避免其刚性会减弱，但是，在一定范围内还是能够确保刚性的，超过该范围后因为其具有柔软性，所以不容易破损。

另外，这里虽然只是关注结构本身的破坏强度，柔软体结构还能够减轻对伺服电机

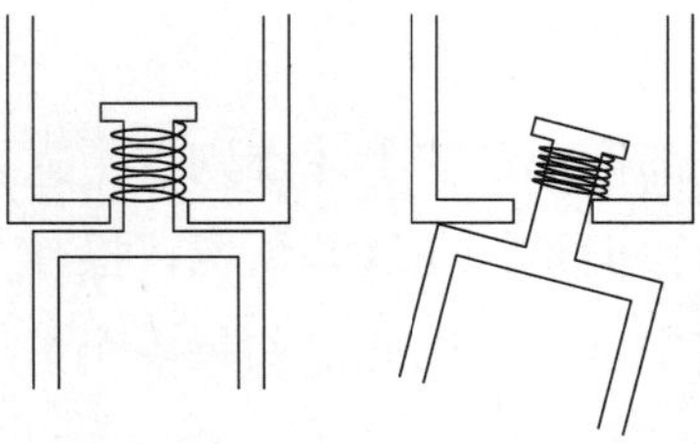

图7.124　用弹簧连接的构造

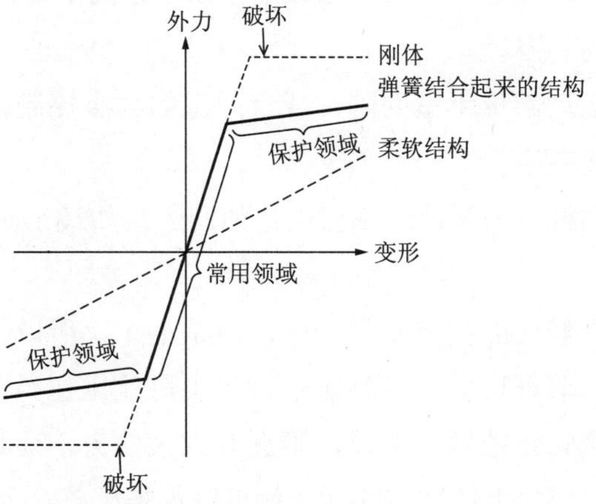

图7.125　外力与变形的关系

的冲击转矩，所以，与保护伺服电机也有关系。

■ 柔软的外壳

机器人翻倒时，最先接地的是其外地壳。如果外壳是用硬材料制成的话，将受到内部框架和地面的猛烈压迫，外壳会破碎。

如果不是将框架的安装部分设计成使用螺钉等的单纯的固定式结构，而是采用随着外力能动的结构，或者魔力胶带，使得外壳能够容易脱离，就不会那么容易破碎。

但是，更好的方法应该是用柔软的材料制作外壳。最好的结果是外包本身能够吸收冲击，减小对框架造成的损害。

因此，笔者在机器人的肩部、胸部等，尺寸或重量留有余地而且容易发生猛烈冲击的部位，使用发泡聚乙烯材料切削加工成外壳。

如果是所谓海绵状的东西，也没有必要非得用发泡聚乙烯。发泡聚乙烯常用作捆包材料，能够很便宜地就得到一大块。因此，值得推荐。

发泡聚乙烯的缺点是，因为呈海绵状，不能得到平滑表面（只能弄成毛巾质地），不用特定的黏结剂难以黏合。

7.4.3 安全性

机器人大型化的同时，其危险性也会增大。即使是小型机器人，被强力伺服电机驱动的关节夹到手指的话，虽不至于骨折，受伤还是可能的。大型机器人的电机输出大，重量也大，因此最好要认识到危险极大。

驱动机器人时，应该非常谨慎。设计时更要考虑到防止受伤，增大安全性。下面，笔者介绍几点注意事项。

■ 3mm以下，12mm以上

最疼最危险的状况应该是在靠近轴的小半径处（=大转矩），被强力的伺服电机或自重夹到手指。

运动部位不留间隙，或者间隙的大小控制在3mm以下的话，手指进不去，自然也就不会被夹住。

同样，如果能够确保一定的间隙，如最小时为12mm的话，即使手指进去了也不会被夹住。

机器人的关节不是一个，而是多个，所以，所有部位都遵守上述准则也不太可能。例如，前臂可能会接触躯干，指尖可能压住另一手指。但是，在这些情况，操作人员远离产生转矩的轴，所以，不会有太大的力，还是比较安全的。因此，如果各个关节处能够分别遵守上述准则的话，就可以说是比较安全的。

■ 齿轮加壳

普通伺服电机使用的齿轮在齿轮箱里。同样，伺服电机外的减速机构使用圆形或非圆齿轮时，都应该加盖。

齿轮不同于关节，在与其他齿轮啮合时，有可能将手指等异物“卷入”。因为存在被卷入带有刻痕的不光滑齿列中，最后间隙变0，被大力压缩的可能性，最好要把机壳当作必需物品。

另外，在装配、动作试验、修理等过程中，有时需要拆掉外壳，转动齿轮。需要特别注意，而且应该尽量避免出现这样的状况。

■ 不制作尖锐突起部分

小型机器人也一样，不制作尖锐突起部分，这是应该遵守的基本原则。

设计时，切出的角最小是0.5*R*或者*R*时，应取*R*。尽量避免锐角突起部分，如果需要，设为2~3*R*。

制造时要注意，切削出来的边要去毛刺、倒角，要用端铣实施精加工（特别是CFRP）。

7.4.4　制作示例（OmniZero.7）

笔者为参加2008年9月第14届ROBO-ONE大赛制作了机器人OmniZero.7（图7.126、表7.4）。

其特点如下：

① ROBO-ONE大赛中出现的第一台大型机器人。

② 身高960mm，体重19.2kg，21自由度。

③ 平行连杆式腿部机构；膝部装有自重助力弹簧，助力程度为50%左右；能跳跃。

④ 腰部、腿根部、肩部采用冲击缓冲用的弹簧机构。摔倒过数次，至今框架没有损坏。

⑤ 外包装主要用真空成型发制成PET原材，再用氨基甲酸酯进行涂层。肩部为了吸收冲击采用发泡原材料（EVA）的切削制品。

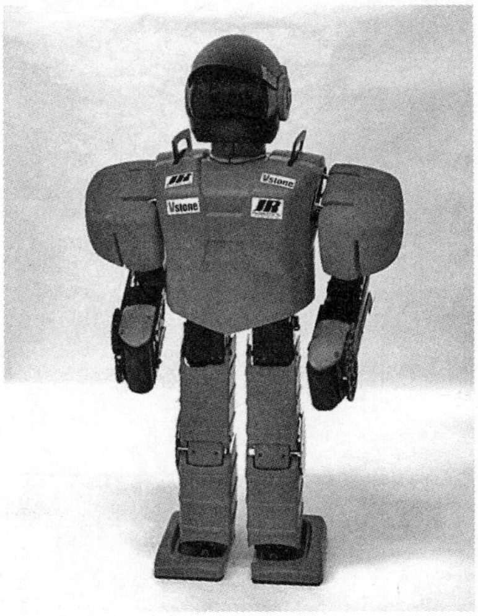

图7.126　OmniZero.7

预赛时，该机器人配合音乐完成了步行+舞蹈、旋转跳跃等动作，结果以微小差距名列第2。

进入决赛后，因为重量较轻，夺得第一。除了与比本机器人更大的ALCNON？的比赛以外，都取得了没有悬念的胜利。

虽然摔倒过而结构无损，但真空成形制成的外包装上能见到部分破碎。因此，后来的OmniZero.9的胸部、头部也采用了发泡原材料。

表7.4 OmniZero.7的规格表

身高	960mm
体重	19.2kg
自由度	21（单腿6，单臂4，腰部1）
原材料	CFRP、A5052P、PET、发泡EVA
伺服电机	VS-SV3310（330kgf・cm）×9 VS-SV1150（115kgf・cm）×12
CPU	VS-RC003HV（ARM7 60 MHz）
运动编辑器	RobovieMaker2
无线控制器	VS-C1
电池	NiMH 7.2V 3800mA・h×2
传感器	陀螺仪×2，加速度×3（VS-IX001）
战史	第14届ROBO-ONE大赛预赛第2，重量级决赛第1，综合冠军

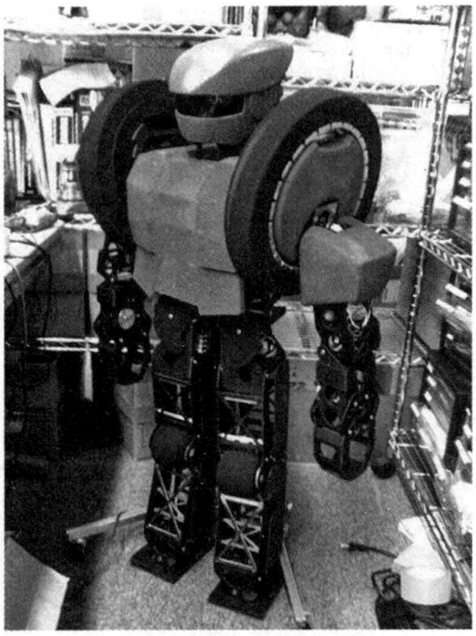

图7.127 OmniZero.9

7.4.5 制作示例（OmniZero.9）

2009年9月，第16届ROBO-ONE大赛，大型机器人OmniZero.9参加比赛（图7.127、表7.5）。

其硬件特点如下：

① 身高1080mm，体重24kg，24自由度。

② 肩部装有车轮，可以以车辆模式步行。

③ 平行连杆式腿部机构；膝部采用非圆齿轮可变减速机构，实现了稳定的起身和高速步行。

④ 以发泡原材料（发泡聚乙烯）的切削制品作为主要外包装，大赛全程没发生破损。

该机器人预赛时，以车辆模式上坡入场，配合音乐

表7.5 OmniZero.9的规格表

身高	1080mm
体重	24kg
自由度	24（单腿6，单臂4，腰部1，颈1，车轮2）
原材料	CFRP、A5052P、发泡EVA
伺服电机	VS-SV3310（330kgf・cm）×15 VS-SV1150（115kgf・cm）×9
CPU	VS-RC003HV（ARM7 60 MHz）
运动编辑器	RobovieMaker2
无线控制器	VS-C1
电池	NiMH 7.2V 4000mA・h×2
传感器	陀螺仪×2，加速度×3（VS-IX001）
战史	第16届ROBO-ONE大赛预赛第1，决赛冠军

完成了步行+舞蹈、载人（笔者）步行等动作内容，以绝对优势取得第1。

进入决赛后，毫无悬念地夺得第一名。因其以重量取胜，可能也导致了大赛对重量的限制更为严格。

该机器人的车辆模式、载人步行等虽与ROBO-ONE决赛的格斗竞技没有直接关系，但是尝试了新的挑战。结果，受到观众热烈欢迎，YouTube上也有超过30万次的浏览，引起了关注。

7.5 “凯撒王”机器人制作示例

7.5.1 引 言

笔者不是机器人专业研究人员，关于机械、电路也完全是个外行。虽然多少有些计算机编程的经验，但直到快要参加ROBO-ONE大赛，对双足步行机器人还是一无所知。

笔者这样的人从零开始制作双足步行机器人，竟能在ROBO-ONE大赛上两次获得冠军。这里介绍笔者的经历，如果对从现在开始就想自己制作机器人，挑战ROBO-ONE大赛的人有所帮助的话，不胜荣幸。

图7.128 “凯撒王”机器人

7.5.2 “凯撒王”系列机器人

“凯撒王”系列机器人（图7.128）是ROBO-ONE界的首个三冠王，与“红色斗士”的美名一道为众人所知。科普作家森山和道先生在其记事中称“凯撒王”是“ROBO-ONE大赛的象征”。读到这时，笔者不仅有喜悦，对一路走来的参赛过程也不禁由衷感慨。但是前面说过，曾经完全外行的笔者也并不是上来一步就制作了冠军机器人。首先，通过讲解“凯撒王”系列机器人的历史，作一回顾。

图7.129 华丽的G（2005.5~9）

■ 华丽的G（图7.129）

笔者制作双足步行机器人也是从市场出售的机器人工具包开始制作，后来加以改造。我就对能生在有许多优秀的机器人工具包的时代而感到幸运。当时选择的是近藤科学生产的KHR-1。最初，将硬件按照一般要求进行组装，自己制作外壳和发射体，采用有线控制器就去参加了竞技比赛。在这个过程中，生平第一次尝试了真空成形、树脂铸形等加工方法。

后来，将控制方式换成了主从控制方式。所谓主从控制方式就是主人（控制者）和完成同样动作的随从（机器人）组成的控制系统（参照“第6章的人机交互界面”）。机器人本体也根据控制方式的主从控制化而追加了腰部的偏转轴。这时的身体已经完全是自行设计的。另外，双肩装有两门加农炮，配有全色LED的关节是用透明树脂制作的。最终，将身体部分使用的KHR-1伺服电机全部换成了高转矩型的KRS-2350。控制板也从RCB-1换作运动处理器，采用了蓝牙无线控制方式。笔者就是在这个时期基本掌握了从硬件到软件的基本技术。

就这样，首先买来确实能动的机器人（市面上出售的产品），经过反复改造，学到了双足步行机器人的硬件和软件知识和经验。毫无疑问，这些经验成为了后来的技术支撑。

■ “凯撒王D”

利用市售机器人工具包制作机器人半年后，终于要着手开发自己的机器人了。“凯撒王D”（图7.130）虽说是自主制作的，但还是使用了较多买来的部件，这只是一个实验品。不出所料，成绩并不出色。不过，在这台机器人上，开展了以下各种实验。

图7.130 凯撒王D（2005.11~2006.3）

① 膝部伺服电机成直角配置，使膝部能够深度折叠，由此实现下蹲。

② 膝部配置双伺服电机。

③ 装有距离传感器和加速度传感器。

④ 采用脚底电池。

⑤ 采用双电池（并联）。

⑥ 安装了松井制作的发声单元。

⑦ 安装了FM发射器。

⑧ 安装了备用PCB。

在初次参加的第9届ROBO-ONE大赛上，借助膝部的双伺服电机，成为预赛中唯一一台完成跳绳动作的机器人。

图7.131 市场上出售的托架：伊藤冷热产品

因此，自行制作机器人，开始时最好采用市场出售的托架部件。特别是现在市场上出售的托架类部件及其选项种类丰富，熟练掌握的话，也应该能够制作出相当高性能的机器人。

另外，市场上买来的托架部件（图7.131）有很好的参考价值（这个理由可能更重要）。

为什么是这个形状？为什么这里开了个孔？等等，手拿部件，细细观察，然后理解设计者的思路，非常有意义。建议一定要拿着买来的托架，仔细研究一番。

■“凯撒王S”

第9届ROBO-ONE大赛结束后一个月，笔者完成了机器人“凯撒王S”（图7.132）。

该机器人是总结长达四个月的“凯撒王D”运行实践经验而设计的，铝制框架、托架等全部没有使用市场出售的产品，是第一台完全自行制作的机器人。

首次亮相大同工业大学的机器人格斗赛，就获得了冠军。之后4个月里参加了7次大赛，最终留下了总成绩30胜2负，胜率0.938，6次冠军，1次亚军的骄人战绩。

■“凯撒王S mark II”

总结“凯撒王S”运行4个月的实践经验，追求更高性能，第一次取得ROBO-ONE大赛冠军的是机器人“凯撒王S mark II”（图7.133）。

该机器人的规格是，身高430mm，体重2.7kg，腿长235mm，脚板大小为117mm×70mm。

图7.132 凯撒王S（2006.4~7）

图7.133 凯撒王S mark II（2006.8）

下半身首次采用直行轴，膝部采用双伺服电机。另外，两个前臂各增加1轴，安装“凯撒之剑”。

伺服电机使用了近藤科学的产品，12个KRS-4014HV和13个KRS-4013HV。所有的腿部俯仰轴、腰部偏转轴和肩部俯仰、滚转轴使用KRS-4013HV，而其他部位使用KRS-4014HV。也就是说，需要速度的地方使用KRS-4013HV，而需要转矩的地方使用KRS-4014HV。

图7.134 凯撒王S mark II v11（2007.3）

■ “凯撒王S mark II v11”

由名字即可知，该名字的基本机体是在第10届ROBO-ONE大赛上取得冠军的“凯撒王S mark II”（图7.134）。为了提高机器人的机动能力和耐久性，将所有伺服电机都换成了当时最新发售的末端传动齿轮和铝制上盖。

通过这些改造以及控制程序的改良，机器人的弹跳力提高了34%（与“凯撒王S mark II”比较），垂直起跳高度达到80mm。在第11届ROBO-ONE大赛的预赛表演中，发挥弹跳力，成功完成了跳绳的双跳动作。

本机装备了“Smark II”未装的“凯撒王之拳”，机体的视觉效果极佳，还参加过许多电视节目。

作为攻击系统，在机器人身体左右两侧新配置了PSD元件测距传感器（夏普产品GP2D12），可以实现自主控制的攻击动作。有两个模式：一是方向自行确定，而攻击时机由控制者决定的“辅助模式”；二是方向与时机全部自行确定的“全自动模式”。但是，实战过程中，“全自动模式”反倒拖累了控制者，成为了最大的败因。后来，保留了在实战中确认了实用性的“辅助模式”，删除了“全自动模式”。

■ “凯撒王G”

“凯撒王G”（图7.135）是为完成包括规定表演捕球动作在内的棒球比赛而开发的机器人。

其与之前的凯撒王系列产品最大的不同是，首次安装了抓握道具的把手。同时为了实现挥棒击球等复杂动作，将胳膊的自由度增加到6个（原来是4个自由度）。

在以“棒球”为主题的第12届ROBO-ONE大赛的预赛表演中，“凯撒王G”表演了捕球、挥棒击打、盗垒等棒球的“攻守跑”动作，获得好评，首次获得预赛第一名。

■ 伟大的“凯撒王”

2007年，笔者作为日本选手参加了在韩国举办的机器人亚洲杯比赛。看到代表日本的机器人一个个倒在韩国方面的大型机器人之下时，就下定决心要开发大型机器人。作为比以前的凯撒王系列高出一个档次的机器人，诞生了伟大的“凯撒王”（图7.136）。

首先要解决的问题是执行器。当时，笔者主要使用的近藤科学的KRS-4000系列产品，在制作3kg以上机器人时就有点勉强。尝试着计算了一下“凯撒王”踝关节处要承受的负荷转矩，结果是34kgf・cm。当时，国内还没有能够满足这个规格的无线电控制用的伺服电机。

图7.135 凯撒王G（2007.9）

图7.136 伟大的凯撒王（2008.3）

由此，挑战尝试了利用伺服电机并联运动来实现转矩增大。

图7.137 并联直行轴

最终，“凯撒王”机器人的下半身所有俯仰轴以及大腿滚转轴都采用并联运动方式，膝部采用并联的双伺服电机，大腿采用并联直行轴（图7.137）。由此，实现了“虽然是重量级但拥有不输轻量级的速度”的开发理念，在首次亮相的第13届ROBO-ONE大赛上获得总冠军，成为了ROBO-ONE大赛第一个三冠王。

以上，快速地介绍了历代的7台“凯撒王”系列机器人。此外，还有J-class（第7届大赛后停办）用的“凯撒王二世”、ROBO-ONE SOCCER用的“凯撒王F”等派生的机器人。

贯彻始终的开发理念是“威风强大”。关于外表威风，因为控制者是笔者的孩子，所以采用了小孩子能够接受的动漫中出现的人物，称作“超人机器人类”的设计。另外，笔者追求的“强大”则是速度和高起动力。

7.5.3 轻量级机器人

现在ROBO-ONE大赛将机器人分为轻量级和无差别级两类。而无差别级则是将近30kg的巨型机器人征战的领域。

当然，虽说都是参加ROBO-ONE大赛的机器人，但轻量型机器人和无差别级机器人，从设计思想上就完全不同。这里只考虑相对而言大家都可以制作的轻量级机器人。

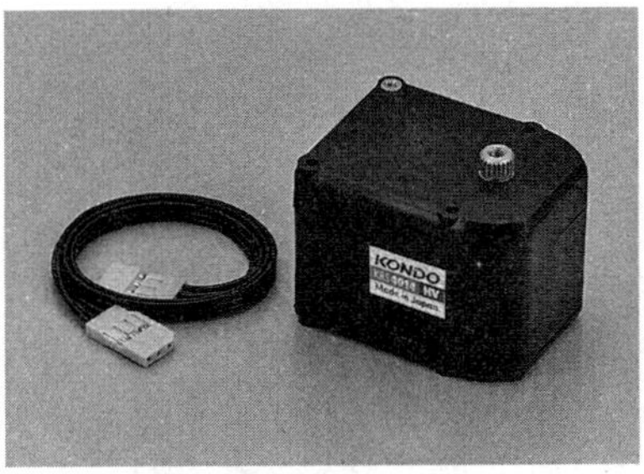

图7.138 近藤科学KRS-4014HV

■ 执行器

“凯撒王”机器人系列的执行器主要采用近藤科学的KRS-4000系列伺服电机（图7.138）。

选用这种伺服电机的理由并不是它的强力转矩，而是它的外盒形状。4000系列伺服电机与吸收了以往无线电控制伺服电机思想的其他伺服电机相比，拥有非常适合框架设计的外形。其特点是：

- 电机输出轴与自由舵盘轴尺寸相等。
- 伺服系统固定用螺钉孔的位置关系是正方形。

考虑这两个特点来制作框架，可以实现零部件的通用化。后续机型KRS-6003HV也继承了这些特点。

现如今，许多厂商也发售具有上述特点的伺服电机，建议研究一下。

另外，关于伺服电机的使用方法，要考虑“保持力”。大家是如何设定伺服电机的保持力的呢？最新的数字伺服电机允许用户任意设定保持力。近藤科学的伺服电机中有所谓的“脉冲伸展（pluse stretch）”参数。笔者最大程度也只使用最大保持力的50%。步行、攻击等一般动作使用30%，跳跃等特别需要动力的使用50%。这是出于200%安全性的考虑（后述），实际上在这个程度能够获得充分的保持力。如果连这一点都保持不了的话，就要重新进行设计。

在足球赛等竞技场合，为避免跌倒时机器人损坏，要将上半身的保持力控制在最小。这里所说的最小，是指维持姿势的最小值。这样的话，不仅防止出现故障，而且跌倒时胳膊等还能起到缓冲作用。

■ 框 架

“凯撒王”系列机器人全部使用JIS-A5052的铝锰合金，根据不同用途厚度为1.2~2.0mm。这种合金比普通的纯铝材更硬更结实，还可以进行折弯加工。因为能够方便得到，现在参加ROBO-ONE大赛的机器人几乎都在采用这种材料。

钣金加工过程中，切出与制孔工序最初是在带锯机、台面钻孔机上完成，后来改用Roland DG公司的MDX-20（图7.139）。最大的理由是，手工作业难以保证开口位置精度（按笔者的技术水平）。也许容易被自己不制作框架的人误解，如果不进行折弯加工，框架自身的尺寸、形状不规则等还不算什么问题。最重要的是开孔位置的精度。话虽这么说，花很多钱买一个不常用的加工设备，怎么着都不合算。如果是这样，现在有KONDO ROBOSPOT、Vstone机器人中心等提供切削加工服务，建议加以有效利用。

在MDX-20上完成切出板材的折弯加工，使用了折弯机。先后购入了Hozan公司的钣金折弯机K-130、Bellmax的小型钣金机2-IN-1以及OriginalMind的BenderBlack折弯机（图7.140）。各种折弯机有长处也有短处，目前，根据不同零部件，三种设备分开使用。

图7.139 MDX-20

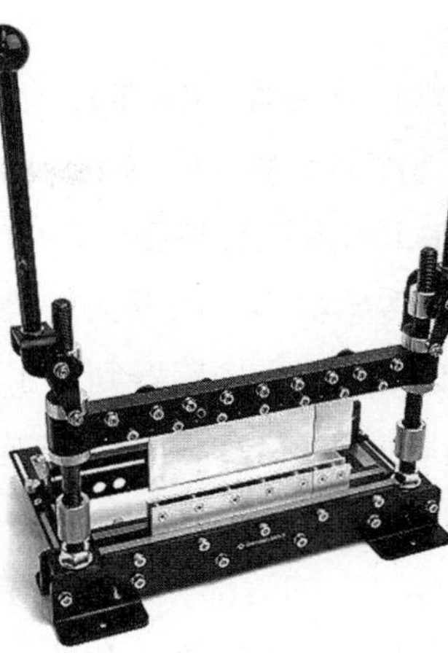

图7.140 BenderBlack

■ 控制板

“凯撒王”系列机器人从第一代到伟大的“凯撒王”，一直在使用近藤科学的运动处理器（图7.141）。该控制板有32个输出端口，可以和PWM伺服系统、ICS2.0标准的串行伺服系统一同使用。另外还有6个高速端口、8个低速端口等模拟输入端口以及8个数字输入端口。软件方面，除了具有运动部分制作功能外，还可以利用独自的使用单精度实数变量的脚本语言编写总体程序，对于像笔者这样具有编程语言经验的人而言，使用起来非常方便。

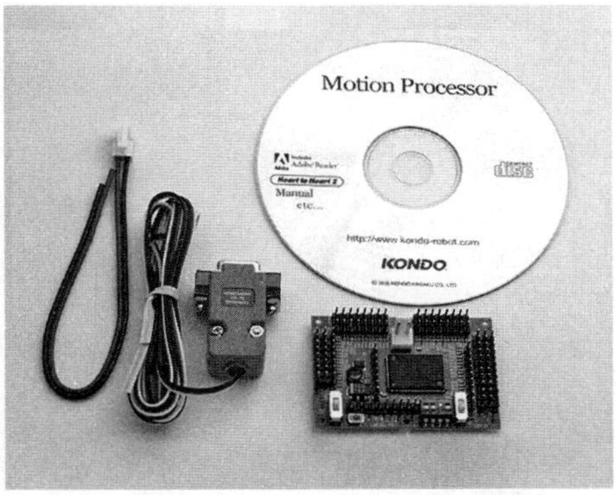

图7.141 近藤科学MP2HV

最初对脚本的容量和分辨率还抱有不满，现在的运动处理器2（略记作MP2HV）已经改善了这两点，对笔者而言是最佳的控制板（不过，现阶段，MP2HV稍稍滞后于近藤科学的最新通信标准ICS3.0，希望能尽早改善）。

尽管如此，对于ROBO-ONE大赛的参赛者而言，这种控制板完全是小儿科的东西。现在的主流控制板是近藤科学的RCB-3HV、RCB-4HV。特别是，RCB-3HV操作非常简便，适合新手。笔者的足球赛用“凯撒王F”系列机器人就采用了RCB-3HV。另外，仿人型帮手项目用的大型机器人MUSASHI上，作为备用控制板安装了两个RCB-3HV。

图7.142 各种传感器

■ 传感器

“凯撒王”全系列机器人以三种传感器（图7.142）

作为标配：

① 陀螺仪传感器（KRG-1：近藤科学）。

② 加速度传感器（RAS-1：近藤科学）。

③ PSD元件测距传感器（GP2D12：夏普）。

陀螺仪传感器用于机器人姿势控制，加速度传感器用于机器人跌倒时的姿势判断。另外，PSD元件测距传感器则用于演示时的命令输入和自主战斗时的目标测定。同时，GP2D12的瞬时电流较大，建议在电源电路中加入电解电容。另外，外装的树脂是导电性树脂，注意要在设备内部接到GND。最好避免直接装在铝制框架等上面。

在RCB-3HV的运部分动制作工具“Heart to Heart”（以下为HtoH）中，用SET对象就可以简单地进行模拟输入基准值的校正。首先，电源接上时进行校正是基本原则。其次，比赛中要随时进行校正，问题是何时校正。笔者是在起身运动中进行校正的。格斗过程中一刻不能分心，唯一不受对手攻击的安全时刻就是起身动作过程，所以这也是现实的选择。

具体何时校正，应该是在机器人起身的后半程，陀螺仪传感器的安装面呈基准角度（水平或垂直）之时。

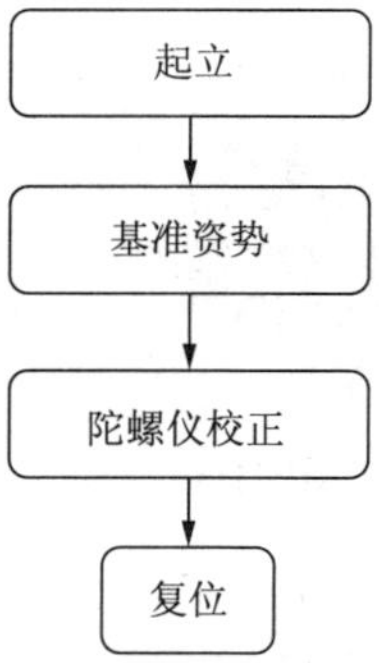

图7.143 起身运动流程

笔者在机器人起身的后半程，肯定以全蹲状态设定基准角度。接着，进行陀螺仪校正后让机器人慢慢地站立起来（图7.143）。ROBO-ONE大赛规定只要在倒数10个数之内能起来就行，所以时间足够。

之前被称为“凯撒王起身”的伸展腿起身运动，机器人能够2s复位。不需要在机器人完全站起来后再进行校正。否则，毫无疑问，在此瞬间，对手的拳头就会挥过来了。

接上电源时进行陀螺仪校正，恐怕各位机器人设计人员都是这样做的。的确，对于3min一回合的比赛来说，不会有太大的影响。但是，对于长时间的足球赛或长时间的展示，就必须要有针对这种偏移的对策。

去年，GP香港公演时，MANOI策划的冈本制作人为陀螺仪的偏移伤透了脑筋，笔者给出了建议，结果大喜过望。当时，就注意到，一般的人并没有考虑偏移的对策。

■ 软　件

关于主从控制系统，在第6章已作介绍，这里不再赘述。作为“凯撒王”独自的控制系统，采用了主动反馈控制方式。该方式是在原来只限用机器人上半身的主从控制系统的基础上（通常在ROBO-ONE大赛中，主人套装只有上半身），利用软件，让机器人下半身与上半身实现连动的技术。主动地将机器人上半身的动作反馈到下半身，因此，称之为主动反馈。该系统的方框图如图7.144所示。

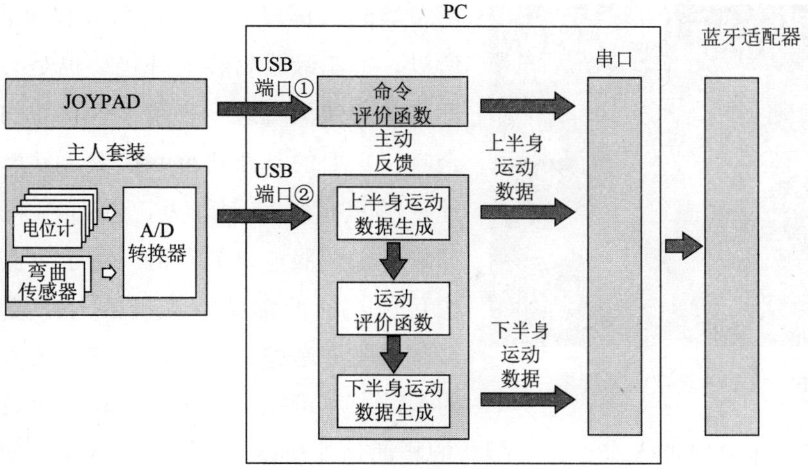

图7.144 系统方框图

简单地讲，这是根据机器人上半身的动作（胳膊摆动、腰部扭动），推测其将要进行什么运动，与之配合，移动下半身的系统。基本上是根据运动解析函数的返回值发出指令，理论上，所有输入命令都能执行。可以理解为一种姿势控制。

但是，ROBO-ONE大赛几度更改规则，格斗竞技仅限机器人上半身的主从控制，事实上已经不再使用（笔者仍在进行研究，梦想着有朝一日，全身披挂主人套装，再上格斗台）。

“凯撒王”系列机器人的软件系统分机器人软件和PC软件两类。

机器人软件全部用运动处理器的脚本语言编写。主要功能是，监视高速串口，分析传送来的数据，完成相应动作。

另外，运动处理器装有低速串口和高速串口。通常，与RCB-3HV等一样，高速串口和低速串口分别用于编程和无线电控制。但是“凯撒王”系列机器人的所有控制都是经过高速串口完成的。另外，高速串口装有1字节通信和信息包通信两个协议，可根据用途分别使用。“凯撒王”系列机器人同时使用这两个协议进行控制。

PC控制软件利用Windows的Microsoft Visual Basic编写。主要功能是，监视来自游戏手柄的输入，通过串口发送输入的命令，监视命令模式与主从控制模式，接收来自主人套装的数据，进行解析再通过串口发送出去。停止主从控制的“凯撒王G”及以后的机型从上述系统中删除了主从控制部分，将PC+游戏手柄改为KRC-1等控制器。

另外，伟大的“凯撒王”装有近藤科学生产的KRR-1和BestTechnology的蓝牙模块两个通信设备，可以切换使用包含主从控制的PC+游戏手柄和KRC-1等控制器。

■ 外包装

大型机器人的外包装必须采用可吸收冲击的材料，而轻量级的外包装优先考虑外观设计。因此，主要采用涂装方便而且外观漂亮的塑料板的真空成形、树脂浇铸等方法。最近，也有较多机器人使用易加工的盐化乙烯基板热压方法。关于真空成形（图7.145）方法，在笔者的个人网页上有详细说明，请参考。

图7.145 自制的真空成形设备

当然，再轻量级的机器人自重也将近3kg，所以，冲击吸收材料的外包装也是必要的。这并不意味着像黑蜘蛛一样用柔软材质的外包装裹覆全身，重要的是要研究，机器人跌倒时，哪里着地，哪里承受最大外力，然后再采取对策。例如，考虑伺服电机的负荷。对于单支柱的情况，像目前在标准轴结构的机器人，腰部偏转轴部分首先需要考虑。一般，采取在装入摩擦分隔板的基础上尽可能增大接触面积的对策。但是，对于“凯撒王”系列机器人来说，蜂腰状的腰部是外观设计的特点，并不希望加大接触面积。由此，可用缓冲材料制作外包装吸收冲击，降低转矩荷载。机器人头向上跌倒时，腰部偏转轴以下部分（臀部附近）先行着地，因此，装上了形状记忆泡沫（中等密度的聚氨酯泡沫体，图7.146）制成的外包装。

图7.146 记忆泡沫

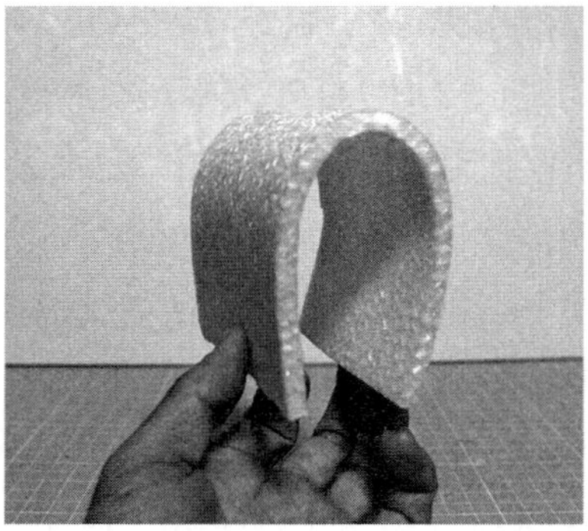

图7.147 EPP（发泡聚丙烯）材料

另外，机器人摔倒趴在地上的时候，最后着地的胸部装有用NR海绵或EPP（发泡聚丙烯,图7.147）制成的外包装。特别是较厚NR海绵的胸部外包装是早期“凯撒王”系列机器人的设计特点。但是，NR海绵加工性不好，而且较重，最近基本采用EPP材料。

7.5.4 能在ROBO-ONE大赛取胜的机器人

最后，谈谈笔者关于制作“能在ROBO-ONE大赛上取胜的机器人”的看法。笔者之前开始制作机器人时第一考虑的技术目标，并不是拥有高级运动性能的机器人，追求的是总体稳定性。

这里所说的稳定性，不是动作的稳定性，是设计的稳定性和使用的稳定性。简单地说，将制作“不容易坏的机器人”、“动起来不会坏”作为第一目标。无论多么高性能的机器人，能够执行多么复杂的运动，一受到冲击便垮掉，一场比赛就垮掉，这样的机器人并不好。就像不管有几圈跑得最快，只要没有冲过终点线，就不算取得最后的胜利。

那么，“不会坏的设计”、“不会坏的使用”究竟是怎么回事？具体的，考虑现在最重要的执行器——伺服电机。设计机器人必须要算出必要的转矩，需要20 kgf·cm的转矩时，使用手册数据为20 kgf·cm的伺服电机，这在理论上是正确的方案，但实际上是错误的。

一般，设计“东西”时，要考虑“安全系数”。笔者就把这种考虑作为机器人设计和动作的条件。首先，假定设计阶段计算出的必要转矩为20 kgf·cm。接着，如将伺服电机的安全系数设为2.0（通常设计时多设为1.5~2.5），实际需要的转矩就是20 kgf·cm×2.0=40 kgf·cm。所以，要选择手册数据为40 kgf·cm的伺服电机。

其次，设计机器人运动（使用）部分时，也要乘上安全系数。具体的，以近藤科学的RED Version伺服电机为例。在与输出转矩直接相关的参数，脉冲伸展和速度上乘以安全系数2.0（这里因为是倒数所以为1/2），再决定上限值。

当然，安全系数的思想不仅是对伺服电机，对于所有设备、材料都是适用的。铝制托架的强度结果，需要板厚1.5mm，乘上安全系数，就要使用3.0mm厚的板材。使用电流的峰值是30A的话，乘上安全系数，就要使用允许流过峰值是60A电流的电池。当然，安全系数过低，危险性越大。而安全系数过大，机械的重量、成本也会增加。所以也不是安全系数越大越好。

机器人完成后，作为最终测试，要进行安全性测试。通常安全性测试在150%负荷条件下进行，笔者取200%以上的安全系数。

举个具体的例子。6min（通常比赛时间的两倍，一般是3min一回合）一回合的超级竞技，连着进行5个回合。这相当于ROBO-ONE大赛从淘汰制决赛第1场比赛到最终决赛的比赛场次。

历代的“凯撒王”系列机器人就是遵照这样的设计原则制作出来，经过严格的使用测试，最终才得以诞生。正因为如此，“凯撒王”系列机器人在ROBO-ONE大赛上没有发生过一次机械故障。

笔者认为，制作“能在ROBO-ONE大赛上取胜的机器人”，机械方面必须做到这个程度。其他的就是战略与控制技术问题，以后有其他机会再作探讨。

7.5.5 结　语

听说过“快快乐乐地进行的竞技和辛辛苦苦地进行的竞技”吗？笔者还是小学生的时候，从恩师那里听到的。以棒球为例，“快快乐乐地进行的竞技”就是出于爱好参加的业余棒球运动，而“辛辛苦苦地进行的竞技”当然就是职业棒球比赛了。星期天，父亲和一帮朋友一起站到球场上，即使失败，也乐呵呵地发出欢呼声，这就是快乐的业余棒球。而轮番出战，被“结果就是一切”的残酷竞争原则所支配的就是职业棒球。恩师对还是小学生的笔者说道，“选择哪种方式也是各人的自由，哪种方式适合自己，认真想想吧”。也许就是受到这句话的影响，笔者选择了后者。当然，ROBO-ONE大赛属于前者。但是，回首一直在挑战ROBO-ONE大赛的过去的五年，我好像还是选择了后者。也许今后也不会变，这是由笔者的性格决定的。希望各位读者还是选择前者道路，享受快乐的机器人生活吧。